2000

Hochschule Mainz 임범준 저

1판 2쇄 2022년 10월 25일
발행인 김인숙   발행처 ㈜동인랑
Designer Illustration 김소아
Printing 삼덕정판사

139-240
서울시 노원구 공릉동 653-5
                                      대표전화 02-967-0700
                                      팩시밀리 02-967-1555
                                      출판등록 6-0406호
                                      ISBN 978-89-7582-594-9 13750

인터넷의 세계로 오세요!
www.donginrang.co.kr

㈜동인랑 에서는 참신한 외국어 원고를 모집합니다.   e-mail : webmaster@donginrang.co.kr

독일로 유학을 가는 학생들이 점점 많아지고 있고 그에 따라 독일어 회화책이나 기초 문법책이 계속 출판되고 있다. 하지만 한국에서 독일어 시험을 준비하는 교재는 찾기 힘들고 정작 학생들은 독일어로 된 원서로 공부하는 경우가 많다. 본 교재는 우리나라에서 흔한 토익이나 토플 단어장처럼 독일어 DSH, TestDaf, Telc, Goethe 시험 B1 등급을 준비하는 학생들을 위한 독일어 시험 대비 단어장이다.

책을 만들기 위하여 독일 마인츠 대학의 독일어 코스 (ISSK) 교수님들과 독일 독문과 학생들과 함께 수십권의 독일어 시험 원서를 참고하였으며, 그 중 B1 레벨 시험에 꼭 필요한 중요 단어 2,000개를 선출하였다. 한국에서 독일 유학 및 대학 입학을 준비하는 학생들에게 도움이 되길 바라며, 이 책으로 인하여 독일 유학의 큰 꿈을 성공적으로 펼칠 수 있기를 바란다.

어느 언어 시험이든 단어의 양은 절대적으로 필요하다. 특히 시험 유형 중 읽기(Lesen) 부문은 단어 암기가 필수적이다. 이 책의 특징은 독일어 B1 레벨의 시험을 위한 2,000개의 단어장을 하루에 100개씩 외워서 독학도 가능할 수 있게 만들어져 있다. 프로그램에 따라 스스로 암기한 단어를 각 챕터마다 체크하게 되어있어서 단어 암기할 때 유용하다. 시험용 독일어 단어장이기 때문에 독일어 기초 문법을 알고 독일어 A2 레벨 이상을 공부하는 학생들에게 권한다.

추천하는 단어 암기 프로그램은 다음 표와 같다.

4주 완성 나만의 학습 계획표

	월요일	화요일	수요일	목요일	금요일
1주차	Kapitel **1** (1~100)	Kapitel **2** (101~200)	Kapitel **3** (201~300)	Kapitel **4** (301~400)	Kapitel **5** (401~500)
2주차	Kapitel **6** (501~600)	Kapitel **7** (601~700)	Kapitel **8** (701~800)	Kapitel **9** (801~900)	Kapitel **10** (901~1000)
3주차	Kapitel **11** (1001~1100)	Kapitel **12** (1101~1200)	Kapitel **13** (1201~1300)	Kapitel **14** (1301~1400)	Kapitel **15** (1401~1500)
4주차	Kapitel **16** (1501~1600)	Kapitel **17** (1601~1700)	Kapitel **18** (1701~1800)	Kapitel **19** (1801~1900)	Kapitel **20** (1901~2000)

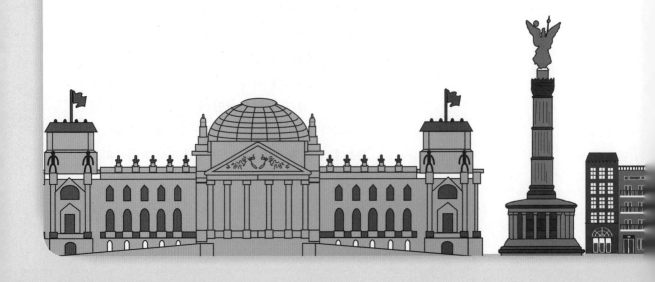

처음 단어를 외울 때는 단어와 뜻만 외우고 매일 주말 제외 100개씩을 외운다. 그러면 이 책 한권을 보는데 약 한달의 시간이 걸린다. 시간이 지나면서 외운 단어를 조금 까먹어도 괜찮다. 일단 처음에는 단어를 매일 외우는 버릇을 들이고 이 책을 한 바퀴 도는 것을 목표로 한다. 두번째 외울 때는 까먹은 단어가 있겠지만 아무래도 한번 본 단어이기 때문에 어느정도 수월할 것이다. 두번째 외울 때는 단어와 뜻 그리고 동의어 Synonym 을 같이 외우기를 추천한다. 예문까지 외울 필요는 없다. 예문은 단어의 활용이나 격변화를 참고할 때 보면 도움이 될 것이다. 이렇게 두바퀴를 돌면 단어에 대한 여유가 생길 것이고 시험 보는데 자신이 생길 것이다. 이런 방식으로 이 단어장을 2-3 바퀴 돌면서 암기를 하면 어떤 독일어 시험이든 특히 읽기 Lesen 부문 합격할 수 있을 것이다. 앞서 언급했지만 매 챕터마다 그날 외운 독일어를 체크리스트를 통하여 체크하면서 공부할 수 있다. 특히, 독학으로 독일어 시험을 준비하는 사람은 꼭 스스로 시험을 보듯이 혼자 체크하면서 단어를 외우길 바란다.

물론 독일어로 독일 생활을 위해서는 단어장으로 단어를 외우는 것보다 회화책으로 회화공부하는 것이 나을 수도 있다. 하지만 독일어 시험에 합격하여 유학을 목적으로 하는 사람에게는 독일어 단어의 양이 절대적인 것은 부정할 수 없는 사실이다. 이 단어장으로 인하여 학생들이 한국에서도 독일 유학에 필요한 독일어 시험을 수월하게 준비할 수 있기를 바란다.

단어장은 다음과 같이 구성되어 있다.

단, 명사에는 동의어(Synonym) 대신
명사의 성(Genus), 2격(Genitiv), 복수(Pl.)가
차례로 표기되어 있으니, 이 점 참고하며
함께 암기하길 바래.

▶설명

단어　　발음기호　　　　품사　뜻

0832 früh [fʁy:]
　　ㅠ vorzeitig, frühzeitig

형 이른, 초기의, 조기의, 조숙한
부 아침에, 이른
Der **frühe** Vogel fängt den Wurm. 예문
일찍 일어나는 새가 벌레를 잡습니다. ← 예문 해석

유의어

- 동 → Verb 동사
- 형 → Adjektiv 형용사
- 부 → Adverb 부사
- 명 → Nomen 명사

- 접 → Konjunktion 접속사
- 전 → Präposition 전치사
- 유 → Synonym 동의어
- G → Genus 성, Genitiv 2격, Plural 복수

▶ 분리/비분리 전철 동사 (Trennbare und untrennbare Verben)

분리/비분리 동사는 단어에 (·) 으로 구별할 수 있다. 또한, 예문을 통해서도 분리/
비분리 동사로 구분할 수 있다.

1. 분리 동사

1499 aus·geben ['aʊ̯s,ge:bn̩] 동 지출하다, 지급하다, 교부하다, 분배하다, 송달하다, 발행하다, 알리다
　　유 verteilen, anbieten
Meine Frau **gibt** zu viel Geld **aus**.
제 아내는 돈을 너무 많이 씁니다.

---

2. 비분리 동사

1591 übersetzen
[,y:bɐ'zɛt͡sn̩]

　　유 dolmetschen,
　　übertragen

동 번역하다, 통역하다, 옮기다, 변형하다
Herr Peter hat den koreanischen Artikel ins Deutsche **übersetzt**.
피터 씨는 한국어 기사를 독일어로 번역했습니다.

| 차례 |

0001 Stimme [ˈʃtɪmə]
Ⓖ f - n

명 소리, 목소리, 음성, 요구, 투표, 의사
Der Sänger hat eine wundervolle **Stimme**.
그 가수는 훌륭한 목소리를 가지고 있습니다.

0002 Gewohnheit
[gəˈvoːnhaɪt]
Ⓖ f - en

명 버릇, 습관, 관습
Vielleicht hast du einige **Gewohnheiten**, die du liebend gerne
loswerden willst.
아마도 버리고 싶은 습관이 있을 것 입니다.

0003 Lärm [lɛʁm]
Ⓖ m (e)s x

명 소음, 경보, 소란
Viele Anwohner leiden zurzeit unter **Lärm**.
많은 주민들이 요즘 소음으로 고통받고 있습니다.

0004 häufig [ˈhɔɪfɪç]
Ⓢ oft, mehrmalig

형 빈번한, 잦은
부 자주, 빈번하게
Verbrennungen gehören zu **häufigen** Unfällen im Haushalt.
화상은 가정에서 흔히 발생하는 사고입니다.

0005 Herd [heːɐ̯t]
Ⓖ m (e)s e

명 화덕, 레인지, 아궁이
Stellen Sie bitte den Topf auf den **Herd**!
냄비를 스토브 위에 올려주세요!

0006 vermitteln [fɛɐ̯ˈmɪtl̩n]
Ⓢ verhelfen, klären

동 중개하다, 전달하다, 매개하다, 조정하다
Herr Müller **vermittelte** ihm eine neue Wohnung.
Müller 씨는 그에게 새 집을 중개하였습니다.

0007 ab·halten [ˈapˌhaltn̩]
Ⓢ durchführen, abblocken

동 저지하다, 가로막다, 견디다, 개최하다
Morgen **halten** wir eine Sitzung **ab**.
우리는 내일 회의를 개최합니다.

0008 Nadel [ˈnaːdl̩]
Ⓖ f - n

명 바늘, 핀
Der Schneider führt eine flinke **Nadel**.
그 재단사는 민첩하게 바늘을 다룹니다.

0009 Lager [ˈlaːɡɐ]
ⓖ *n* *s* -

명 창고, 재고, 수용소, 야영지, 잠자리, 진영, 침전물
Dieser Raum dient jetzt als **Lager** für Autozubehör.
이 방은 이제 자동차 부품의 창고 역할을 한다.

0010 Serie [ˈzeːʁiə]
ⓖ *f* - *n*

명 시리즈, 연재물, 연속
Die südkoreanische **Serie**, Mr. Sunshine, spielt von 1900 bis 1907.
한국 드라마 미스터 선샤인은 1900 년부터 1907 년까지의 이야기를 다룹니다.

0011 Rand [ʁant]
ⓖ *m* *(e)s* *ä-er*

명 가장자리, 변두리, 언저리, 외곽, 테두리, 여백
Gestern trug er eine Brille mit dickem **Rand**.
어제 그는 두꺼운 테두리의 안경을 쓰고 있었습니다.

0012 Koffer [ˈkɔfɐ]
ⓖ *m* *s* -

명 트렁크, 여행 가방
Die **Koffer** sind bereits gepackt.
여행 가방은 이미 다 꾸려졌다.

0013 Getränk [ɡəˈtʁɛŋk]
ⓖ *n* *(e)s* *e*

명 음료, 마실 것
Welches **Getränk** passt zu dir?
어떤 음료가 당신에게 맞습니까?

0014 Umweltschutz [ˈʊmvɛltʃʊts]
ⓖ *m* *es* *x*

명 환경 보호
Umweltschutz ist gemeinsame Sorge und wir müssen Schritt für Schritt Lösungen finden.
환경 보호는 공동의 관심사이며 단계별 해결책을 찾아야 합니다.

0015 an·sehen [ˈanzeːən]
ⓐ anblicken, beobachten

동 보다, 응시하다, 간주하다, 관찰하다, 알아차리다, 고려하다, 노리다
Jonas und Lisa **sahen** einander **an**.
Jonas 와 Lisa 는 서로를 바라 보았습니다.

0016 Lied [liːt]
ⓖ *n* *(e)s* *er*

명 노래, 가곡, 가요, 시
Lasst uns das koreanische **Lied** "Gangnam style" singen!
한국 노래 "강남 스타일"을 노래하자!

0017 Journalist [ʒʊʁnaˈlɪst]
ⓖ *m* *en* *en*

명 저널리스트, 신문 기자
Er arbeitet als freier **Journalist**.
그는 프리랜서 기자로 일하고 있습니다.

0018 fallen [ˈfalən]
ⓐ abstürzen, sinken

동 떨어지다, 하강하다, 내리다, 죽다, 일치하다
Ein reifer Apfel **fiel** vom Baum.
잘 익은 사과가 나무에서 떨어졌습니다.

0019 spätestens [ˈʃpɛːtəstn̩s]
ⓐ innerhalb von, binnen

부 늦어도, 아무리 늦어도
Wir müssen die Hausaufgabe bis **spätestens** morgen abgeben.
우리는 늦어도 내일까지 숙제를 제출해야 합니다.

0020 wenden [ˈvɛndn̩]
유 umschlagen, drehen

동 뒤집다, 넘기다, 돌리다
Wenden Sie bitte Ihren Wagen!
차를 돌리세요!

0021 bremsen [ˈbʁɛmzn̩]
유 beschränken, stoppen

동 늦추다, 정지시키다, 브레이크를 밟다
Jan **bremste** scharf, als er ein Kind auf die Straße rennen sah.
Jan 은 길에서 아이가 뛰는 것을 보고 급히 제동했습니다.

0022 eilig [ˈaɪlɪç]
유 hastig, schnell

형 긴급한, 신속한, 서두르는, 급한
Alle haben es heutzutage so **eilig**.
요즘은 모두가 서두르고 있습니다.

0023 Krieg [kʁiːk]
ⓖ m (e)s e

명 전쟁, 전투, 싸움
Im **Krieg** müssen alle Soldaten kämpfen.
모든 병사들은 전쟁에서 싸워야 합니다.

0024 Anleitung [ˈanˌlaɪtʊŋ]
ⓖ f - en

명 안내서, 안내, 설명서
Das Handbuch stellt eine **Anleitung** der Maschine dar.
그 안내서는 그 기계에 대한 사용법을 제공합니다.

0025 lang [laŋ]
유 extensiv, weit

형 긴, 키가 큰, 오랜
부 ~동안, ~의 길이로
Wie umgehen wir die **lange** Schlange vor dem Louvre?
우리가 루브르 박물관 앞의 긴 줄을 어떻게 우회하나요?

0026 vor·stellen [ˈfoːɐ̯ʃtɛlən]
유 bekanntmachen, sich präsentieren

동 상상하다, 자기 소개를 하다, 앞에 놓다
Ich möchte mich **vorstellen**.
제 소개를 하고 싶습니다.

0027 Wanderung [ˈvandəʁʊŋ]
ⓖ f - en

명 걷기, 나들이, 소풍, 산책, 이주
Morgen machen wir eine **Wanderung** durch die Alpen.
내일 우리는 알프스를 하이킹 할 것이다.

0028 Wand [vant]
ⓖ f - ä-e

명 벽, 칸막이, 판
Die **Wände** haben Ohren.
벽에는 귀가 있습니다. (낮말은 새가 듣고 밤말은 쥐가 듣는다.)

0029 operieren [opəˈʁiːʁən]
유 handeln, wirken

동 작업하다, 조작하다, 작전하다, 수술하다
Einen entzündeten Blinddarm muss man **operieren**.
염증이 있는 맹장은 수술해야 합니다.

0030 Geschirr [gəˈʃɪʁ]
ⓖ n (e)s e

명 그릇, 식기, 조리 기구
Nach dem Essen muss ich mein **Geschirr** spülen.
나는 식사 후에 설거지를 해야 합니다.

0031 gar [gaːɐ̯]
㊝ absolut, überhaupt

㈜ 전혀, 결코, 게다가, 혹시
Sein unhöfliches Verhalten gefällt mir **gar** nicht.
나는 그의 무례한 행동을 좋아하지 않습니다.

0032 unverbindlich [ˈʊnfɛɐ̯bɪntlɪç]
㊝ beliebig, vage

㊟ 의무가 없는, 구속력이 없는, 무뚝뚝한
Dieser Service ist **unverbindlich** und kostenlos.
이 서비스는 무료입니다.

0033 unterrichten [ʊntɐˈʁɪçtn̩]
㊝ beibringen, dozieren

㊞ 가르치다, 강의하다, 보고하다
Ich **unterrichte** Französisch an der Schule.
나는 학교에서 프랑스어를 가르칩니다.

0034 fest·halten [ˈfɛstˌhaltn̩]
㊝ erfassen, nehmen

㊞ 붙들다, 잡다, 쥐다, 구류하다, 설명하다, 확인하다, 분명히 밝히다, 고집하다
Halten Sie bitte den Teller **fest**, weil er antik und sehr teuer ist.
그 접시는 골동품이고 매우 비싸기 때문에 꽉 붙잡으십시오.

0035 öffentlich [ˈœfn̩tlɪç]
㊝ allgemein, publik

㊟ 공공의, 공동체의, 공적인, 공공연한
Ich habe kein Auto, deswegen benütze ich die **öffentlichen** Verkehrsmittel.
나는 차가 없어서 대중 교통을 이용합니다.

0036 Haustier [ˈhaʊ̯sˌtiːɐ̯]
Ⓖ n (e)s e

㊔ 애완동물, 가축
Er sagte mir, dass er einen Hund als **Haustier** halten will.
그는 개를 애완 동물로 키우고 싶다고 말했습니다.

0037 grob [ɡʁoːp]
㊝ rau, stark

㊟ 거친, 굵은, 굳은, 강한, 무례한, 중대한
Sei nicht so **grob** zu mir!
나에게 그렇게 무례하게 굴지 마세요!

0038 drucken [ˈdʁʊkn̩]
㊝ abdrucken, herausgeben

㊞ 인쇄하다, 출력하다, 찍다
Diese Druckpresse **druckt** gleichzeitig 100 Seiten.
이 인쇄기는 동시에 100 페이지를 인쇄한다.

0039 begeistert [bəˈɡaɪ̯stɐt]
㊝ verzückt, leidenschaftlich

㊟ 영감을 받은, 고무된, 열광하는, 감동적인
Ich war so **begeistert** von diesem Film.
나는 이 영화에 매우 감동했다.

0040 Bescheid [bəˈʃaɪ̯t]
Ⓖ m (e)s e

㊔ 정보, 소식, 확답, 결정, 판결
Geben Sie mir bitte **Bescheid**, was sie dazu sagt.
그녀가 무엇을 말하는지 알려주세요.

0041 gefallen [ɡəˈfalən]
㊝ mögen, zusagen

㊞ 좋아하다, 마음에 들다, 총애하다
Ich möchte die Hose kaufen, weil sie mir gut **gefällt**.
나는 그 바지가 좋아서 사고 싶다.

0042 entfernen
[ɛntˈfɛʁnən]
® abziehen, abnehmen

⑧ 멀리하다, 떼어 놓다, 제거하다
Sie bat den Metzger, dass er das Fett vom Fleisch **entfernen** soll.
그녀는 정육 업자에게 고기에서 지방을 제거하도록 요청했습니다.

0043 drehen [ˈdʁeːən]
® wenden, umkehren

⑧ 돌리다, 회전시키다, 비틀다
Tim **dreht** die Musik lauter.
Tim 은 음악을 더 크게 틀었다.

0044 grüßen [ˈɡʁyːsən]
® salutieren

⑧ 인사하다, 안부를 전하다, 청하다
Bitte **grüß** auch Paul und Lea von mir!
Paul 과 Lea 에게도 안부를 전해주세요!

0045 basteln [ˈbastln̩]
® bilden, bauen

⑧ 손으로 만들다, 수제품을 만들다, 공작하다
In der Schule **basteln** die Kinder Weihnachtsschmuck.
아이들은 학교에서 크리스마스 장식을 만듭니다.

0046 ein·schalten
[ˈaɪnʃaltn̩]
® einsetzen, anstellen

⑧ 켜다, 삽입하다, 넣다, 연결하다, 개입하다
Warum hast du alle Lampen deines Hauses **eingeschaltet**?
당신은 왜 집안의 모든 조명을 켰습니까?

0047 heimlich [ˈhaɪmlɪç]
® geheim, insgeheim

⑲ 비밀의, 은밀한, 숨은, 과묵한
Während der Arbeit benutzte Anton **heimlich** das Smartphone.
Anton 은 업무 중에 몰래 스마트 폰을 사용했습니다.

0048 Spitze [ˈʃpɪt͡sə]
Ⓖ f - en

⑲ 뾰쪽한 끝, 첨두, 절정, 산꼭대기, 우두머리, 선두
Oben auf der **Spitze** des Berges steht ein Kreuz.
산 꼭대기 위에 십자가가 있습니다.

0049 gerecht [ɡəˈʁɛçt]
® fair, berechtigt

⑲ 올바른, 공평한, 정의의, 정당한, 적합한, 알맞은
Wir müssen das Gesetz **gerecht** anwenden.
우리는 법을 공정하게 적용해야 합니다.

0050 Rechnung [ˈʁɛçnʊŋ]
Ⓖ f - en

⑲ 계산, 회계, 계정, 평가, 계산서, 영수증
Sie erhalten die **Rechnung** per E-mail.
당신은 이 메일로 인보이스를 받을 거예요.

0051 ökonomisch
[økoˈnoːmɪʃ]
® wirtschaftlich, sparsam

⑲ 경제적인, 경제상의, 합리적인, 절약적인
Natürlich wird der Plan auch große soziale und **ökonomische**
Auswirkungen haben.
물론 이 계획은 또한 사회와 경제에 중대한 영향을 미칠 것입니다.

0052 Kontoauszug
['kɔntoʔˌaʊ̯s̪t͡suːk]
Ⓖ *m (e)s ü-e*

Ⓜ 계좌/통장 거래 명세서
Sie können die 20-stellige IBAN-Nummer auf Ihrem **Kontoauszug** finden.
계좌 거래 명세서에서 20 자리 IBAN 번호를 찾을 수 있습니다.

0053 sobald [zoˈbalt]
Ⓢ wenn, sowie

Ⓩ ～하자마자
Ich werde berichten, **sobald** etwas passiert.
무슨 일이 있으면 바로 보고하겠습니다.

0054 gewöhnlich
[gəˈvøːnlɪç]
Ⓢ alltäglich, gemeinhin

Ⓗ 보통의, 일상적인, 평범한, 저속한
Ⓑ 일반적으로, 보통
Vor dem Essen wusch ich mir wie **gewöhnlich** die Hände.
평소처럼 나는 먹기 전에 손을 씻었다.

0055 üben [ˈyːbn̩]
Ⓢ proben, probieren

Ⓓ 연습하다, 수련하다, 행하다, 실행하다
Er **übt** jeden Tag am Klavier.
그는 매일 피아노를 연습합니다.

0056 Fernbedienung
[ˈfɛʁnbəˌdiːnʊŋ]
Ⓖ *f - en*

Ⓜ 리모컨
Gib mir mal die **Fernbedienung**! Ich möchte umschalten.
리모컨 줘! 나는 (채널을) 바꾸고 싶어.

0057 Tagung [ˈtaːgʊŋ]
Ⓖ *f - en*

Ⓜ 회의, 학회, 집회
Hat sich die **Tagung** letzte Woche für dich gelohnt?
지난 주 회의는 유익했습니까?

0058 empfangen
[ɛmˈp͡faŋən]
Ⓢ bekommen, annehmen

Ⓓ 받다, 수령하다
Endlich **empfing** er gestern das Paket.
그는 마침내 어제 그 소포를 받았습니다.

0059 Wettervorhersage
[ˈvɛtɐfoːɐ̯ˌheːɐ̯zaːgə]
Ⓖ *f - n*

Ⓜ 일기 예보
Wie ist die **Wettervorhersage** für West-Deutschland?
서독의 일기 예보는 어떻게 됩니까?

0060 lügen [ˈlyːgn̩]
Ⓢ flunkern, schwindeln

Ⓓ 거짓말하다, 속이다
Er muss wirklich lernen besser zu **lügen**.
그는 정말 거짓말 잘 하는 법을 배워야 한다.

0061 Verwaltung
[fɛɐ̯ˈvaltʊŋ]
Ⓖ *f - en*

Ⓜ 관리, 행정, 지도, 주재, 관청, 당국, 행정 기구
Die **Verwaltung** der Firmen organisiert die Betriebsabläufe.
회사의 관리는 운영 프로세스를 구축합니다.

0062 regnen [ˈʁeːgnən]
Ⓢ rieseln, nieseln

Ⓥ 비가 오다
Zu dieser Jahreszeit **regnet** es viel.
이 시기에 비가 많이 옵니다.

0063 Begleitung [bəˈɡlaɪtʊŋ]
Ⓖ *f - en*

Ⓝ 동반, 동행, 호위, 호송, 반주
Das Gesetz verlangt eine weibliche **Begleitung** für Frau Maria.
법은 마리아 부인을 위해 여성 호위를 요구하였다.

0064 Herausforderung [hɛˈʁaʊsˌfɔʁdəʁʊŋ]
Ⓖ *f - en*

Ⓝ 도전, 도발
Jeder dieser Schritte ist eine enorme **Herausforderung**.
이 단계들 각각 모두가 엄청난 도전입니다.

0065 Staat [ʃtaːt]
Ⓖ *m (e)s en*

Ⓝ 나라, 국가, 주
Aus rechtlichen Gründen durfte er vielleicht den **Staat** nicht verlassen.
법적인 이유로 그는 그 나라를 떠날 수 없었습니다.

0066 grundsätzlich [ˈɡʁʊntzɛt͡slɪç]
Ⓢ fundamental, essenziell

Ⓐ 근본적인, 본질적인, 원칙상의
Ⓐ 근본적으로, 원칙적으로, 본질적으로, 일반적으로
Ich bin **grundsätzlich** gegen den Vorschlag.
나는 기본적으로 그 제안에 반대합니다.

0067 sparen [ˈʃpaːʁən]
Ⓢ bewahren, verschonen

Ⓥ 절약하다, 아끼다, 저축하다
Er **spart** Geld für eine Reise.
그는 여행을 위해 돈을 절약합니다.

0068 verbrauchen [fɛɐ̯ˈbʁaʊxn̩]
Ⓢ aufwenden, benutzen

Ⓥ 사용하다, 소비하다, 소모하다
Die Aufgabe **verbrauchte** meine gesamte Energie.
그 일에 내 모든 에너지를 다 써버렸습니다.

0069 ausgewogen [ˈaʊsɡəˌvoːɡn̩]
Ⓢ abgestimmt, ausgeglichen

Ⓐ 균형 잡힌, 균형적인, 조화를 이루는
Säuglinge brauchen eine **ausgewogene** Ernährung.
유아는 균형 잡힌 식단이 필요합니다.

0070 daneben [daˈneːbm̩]
Ⓢ nebenan, seitlich

Ⓐ 그 곁에, 나란히, 동시에, 그 밖에
Sie ist Grundschullehrerin. **Daneben** betreibt sie ein kleines Restaurant.
그녀는 초등학교 교사입니다. 그녀는 또한 작은 식당을 운영합니다.

0071 versehentlich [fɛɐ̯ˈzeːəntlɪç]
Ⓢ irrtümlich, unabsichtlich

Ⓐ 실수로, 잘못하여
Ein **versehentliches** Löschen der Datei sollte eigentlich nicht möglich sein.
사실 실수로 파일을 삭제할 수 없다.

0072 extrem [ɛksˈtʀeːm]
ⓨ absolut, auffallend

⬡ 극도의 극단의, 과격한, 비상한
Dort findest du Abenteuer und **extreme** Natur.
그곳에서 모험과 극한의 자연을 발견할 수 있습니다.

0073 Pilz [pɪlʦ]
ⓖ m   s   e

⬡ 버섯, 균류
Dieser **Pilz** ist giftig und absolut tödlich.
이 버섯은 유독하고 매우 치명적입니다.

0074 Bürgerkrieg [ˈbʏʀɡɐˌkʀiːk]
ⓖ m   (e)s   e

⬡ 내전, 내란
Ein **Bürgerkrieg** ist in Syrien ausgebrochen.
시리아에서 내전이 일어났다.

0075 köstlich [ˈkœstlɪç]
ⓨ lecker, schmackhaft

⬡ 맛 좋은, 훌륭한, 멋진, 귀중한
Dieses koreanische Essen sieht ja **köstlich** aus.
이 한국 음식은 맛있어 보이잖아.

0076 wieso [viˈzoː]
ⓨ warum, weshalb

⬡ 왜, 어째서
Wieso machst du das nicht selbst?
왜 직접 하지 않습니까?

0077 Besteck [bəˈʃtɛk]
ⓖ n   (e)s   e

⬡ 식사 용구, 수저 세트, 의료 기기 세트
Beim Essen benutzt er nur sein eigenes **Besteck**.
그는 먹을 때 오직 자신의 식기만 사용합니다.

0078 Gewitter [ɡəˈvɪtɐ]
ⓖ n   s   -

⬡ 악천후, 뇌우, 거친 날씨, 노여움
Dem **Gewitter** folgte ein Sturm, der ohne Unterbrechung vier Tage lang tobte.
4 일 동안 계속되는 격렬한 폭풍은 뇌우를 동반합니다.

0079 heißen [ˈhaɪsn̩]
ⓨ bedeuten, bezeichnen

⬡ ~라고 부르다, 이름을 붙이다, 칭하다, ~라고 불리다, 의미하다
Hallo. Ich **heiße** Bum Jun Lim.
안녕하세요. 제 이름은 임범준 입니다.

0080 faul [faʊl]
ⓨ schlecht, verdorben

⬡ 썩은, 부패한, 게으른, 불결한, 의심스러운
Wenn sie immer so **faul** ist, wird sie nie eine gute Arbeit finden.
그녀가 항상 그렇게 게으르면 결코 좋은 직업을 찾지 못할 것입니다.

0081 Stress [ʃtʀɛs]
ⓖ m   es   e

⬡ 스트레스, 압박, 긴장
Das Aroma-Öl hift den Geist zu stillen und **Stress** zu mindern.
아로마 오일은 마음을 진정시키고 스트레스를 줄이는데 도움이 됩니다.

0082 beschädigt
[bə'ʃɛːdɪçt]
㊍ defekt, kaputt

[형] 손상된, 상해를 입은, 훼손된
Allerdings wird die **beschädigte** Datei nicht gescannt.
당연히 손상된 파일은 검사되지 않습니다.

0083 jahrelang ['jaːʁə,laŋ]
㊍ mehrjährig, seit Jahren

[형] 다년간의, 여러 해 동안의, 영속적인
[부] 수년간, 다년간
Im Gefängnis suchte er **jahrelang** nach einer Fluchtmöglichkeit.
그는 감옥에서 탈출할 수 있는 방법을 찾기 위해 수년을 보냈다.

0084 Zeitung ['ʦaɪtʊŋ]
Ⓖ f - en

[명] 신문, 신문사, 소식
Nichts ist so alt wie die **Zeitung** von gestern.
어제의 신문만큼 오래된 것은 없습니다.

0085 erreichen [ɛɐ̯'ʁaɪçn̩]
㊍ gelangen, heranreichen

[동] 다다르다, 달성하다, 닿다, 얻다, 달하다, 따라잡다, 연락하다
Sie machte sich Sorgen, weil sie ihren Mann telefonisch nicht **erreichen** konnte.
그녀는 남편에게 전화가 연결되지 않아서 걱정했다.

0086 ebenfalls ['eːbn̩,fals]
㊍ ebenso, genauso

[부] 마찬가지로, 똑같이, 또한
Schönes Wochenende! - Danke schön, **ebenfalls**!
행복한 주말 보내세요! −고맙습니다, 당신도요!

0087 ein·drücken
['aɪndʁʏkn̩]
㊍ eindellen, einpressen

[동] 각인하다, 밀어 넣다, 눌러 부수다
Der knopf kann nicht **eingedrückt** werden.
버튼을 누를 수가 없습니다.

0088 verbrennen
[fɛɐ̯'bʁɛnən]
㊍ verfeuern, abfackeln

[동] 태우다, 타다, 연소시키다, 소실되다, 화상을 입히다
Sie hat alle Reste des Mülls **verbrannt**.
그녀는 모든 쓰레기를 태웠다.

0089 Fleck [flɛk]
Ⓖ m (e)s e

[명] 반점, 얼룩, 오점, 흠, 결점, 지점
Meine Hose hat einen **Fleck** und muss gewaschen werden.
바지에 얼룩이 생겼고 세탁해야 합니다.

0090 Unterricht ['ʊntɐ,ʁɪçt]
Ⓖ m (e)s e

[명] 강의, 수업, 교육, 가르침
Was lernst du gerade im **Deutschunterricht**?
지금 독일어 수업에서 무엇을 배우고 있습니까?

0091 auf·heben ['aʊf,heːbn̩]
㊍ annullieren, auflösen

[동] 중지하다, 취소하다, 들어 올리다, 보관하다
Das Rauchverbot in Kneipen wurde noch nicht **aufgehoben**.
술집에서의 흡연 금지는 아직 해제되지 않았습니다.

0092 wegen [ˈveːɡn̩]
冠 angesichts, aufgrund

전 ~때문에
Wegen des defekten Wagens wurde die Straße blockiert.
고장 난 차 때문에 도로가 막혔습니다.

0093 dauernd [ˈdaʊ̯ɐnt]
冠 ständig, immer wieder

형 영속적인, 계속되는, 질긴, 오래가는
부 끊임없는, 언제나, 계속
Es handelt sich um einen **dauernden** Frieden und gemeinsamen Wohlstand.
지속적인 평화와 공동의 번영에 관한 것입니다.

0094 aus·schlafen [ˈaʊ̯sˌʃlaːfn̩]
冠 liegen bleiben, ausspannen

동 충분히 자다, 푹 자다
Bist du sicher, dass du **ausgeschlafen** hast?
푹 잔 것 확실해?

0095 übrigens [ˈyːbrɪɡn̩s]
冠 eigentlich, im Übrigen

부 그밖에, 어째튼, 더구나, 더욱이
Übrigens, wovon willst du jetzt leben?
그건 그렇고, 지금 어떻게 살고 싶습니까?

0096 rutschen [ˈʁʊtʃn̩]
冠 gleiten, schlittern

동 미끄러지다
Der Skihang war für die Anfänger so schwer, deswegen konnte ich nur hinunter **rutschen**.
스키 슬로프는 초보자에게는 너무 어려워서 아래로 미끄러질 수도 있었습니다.

0097 Wolle [ˈvɔlə]
G *f* - *n*

명 양모, 울, 털실, 모직물
Diese Jacke ist aus 100 % **Wolle**.
이 재킷은 100 % 울로 만들어졌습니다.

0098 Überschwemmung [yːbɐˈʃvɛmʊŋ]
G *f* - *en*

명 홍수, 범람, 침수
Nach der **Überschwemmung** wurden drei Menschen vermisst.
홍수 후 세 사람이 실종되었습니다.

0099 nutzen [ˈnʊt͡sn̩]
冠 verwenden, gebrauchen

동 이용하다, 사용하다, 유용하다
Lukas **nutzt** täglich den Bus, um zur Schule zu gehen.
Lukas 는 매일 버스를 이용해서 학교에 갑니다.

0100 aktiv [akˈtiːf]
冠 tätig, fleißig

형 활동적인, 활발한, 능동적인
Frau Lee ist sehr **aktiv**, was ihre Hobbys betrifft.
Lee 씨는 취미 활동에 매우 적극적입니다.

0101 genügen [gəˈnyːgn̩]
ausreichen, erfüllen

동 충분하다, 넉넉하다, 충족시키다, 따르다
Wir hätten schon gerne gewusst, ob wir Ihren Anforderungen **genügen**.
우리는 귀하의 요구 사항을 충족하는지 알고 싶었습니다.

0102 auch [aʊx]
ebenfalls, ebenso

부 또한, 역시, 마저, 조차, 정말로, 사실은
Darf ich es **auch** glauben?
정말 그것을 믿어도 될까?

0103 fordern [ˈfɔʁdən]
verlangen, beantragen

동 요구하다, 청구하다, 필요로 하다, 호출하다, 도전하다
Ein Mädchen **forderte** Tim zum Tanz.
한 소녀가 Tim 에게 춤을 추자고 요청했습니다.

0104 Hochzeit [ˈhɔxˌt͡saɪt]
G *f - en*

명 결혼식, 혼례
Warum wollen sie keine große **Hochzeit** feiern?
왜 그녀는 결혼식 축제를 크게 벌이고 싶지 않아 합니까?

0105 bildlich [ˈbɪltlɪç]
anschaulich, bildhaft

형 비유적인, 상징적인, 구상적인
Das ist **bildlich** gemeint, Tobi.
그것은 비유적인 의미야, Tobi.

0106 auf·treten [ˈaʊfˌtʁeːtn̩]
erscheinen, darstellen

동 출현하다, 등장하다, 밟다, 나오다
Herr Bernhard ist oft im Fernsehen **aufgetreten**.
Bernhard 씨는 텔레비전에 여러 번 등장했습니다.

0107 Gestik [ˈɡɛstɪk]
G *f - x*

명 제스처, 몸동작
Gestik sind Zeichen der nonverbalen Kommunikation.
제스처는 비언어적 의사 소통의 신호입니다.

0108 Kerze [ˈkɛʁt͡sə]
G *f - n*

명 초, 양초
Sie können gerne eine **Kerze** anzünden.
물론 당신은 촛불을 켤 수 있습니다.

0109 praktisch [ˈpʁaktɪʃ]
brauchbar, nützlich

형 실용적인, 실행하는, 실지의, 실무에 종사하는, 숙련된, 유용한
Ich habe meine Methode bereits **praktisch** angewendet.
나는 이미 실무적으로 내 연구를 적용했다.

0110 Festplatte ['fɛstplatə]
Ⓖ f - n

명 하드 디스크
Moderne **Festplatten** haben Kapazitäten von über einem Terabyte.
최신 하드 드라이브의 용량은 1TB 이상입니다.

0111 langweilig ['laŋvaɪlɪç]
㊨ spaßfrei, ausdruckslos

형 지겨운, 지루한, 단조로운
Das Buch finde ich **langweilig**.
내 생각에 이 책은 지루하다.

0112 Rabatt [ʁaˈbat]
Ⓖ m (e)s e

명 할인, 세일
Auf das Hemd gibt es 20% Prozent **Rabatt**.
이 셔츠는 20 % 할인됩니다.

0113 um zu [ʊm ~ t͡suː]
㊨ damit, sodass

접 ~하기 위하여
Er ist nach Deutschland gegangen, **um zu** studieren.
그는 공부하러 독일에 갔다.

0114 woher [voˈheːɐ̯]
㊨ wovon,
     aus welcher Quelle

부 어디서, ~로부터, ~출처에서, ~근거에서
Woher kommst du?
너는 어디에서 왔니?

0115 Stern [ʃtɛʁn]
Ⓖ m (e)s e

명 별, 스타
Heute leuchten die **Sterne** besonders hell.
오늘 별들이 특히 밝게 빛납니다.

0116 Art [aːɐ̯t]
Ⓖ f - en

명 방법, 형식, 행실, 본성, 성질, 종류
Auf dieser **Art** und Weise konnte ich die Klausur bestehen.
이 방법으로 시험에 합격할 수 있었습니다.

0117 reiten ['ʁaɪtn̩]
㊨ galoppieren, traben

동 (말을) 타다, 타고 가다
Frau Jäger **ritt** ein Pferd an den Rhein.
Frau Jäger 는 라인강에서 말을 탔습니다.

0118 ab·nehmen
['apˌneːmən]
㊨ verringern, entziehen

동 줄어들다, 줄이다, 떼어 내다, 받아들이다
Der Sänger litt daran, dass seine Popularität **abnahm**.
그 가수는 인기가 떨어진 것에 괴로워했습니다.

0119 vergleichbar
[fɛɐ̯ˈɡlaɪçbaːɐ̯]
㊨ entsprechend,
     gleichartig

형 견줄 만한, 비교할 만한
Einen **vergleichbaren** Fall hat der Richter noch nie erlebt.
그 판사는 비슷한 사건을 경험한 적이 없다.

0120 soviel [zoˈfiːl]
㊨ was, soweit

접 ~하는 한, ~에 따르면
Soviel ich weiß, wird das Wetter nächste Woche wieder besser.
내가 아는 한 다음 주 날씨가 좋아질 것입니다.

0121 Krise ['kʁiːzə]
Ⓖ *f* - *n*

명 위기, 공황

Die finanzielle und wirtschaftliche **Krise** ist auch eine soziale Krise.
금융 및 경제 위기는 사회적 위기이기도 합니다.

0122 neu [nɔɪ]
유 neuwertig, frisch

형 새로운, 참신한, 현대적인, 갱신된
부 새로이, 막, 갓

Ich möchte mein altes Auto verkaufen und ein **neues** Auto kaufen.
나는 오래된 차를 팔고 새 차를 사고 싶습니다.

0123 zwar [t͡svaːɐ̯]
유 freilich, gewiss

부 더욱이, 게다가, 부연해서, ~이긴 하지만

Sie mag ihn **zwar** nicht, aber sie hat ihn trotzdem eingeladen.
그녀는 그를 좋아하지 않지만 어쨌든 그를 초대했습니다.

0124 Gebiet [gə'biːt]
Ⓖ *n* (e)s *e*

명 지역, 지대, 관할 구역, 영토, 영역, 분야

Ein Professor hat meistens hervorragende Kenntnisse auf seinem **Gebiet**.
교수는 일반적으로 자신의 분야에서 뛰어난 지식을 가지고 있습니다.

0125 zufrieden [t͡suˈfʁiːdn̩]
유 ausgefüllt, glücklich

형 만족한, 행복한, 마땅한

Ich bin mit Arbeit und Gehalt **zufrieden**.
나는 일과 급여에 만족합니다.

0126 ordnen ['ɔʁdnən]
유 antreten, arrangieren

동 배열하다, 정리하다, 정돈하다

Ordnen Sie diese Bücher nach Themenbereichen.
주제별로 이 책을 정리하십시오.

0127 selbstverständlich
['zɛlpstfɛɐ̯ʃtɛntlɪç]
유 allerdings, bestimmt

형 당연한, 마땅한, 자명한
부 물론, 당연히

Selbstverständlich kann ich Deutsch sprechen.
물론 나는 독일어를 말할 수 있습니다.

0128 stoßen ['ʃtoːsn̩]
유 prallen, schlagen

동 찌르다, 찧다, 빻다, 부딪치다, 충돌하다

Der Täter **stieß** ihr ein Messer in den Rücken.
그 범인은 칼로 그녀 등을 찔렀습니다.

0129 Beschäftigung
[bə'ʃɛftɪɡʊŋ]
Ⓖ *f* - *en*

명 일, 용무, 종사, 고용

Der **Beschäftigung** gilt unser größtes Interesse.
우리의 가장 큰 관심은 취업이다.

0130 beweg en [bə've:gn̩]
유 rühren, auftreten

동 움직이다

Sie **bewegte** den Tisch nach links.
그녀는 테이블을 왼쪽으로 옮겼습니다.

0131 rauchen [ˈʁaʊ̯xn̩]
유 dampfen, qualmen

통 흡연하다, 연기가 나다
Er **raucht** eine kubanische Zigarre.
그는 쿠바 시가를 피웁니다.

0132 Getreide [gəˈtʁaɪ̯də]
G n s -

명 곡물, 곡류, 곡식
Ich bin sicher, dass man auf diesem Boden gut **Getreide** anbauen kann.
이 토양에서 곡물을 잘 재배될 수 있다고 확신합니다.

0133 Auskunft [ˈaʊ̯sˌkʊnft]
G f - ü-e

명 알림, 정보, 안내, 안내소
Man hat mir eine falsche **Auskunft** erteilt.
나는 잘못된 정보를 받았다.

0134 Küche [ˈkʏçə]
G f - n

명 부엌, 주방, 요리, 음식
Ich frühstücke immer in der **Küche**.
나는 항상 부엌에서 아침을 먹습니다.

0135 Weise [ˈvaɪ̯zə]
G f - n

명 방법, 방식, 행태, 곡조
Ich werde versuchen, dir auf jede **Weise** zu helfen.
나는 모든 방법으로 당신을 돕기 위해 노력할 것입니다.

0136 sinnvoll [ˈzɪnˌfɔl]
유 sinnreich, vernünftig

형 의미있는, 의미심장한, 중요한, 뜻깊은, 합리적인
Ich möchte meine Freizeit **sinnvoll** nutzen.
나는 내 자유 시간을 의미 있게 사용하고 싶습니다.

0137 kritisch [ˈkʁiːtɪʃ]
유 abschätzig, bedenklich

형 비판의, 비평적인, 위기의
Der Kommentar ist sehr **kritisch**.
그 의견은 매우 비판적이다.

0138 Kamm [kam]
G m (e)s ä-e

명 빗
Sie fuhr sich mit einem **Kamm** durchs Haar.
그녀는 머리를 빗으로 빗었다.

0139 bearbeiten [bəˈʔaʁbaɪ̯tn̩]
유 erledigen, behandeln

통 다루다, 논하다, 가공하다, 처리하다
Welches Projekt **bearbeiten** Sie?
어떤 프로젝트를 진행하고 있습니까?

0140 vertraulich [fɛʁˈtʁaʊ̯lɪç]
유 geheim, intim

형 친밀한, 비밀의
Diese Kundendaten müssen immer **vertraulich** bleiben.
고객 정보는 항상 기밀로 유지해야 합니다.

0141 Stelle [ˈʃtɛlə]
G f - n

명 장소, 자리, 위치, 상태, 부분, 항목, 직위, 직책, 일자리
Hast du dich für die **Stelle** beworben?
그 일자리에 지원을 했습니까?

0142 schätzen [ˈʃɛt͡sn̩]
독 berechnen, veranschlagen

동 평가하다, 견적을 내다, 추측하다, ~라고 생각하다, 여기다
Ich **schätze** dein Alter auf 25 Jahre.
나는 당신의 나이를 25 세로 추정합니다.

0143 ein·legen [ˈaɪnˌleːgn̩]
독 einfügen, marinieren

동 넣다, 삽입하다, 투입하다, 숙박시키다, 저장하다, 절이다
Sie haben den Vormittag damit verbracht, saure Gurken **einzulegen**.
그들은 오전에 피클을 절이면서 시간을 보냈습니다.

0144 unterlassen [ˌʊntɐˈlasn̩]
독 aussparen, verzichten

동 중단하다, 단념하다, 삼가하다
Unterlassen Sie bitte das Rauchen, solange die Rauchverbotssymbole leuchten.
금연 기호의 불이 켜져 있는 한 담배를 피우지 마세요.

0145 annullieren [anʊˈliːʁən]
독 beseitigen, stornieren

동 취소하다, 파기하다
Ich möchte meine gestrige Bestellung **annullieren**.
나는 어제의 주문을 취소하고 싶습니다.

0146 vielleicht [fiˈlaɪçt]
독 womöglich, eventuell

부 아마도, 어쩌면, 대략
Vielleicht komme ich morgen zur Bibliothek.
아마 나는 내일 도서관에 갈 거예요.

0147 Haltestelle [ˈhaltəˌʃtɛlə]
G *f* - *n*

명 정류장, 정거장
Die **Haltestelle** befindet sich nur 50 Meter von der Wohnung entfernt.
정류장은 아파트에서 불과 50m 떨어져 있습니다.

0148 Stempelkissen [ˈʃtɛmpl̩ˌkɪsn̩]
G *n* *s* -

명 인주, 스탬프 인주
Haben Sie ein **Stempelkissen** im Haus?
집에 도장 인주가 있습니까?

0149 üblich [ˈyːplɪç]
독 alltäglich, gewohnt

형 보통의, 통례의, 습관적인
In Korea ist es **üblich**, mit Stäbchen anstatt mit Messer und Gabel zu essen.
한국에서는 나이프와 포크 대신 젓가락을 사용하는 것이 일반적입니다.

0150 vorhin [ˈfoːɐ̯hɪn]
독 kürzlich, vor Kurzem

부 앞서, 옛날에, 조금 전에, 방금, 이전에, 아까
Ich habe **vorhin** gerade erst etwas gegessen.
나는 앞서 먼저 무언가를 먹었습니다.

0151 Inhalt [ˈɪnˌhalt]
G *m* *(e)s* *e*

명 내용물, 내용, 목차, 요점, 크기
Der **Inhalt** der Flasche bestand nur aus Wasser.
그 병의 내용물은 물로만 구성되었습니다.

0152 Sahne [ˈzaːnə]
Ⓖ f - x

몡 크림, 유지
Ich möchte nur einen Kaffee mit **Sahne**.
나는 단지 크림 커피를 원한다.

0153 auf·geben [ˈaʊfˌgeːbn̩]
℞ verzichten, abliefern

됭 포기하다, 체념하다, 교부하다, (문제를) 내다
Verloren ist nur, wer sich selbst **aufgibt**.
포기하는 사람만 패배합니다.

0154 zuständig
[ˈʦuːˌʃtɛndɪç]
℞ befugt, berechtigt

혱 권한이 있는, 결정권이 있는, 거주권이 있는, ~에 속한
Ab diesem Zeitpunkt ist Frau Luna **zuständig**.
이 시점부터 Luna 씨가 담당합니다.

0155 Sänger [ˈzɛŋɐ]
Ⓖ m s -

몡 가수, 성악가, 시인
Wer ist der **Sänger** von diesem Lied?
이 노래의 가수는 누구입니까?

0156 sogar [zoˈgaːɐ]
℞ selbst, auch

붵 더군다나, 게다가, 그 밖에, 더욱이
Sie arbeitet **sogar** am Sonntag.
그녀는 심지어 일요일에도 일합니다.

0157 an·stellen [ˈanˌʃtɛlən]
℞ beschäftigen, anlehnen

됭 기대어 놓다, 옆에 세우다, 고용하다, 시도하다, 켜다, 작동시키다
Er war bei einer koreanischen Firma **angestellt**.
그는 한국 회사에 고용되었습니다.

0158 Dach [dax]
Ⓖ n (e)s ä-er

몡 지붕, 덮개
Wenigstens haben wir ein **Dach** über dem Kopf.
적어도 우리는 머리 위에 지붕이 있다.

0159 berücksichtigen
[bəˈʁʏkˌzɪçtɪɡn̩]
℞ beachten, bedenken

됭 고려하다, 유의하다, 참작하다
Ich habe diese Möglichkeit **berücksichtigt**.
나는 이 가능성을 고려했다.

0160 ein·treten [ˈaɪnˌtʁeːtn̩]
℞ aufbrechen, sich
  bewahrheiten

됭 입장하다, 가입하다, 생기다, 나타나다, 시작되다
Die Polizei **trat** die Tür **ein**, um den Täter festzunehmen.
그 경찰은 범인을 체포하기 위해 문을 찼다.

0161 Sucht [zʊxt]
Ⓖ f - ü-e

몡 중독, 욕망, 광, 벽, 질병
Die **Sucht** nach Glücksspiel trieb ihn in die Spielbank.
도박 중독은 그를 카지노로 몰아넣었습니다.

0162 trocken [ˈtʁɔkn̩]
℞ ausgedörrt, dürr

됭 건조한, 마른, 재미없는, 무뚝뚝한
Bei **trockener** Haut empfehle ich eine Feuchtigkeitsmaske.
저는 건성 피부에 보습 마스크를 추천합니다.

0163 verlassen [fɛɐ̯'lasn̩]
周 weggehen, abziehen

동 떠나다, 버리다, 그만두다, 포기하다
Nach sechsjähriger Beziehung hat er sie **verlassen**.
6 년간의 관계 후 그는 그녀를 떠났다.

0164 Nuss [nʊs]
G f - ü-e

명 견과, 호두
Wird die **Nuss** meinen Augen helfen?
견과류가 내 눈에 도움이 될까?

0165 Ding [dɪŋ]
G n (e)s e

명 ~인 것, 물건, 존재, 사건, 일
Du musst das **Ding** schnell erledigen.
이 작업을 빨리 완료해야 합니다.

0166 ärgerlich ['ɛɐ̯ɡɐ̯ˌlɪç]
周 lästig, bedauerlich

형 화난, 짜증난, 불쾌한
Es ist sehr **ärgerlich**, dass du die Klausur nicht bestanden hast.
당신이 시험에 합격하지 못한 것은 매우 화가 납니다.

0167 behaupten [bə'haʊ̯ptn̩]
周 beharren, bestehen

동 주장하다, 고수하다, 유지하다
Ich **behaupte**, dass das nicht stimmt.
나는 그것이 사실이 아니라고 주장했다.

0168 verursachen [fɛɐ̯ʔuːɐ̯ˌzaxn̩]
周 auslösen, bewirken

동 야기하다, 유발하다, 초래하다
Alkohol kann Kopfschmerzen **verursachen**.
술은 두통을 유발할 수 있습니다.

0169 Filiale [fiˈli̯aːlə]
G f - n

명 지점, 지사, 체인점
Im September wird unsere Firma in Mainz eine neue **Filiale** eröffnen.
9 월에 우리 회사는 Mainz 에 새로운 지점을 열 것입니다.

0170 Kalender [kaˈlɛndɐ]
G m s -

명 달력
Der **Kalender** zeigt die zwölf Monate des Jahres.
달력은 일년에 12 개월을 보여줍니다.

0171 bekommen [bəˈkɔmən]
周 erhalten, erlangen

동 받다, 얻다, 획득하다, 작용하다
Gestern habe ich mein Gehalt **bekommen**.
나는 어제 급여를 받았습니다.

0172 Ehe ['eːə]
G f - n

명 부부, 혼인, 결혼, 결혼 생활
In jeder **Ehe** gibt es Geheimnisse.
모든 결혼 생활에는 비밀이 있습니다.

0173 berufen [bəˈʁuːfn̩]
周 anführen, einsetzen

동 임명하다, 선임하다, 소집하다, 불러내다
Die Universität **berief** sie als Professor für Wirtschaftswissenschaft.
그 대학은 그녀를 경제학 교수로 임명했습니다.

0174 vorbei [foːɐ̯'baɪ̯]
圏 dahin, vorüber

뷔 지나간, 끝난, 통과하여
Die Olympiade in PyeongChang ist **vorbei**.
평창 올림픽이 끝났습니다.

0175 ein·bauen ['aɪ̯n,baʊ̯ən]
圏 einarbeiten, einfügen

동 설치하다, 조립하다, 삽입하다, 끼워 넣다
Er ließ eine Klimaanlage in sein Haus **einbauen**.
그는 집에 에어컨을 설치했습니다.

0176 Absender ['ap,zɛndɐ]
G *m s* -

명 발송인, 발신인
Absender und Adressaten der Nachricht sind in derselben Domäne.
그 메시지의 발신자와 수신자는 동일한 도메인에 있습니다.

0177 Termin [tɛʁ'miːn]
G *m (e)s e*

명 일정, 약속, 기한, 기일
Ich habe morgen einen **Termin** beim Arzt.
내일 의사와 약속이 있습니다.

0178 echt [ɛçt]
圏 richtig, tatsächlich

형 진짜의, 순수한, 실제의, 정직한, 착실한, 합법적인
Ist das **echtes** Gold?
그것은 진짜 금인가요?

0179 nebenbei [neːbn̩'baɪ̯]
圏 nebenher, beiläufig

뷔 나란히, 곁에, 별도로, 그 밖에, 부업으로, 아울러, 덧붙여서
Ich arbeite nur **nebenbei** als Vertriebsassistent.
나는 부업으로 영업 보조원으로 일합니다.

0180 ab·stimmen ['ap,ʃtɪmən]
圏 beschließen, ausmachen

동 투표하다, 조율하다
Da wir uns so nicht einigen können, werden wir **abstimmen**.
우리는 의견이 일치하지 않기 때문에 투표를 할 것입니다.

0181 voneinander [fɔn'ʔaɪ̯'nandɐ]
圏 gegenseitig, wechselseitig

뷔 서로서로, 서로에게서, 분리되어, 따로따로
Alte und junge Menschen können viel **voneinander** lernen.
노인과 젊은이는 서로에게서 많은 것을 배울 수 있습니다.

0182 Vorteil ['foʁ,taɪ̯l]
G *m (e)s e*

명 장점, 이점, 이윤, 이득
Beide Verfahren haben ihre **Vorteile** und Nachteile.
두 방법 모두 장단점이 있습니다.

0183 Gespräch [gə'ʃpʁɛːçə]
G *n (e)s e*

명 회담, 토론, 대화
Ist das **Gespräch** mit der Lehrerin noch gut verlaufen?
선생님과의 대화가 잘 되었습니까?

0184 Titel ['tiːtl̩]
G *m s* -

명 제목, 타이틀, 칭호, 학위, 직책
Du solltest den **Titel** deiner Hausarbeit noch einmal überdenken.
너는 숙제 제목을 다시 한번 생각해봐라.

0185 Prospekt [pʁoˈspɛkt]
Ⓖ *m (e)s e*

명 전망, 조망, 안내서

Der **Prospekt** von Rewe ist bei der Kundschaft enorm beliebt.
Rewe 의 브로셔는 고객들에게 매우 인기가 있습니다.

0186 Astronaut
[astʁoˈnaʊ̯t]
Ⓖ *m en en*

명 우주 비행사

Der erste **Astronaut** startete 1961 ins All.
최초의 우주 비행사는 1961 년에 발사되었습니다.

0187 Käufer [ˈkɔɪ̯fɐ]
Ⓖ *m s -*

명 구매자, 바이어, 고객

Die Firma muss allen **Käufern** eine Rückerstattung anbieten.
그 회사는 모든 구매자들에게 환불을 제공해야 합니다.

0188 positiv [ˈpoːzitiːf]
ⓐ bejahend, bestätigend

형 긍정적인, 좋은, 우수한, 실제의

Er hat immer eine **positive** Wirkung auf das Leben anderer
Menschen.
그는 항상 다른 사람들의 삶에 긍정적인 영향을 미칩니다.

0189 andererseits
[ˈandəʁɛzaɪ̯t͡s]
ⓐ aber, doch

부 다른 한편으로

Einerseits reise ich zwar wirklich gerne, jedoch **andererseits** habe
ich auch immer etwas Angst vor fremden Ländern.
한편으로는 여행을 좋아하지만 다른 한편으로는 항상 외국을 조금 두려워합니다.

0190 behalten [bəˈhaltn̩]
ⓐ behaupten, bewahren

동 소지하다, 지니다, 유지하다, 보유하다, 간직하다, 참다

Die Blumen haben ihren Duft lange **behalten**.
그 꽃은 오랫동안 향기를 유지했습니다.

0191 winken [ˈvɪŋkn̩]
ⓐ zuwinken, bevorstehen

동 윙크하다, 신호를 보내다, 눈짓하다, 신호하다, ~의 조짐이 보이다

Jedes Mal, wenn er mich sah, **winkte** er mir.
그가 나를 볼 때마다 그는 나에게 윙크를 했다.

0192 Export [ɛksˈpɔʁt]
Ⓖ *m (e)s e*

명 수출

Die **Exporte** nach China werden schon verstärkt.
중국으로의 수출은 이미 증가하고 있습니다.

0193 tauchen [ˈtaʊ̯xn̩]
ⓐ eintauchen, versenken

동 잠기다, 잠수하다, 가라앉다, 솟아오르다, 떠오르다

Das deutsche U-Boot ist bis auf den Meeresgrund **getaucht**.
그 독일 잠수함은 해저에 잠겼습니다.

0194 Kunde [ˈkʊndə]
Ⓖ *m n n*

명 고객, 손님, 단골, 의뢰인

Wir müssen zu **Kunden** immer nett sein, auch wenn wir sie nicht
ausstehen können.
우리는 견딜 수 없어도 고객에게 항상 친절해야 합니다.

0195 **aus·drucken**
['aʊsˌdʁʊkn̩]
㊌ drucken, abdrucken

동 인쇄하다, 출력하다, 짜내다, 표현하다
Es ist nicht mehr sinnvoll, so viel **auszudrucken**, weil heute das meiste elektronisch gelesen wird.
오늘날 대부분 전자적으로 읽히기 때문에 인쇄하는 것은 더 이상 의미가 없다.

0196 **emotional**
[ˌemoʦi̯oˈnaːl]
㊌ affektiv, gefühlvoll

형 감정적인, 정서적인
Jetzt bist du so **emotional** wie deine Freundin.
지금 너는 너의 여자 친구처럼 매우 감정적이야.

0197 **Zange** ['ʦaŋə]
Ⓖ f - n

명 집게, 펜치
Für diesen Nagel braucht man eine **Zange**.
이 못에는 펜치가 필요합니다.

0198 **Hof** [hoːf]
Ⓖ m (e)s ö-e

명 뜰, 안마당, 농장, 왕궁
Das Haus hat einen großen **Hof**.
그 집에는 큰 마당이 있습니다.

0199 **entgegen·kommen**
[ɛntˈɡeːɡn̩ˌkɔmən]
㊌ aufeinander zugehen, Kompromiss schließen

동 다가오다, 맞이하다, 받아들이다
Wir können fast jedem Wunsch **entgegenkommen**.
우리는 거의 모든 요청을 수용할 수 있습니다.

0200 **knapp** [knap]
㊌ eng, kaum

형 좁은, 모자라는, 근소한, 빠듯한, 면밀한
부 불충분하게, 모자라게, 빠듯하게, 밀착하여
Meine Tochter ist **knapp** drei Jahre alt.
제 딸은 거의 3 살입니다.

0201 anstrengend
['anʃtʀɛŋənt]
⊕ aufreibend,
beschwerlich

형 힘든, 피곤하게 하는
Es ist sehr **anstrengend**, so lange zu arbeiten.
오랫동안 일하는 것은 매우 피곤합니다.

0202 bestehen [bəˈʃteːən]
⊕ vorkommen,
bewältigen

동 있다, 존재하다, 고집하다, 주장하다, 구성되어 있다, 합격하다
Endlich hat sie die Prüfung **bestanden**.
그녀는 마침내 시험에 합격했다.

0203 Wäsche [ˈvɛʃə]
Ⓖ f - n

명 빨래, 세탁물, 씻기, 세탁
Maria hat viel **Wäsche** zu waschen.
Maria 는 빨래할 것이 많다.

0204 bringen [ˈbʀɪŋən]
⊕ abliefern, herschaffen

동 가져오다, 운반하다, 보내다, 제출하다, 초래하다
Heute hat er mich mit seinem Auto nach Hause **gebracht**.
오늘 그가 차로 나를 집에 데려다 줬다.

0205 blass [blas]
⊕ bleich, farblos

형 창백한, 핼쑥한, 지독한, 희미한, 담색의
Du siehst **blass** aus, Jonnas. Bist du müde?
창백해 보이네, Jonnas. 피곤하니?

0206 Flüssigkeit
[ˈflʏsɪçˌkaɪ̯t]
Ⓖ f - en

명 유동성, 액체
Es ist sehr viel **Flüssigkeit** durch das Loch geronnen.
많은 액체가 구멍을 통하여 흘러내렸다.

0207 atmen [ˈaːtmən]
⊕ schnaufen, einsaugen

동 숨쉬다, 호흡하다, 들이마시다
Zurzeit kann man keine frische Luft in Seoul **atmen**.
현재 서울에서는 신선한 공기를 들이마실 수 없습니다.

0208 Koch [kɔx]
Ⓖ m (e)s ö-e

명 요리사, 요리
Damals arbeitete ich als **Koch** in Deutschland.
당시 나는 독일에서 요리사로 일했습니다.

0209 auf·laden [ˈaʊ̯fˌlaːdn̩]
⊕ auflasten, befrachten

동 싣다, 충전하다
Ich habe kein Geld, um die Fahrkarte wieder **aufzuladen**.
나는 교통 티켓을 충전할 돈이 없습니다.

0210 kosten [ˈkɔstn̩]
㊌ ausmachen, betragen

⑤ 값이 얼마이다, 맛보다, 시식하다
Wie viel **kostet** das?
그것은 얼마입니까?

0211 weg·werfen [ˈvɛkˌvɛʁfn̩]
㊌ ablegen, verschwenden

⑤ 버리다, 내버리다, 집어치우다
Heutzutage **werfen** alle Leute viel zu viele Lebensmittel **weg**.
오늘날 모든 사람들은 너무 많은 음식을 버립니다.

0212 unruhig [ˈʊnʁuːɪç]
㊌ angespannt, aufregend

⑱ 불안한, 소란한, 시끄러운, 근심스러운, 고르지 않은
Wegen der Klausur ist sie heute schon den ganzen Tag so **unruhig**.
그녀는 시험 때문에 오늘 하루 종일 너무 불안해한다.

0213 gewinnen [ɡəˈvɪnən]
㊌ siegen, erringen

⑤ 이기다, 얻다, 획득하다
Wenn ich doch im Lotto **gewinnen** würde!
내가 로또만 당첨된다면!

0214 hygienisch [hyˈɡi̯eːnɪʃ]
㊌ reinlich, sauber

⑱ 위생적인, 청결한, 보건상의
Wir produzieren Klebebänder für **hygienische** und medizinische Anwendungen.
우리는 위생 및 의료 응용 분야를 위한 접착 테이프를 생산합니다.

0215 Zeitpunkt [ˈtsaɪ̯tˌpʊŋkt]
Ⓖ m (e)s e

⑲ 시점, 순간, 시기
Es ist ein schlechter **Zeitpunkt**, um zu trinken.
술을 마시기에는 안 좋은 타이밍이다.

0216 Schüssel [ˈʃʏsl̩]
Ⓖ f - n

⑲ 주발, 대접, 접시
Könntest du mir Vielleicht eine **Schüssel** mit heißer Suppe vorbereiten?
날 위해 뜨거운 수프 한 그릇을 준비해줄 수 있어?

0217 Tätigkeit [ˈtɛːtɪçkaɪ̯t]
Ⓖ f - en

⑲ 활동, 행동, 근면, 작동, 일, 직업
Deiner **Tätigkeit** sind Grenzen gesetzt.
너의 활동 범위는 제한되어 있다.

0218 Marke [ˈmaʁkə]
Ⓖ f - n

⑲ 표, 표지, 기호, 우표, 상표, 브랜드
Natürlich garantieren wir mit unserer **Marke** die Premiumqualität.
물론 우리는 브랜드에 프리미엄 품질을 보장합니다.

0219 Infektion [ɪnfɛkˈtsi̯oːn]
Ⓖ f - en

⑲ 전염, 감염
Schmutziges Wasser kann Schuld an **Infektionen** haben.
더러운 물은 감염의 원인일 수도 있습니다.

0220 jeweils [ˈjeːvaɪ̯ls]
帝 jeweilen, immer

부 각각, 각자, 그때마다

Sagen Sie bitte **jeweils** Ihre Meinung!
각각의 의견을 말해보세요!

0221 Quantität [ˌkvantiˈtɛːt]
Ⓖ f - en

명 양, 수량, 정도

Mir geht Qualität vor **Quantität**.
수량보다 품질을 중요하게 생각한다.

0222 Praxis [ˈpʀaksɪs]
Ⓖ f - -xen

명 실행, 실천, 경험, 숙련, 처리 방식, 진료실

In der **Praxis** liegt die Befugnis bei ihr.
실질적 권한은 그녀에게 있습니다.

0223 Lautsprecher [ˈlaʊ̯tʃpʀɛçɐ]
Ⓖ m s -

명 스피커, 확성기

Die Anlage läuft über den **Lautsprecher**.
안내 방송이 스피커를 통해 나옵니다.

0224 Absprache [ˈapʃpʀaːxə]
Ⓖ f - n

명 협정, 타협

Es handelt sich um eine geheime **Absprache** zwischen Korea und Deutschland.
한국과 독일의 비밀 협정에 관한 것입니다.

0225 analysieren [analyˈziːʀən]
帝 erforschen, prüfen

동 분석하다, 분해하다

Ich kann nichts sagen, bevor ich den Stoff **analysiert** habe.
재료를 분석하기 전까지는 나는 아무 말도 할 수 없습니다.

0226 verstehen [fɛɐ̯ˈʃteːən]
帝 auffassen, begreifen

동 이해하다, 파악하다, 해석하다, 숙달하다

Ich kann einfach nicht **verstehen**, was du meinst.
너가 무엇을 말하는지 나는 이해할 수 없다.

0227 abwesend [ˈapˌveːzn̩t]
帝 unterwegs, nicht da

형 부재중의, 결석한, 없는

Während der Sitzung war sie gedanklich **abwesend**.
그녀는 회의 중에 딴 생각을 했다.

0228 Aufgabe [ˈaʊ̯fˌɡaːbə]
Ⓖ f - n

명 의뢰, 과업, 임무, 과제, 숙제, 중단, 포기

Diese wichtige **Aufgabe** müssen wir gemeinsam erledigen.
우리는 이 중요한 일을 함께 처리해야 합니다.

0229 erwarten [ɛɐ̯ˈvaʀtn̩]
帝 ersehnen, rechnen mit

동 기대하다, 고대하다, 예견하다, 바라다

Ich **erwarte** die Veröffentlichung seines Buches.
나는 그의 책이 출판되기를 기대합니다.

0230 richtig ['ʁɪçtɪç]
ⓈⒾ wahrhaftig, wirklich
- 형 바른, 정확한, 진실한, 공정한, 정당한, 적절한
- 부 바르게, 정확히, 정말로, 공정하게

Vielleicht habe ich nicht alles **richtig** gemacht.
나는 아마 모두 잘 하지는 않았을 것입니다.

0231 empfehlen [ɛm'pfeːlən]
ⓈⒾ vorschlagen, raten
- 동 추천하다, 권하다, 맡기다

Können Sie mir einen guten Wein **empfehlen**?
나에게 좋은 와인을 추천해 줄 수 있습니까?

0232 Zutritt ['ʦuːtʁɪt]
Ⓖ m (e)s x
- 명 입장, 들어감, 유입, 침투

Unbefugte haben zum Hochsicherheitslabor keinen **Zutritt**.
권한이 없는 사람은 높은 보안 실험실에 들어갈 수 없습니다.

0233 an·erkennen ['anʔɛɐ̯ˌkɛnən]
ⓈⒾ annehmen, beglaubigen
- 동 인정하다, 승인하다, 존중하다, 공인하다

Das Finanzamt **erkannte** die Abschreibung **an**.
세무서는 감가상각비를 승인했습니다.

0234 Locher ['lɔxɐ]
Ⓖ m s -
- 명 펀치, 천공기

Benutzt bitte zuerst den **Locher**, bevor ihr die Blätter in den Ordner heftet.
종이들을 폴더에 링 처리하기 전에 먼저 펀치를 사용하세요.

0235 Verbrecher [fɛɐ̯'bʁɛçɐ]
Ⓖ m s -
- 명 범죄자, 범인

Der **Verbrecher** ist schon mehrmals aus dem Gefängnis ausgebrochen.
그 범죄자는 여러 번 감옥에서 탈출했습니다.

0236 Prozent [pʁo'ʦɛnt]
Ⓖ n (e)s e
- 명 퍼센트, 백분율

80 **Prozent** der Schüler sind aus Ausländern.
학생들의 80 %가 외국인입니다.

0237 an·bieten ['anˌbiːtn̩]
ⓈⒾ darbieten, offerieren
- 동 제공하다, 제안하다, 내놓다

Die alte Dame hatte ihnen sogleich Kaffee und Kuchen **angeboten**.
그 할머니는 바로 커피와 케이크를 제공했습니다.

0238 furchtbar ['fʊʁçtbaːɐ̯]
ⓈⒾ abscheulich, ekelhaft
- 형 무서운, 두려운, 지독한, 굉장한

Dein Essen schmeckt **furchtbar**, wie immer.
언제나처럼 너의 음식 맛은 끔찍하다.

0239 Unglück ['ʊnˌglʏk]
Ⓖ n (e)s e
- 명 불운, 불행, 사고, 재앙

Ein **Unglück** kommt selten allein.
불행은 혼자 오지 않는다. (엎친 데 덮친 격)

0240 Qualität [ˌkvaliˈtɛːt]
ⓖ *f* - *en*

몡 질, 성질, 품질, 특질
Hier finden Sie nur Gemüse allerbester **Qualität**.
여기서 최고 품질의 야채만 찾을 수 있습니다.

0241 Gleis [glaɪ̯s]
ⓖ *n es e*

몡 레일, 선로, 철도
Der Zug fährt in zehn Minuten von **Gleis** 13.
그 기차는 13 플랫폼에서 10 분 후에 출발합니다.

0242 sich wohlfühlen
[ˈvoːlˌfyːlən]

ⓐ behaglich sein,
wohlergehen

동 좋게 느끼다, 만족스럽게 느끼다
Ich hoffe, dass Sie **sich** hier **wohlfühlen**.
나는 당신이 여기서 편안하게 느끼길 바랍니다.

0243 kündigen [ˈkʏndɪɡn̩]
ⓐ beenden, absetzen

동 취소하다, 해약을 하다, 자르다, 해지를 통보하다
Du solltest deinen Job **kündigen** und wieder nach Hause kommen.
너는 직장을 그만두고 집으로 다시 돌아와야 한다.

0244 wetten [ˈvɛtn̩]
ⓐ einsetzen, setzen

동 내기하다, 걸다
Auf welches Pferd hast du **gewettet**?
어떤 말에 배팅 했습니까?

0245 speichern [ˈʃpaɪ̯çen]
ⓐ aufbewahren, einlagern

동 저장하다, 보관하다, 축적하다, 창고에 넣다
Ich kann die aktuelle Datenbank in eine PDF-Datei **speichern**.
나는 현재 데이터베이스를 PDF 파일로 저장할 수 있다.

0246 unbedingt
[ˈʊnbəˌdɪŋt]

ⓐ absolut, ausschließlich

혱 절대적인, 무조건적인
뷔 무조건, 절대적으로, 꼭
Er muss **unbedingt** zum Arzt gehen.
그는 무조건 의사에게 가야 합니다.

0247 aus·suchen
[ˈaʊ̯sˌzuːxn̩]

ⓐ wählen, herausgreifen

동 골라내다, 선발하다, 고르다
Hast du ein Thema für die Bachelorarbeit **ausgesucht**?
학사 논문 주제를 선택했어?

0248 Erfolg [ɛɐ̯ˈfɔlk]
ⓖ *m (e)s e*

몡 결과, 효과, 성과, 성공적
Ich glaube, dass du vor einem großen **Erfolg** stehst.
나는 당신이 큰 성공에 직면하고 있다고 생각합니다.

0249 streiten [ˈʃtʁaɪ̯tn̩]
ⓐ kämpfen, protestieren

동 싸우다, 언쟁하다, 논쟁하다
Meine Eltern **streiten** sich jeden Tag über unwichtige Dinge.
나의 부모님은 쓸데없는 일로 말싸움을 한다.

0250 Risiko [ˈʁiːziko]
G n s -ken

® 위험, 모험
Offensichtlich möchte ich unnötige **Risiken** vermeiden.
분명히 나는 불필요한 위험을 피하고 싶다.

0251 Absage [ˈapˌzaːgə]
G f - n

® 취소, 거절
Zur Reise muss ich euch leider eine **Absage** erteilen.
안타깝게도 나는 여행을 취소해야 한다.

0252 Widerspruch [ˈviːdɐʃpʁʊx]
G m (e)s ü-e

® 반대, 항의, 모순, 어긋남
Der Artikel hat im zweiten Absatz einen **Widerspruch**.
이 기사는 두 번째 단락에 모순이 있습니다.

0253 aus·machen [ˈaʊsˌmaxn̩]
⊞ ausschalten, betragen

® 끄다, 결말짓다, 결정하다, ~에 달하다, 중요하다, 형성하다, 작용하다
Das können wir untereinander **ausmachen**.
그것은 우리끼리 끝낼 수 있습니다.

0254 super [ˈzuːpɐ]
⊞ exzellent, hervorragend

® 최고의, 멋진
Er ist **super**, wie du sagst.
너가 말한 것처럼 그는 훌륭하다.

0255 komisch [ˈkoːmɪʃ]
⊞ lustig, bizarr

® 이상한, 웃긴, 재미있는, 익살스러운
Ich weiß, das klingt **komisch**, aber das ist sehr wichtig.
나는 그것이 이상하게 들린다는 것을 알고 있지만 그것은 매우 중요합니다.

0256 Brust [bʁʊst]
G f - ü-e

® 가슴, 흉부
Ich habe ständig Schmerzen in der **Brust**.
나는 지속적으로 가슴에 통증이 있습니다.

0257 dramatisch [dʁaˈmaːtɪʃ]
⊞ tragisch, aufsehenerregend

® 희곡의, 연극의, 극적인
Ihr Handeln wird **dramatische** Folgen haben.
그녀의 행동은 극적인 결과를 가져올 것입니다.

0258 Portemonnaie [pɔʁtmɔˈneː]
G n s s

® 지갑
Auf dem Weg zur Schule hat er sein **Portemonnaie** verloren.
그는 학교에 가는 길에 지갑을 잃어버렸습니다.

0259 an·schließen [ˈanʃliːsn̩]
⊞ anfügen, folgen

® 연결하다, 추가하다, 잡아매다, 병합하다, 접속하다
Eigentlich wollte sie sich unserer Gruppe **anschließen**.
그녀는 사실 우리 그룹에 가입하고 싶었습니다.

0260 Begabung [bəˈɡaːbʊŋ]
Ⓖ f - en

명 재능, 소질, 재질
Kyungmi hat eine besondere **Begabung** für Sprachen.
경미는 언어에 대한 특별한 재능이 있습니다.

0261 Erdbeben
[ˈeːɐ̯tˌbeːbn̩]
Ⓖ n s -

명 지진
Bei dem **Erdbeben** wurden viele Häuser beschädigt.
지진으로 많은 집이 파손되었습니다.

0262 motivieren
[motiˈviːʁən]
유 anregen, anreizen

동 동기를 주다, 동기를 부여하다, 자극하다
Eltern sollten ihre Kinder zum Lesen **motivieren**.
부모는 자녀가 책을 읽도록 동기를 부여해야 합니다.

0263 parken [ˈpaʁkn̩]
유 stellen, unterbringen

동 주차하다, 대다
Normalerweise **parkt** ein Taxi in der Gasse.
보통 택시는 골목에 주차되어 있습니다.

0264 nämlich [ˈnɛːmlɪç]
유 weil, also

부 즉, 말하자면, 왜냐하면, 때문에
Vorbeugen ist **nämlich** besser als heilen.
말하자면 예방은 치료보다 낫습니다.

0265 überreden
[yːbɐˈʁeːdn̩]
유 überzeugen,
umstimmen

동 설득하다, 납득시키다, 권유하다
Versuch nicht, mich zu **überreden**.
나를 설득하려고 하지 마십시오.

0266 Sessel [ˈzɛsl̩]
Ⓖ m s -

명 안락의자, 좌석, 자리
Mein Vater sitzt in diesem **Sessel** sehr bequem.
나의 아버지는 이 안락 의자에 매우 편안하게 앉아있습니다.

0267 während [ˈvɛːʁənt]
유 solange, inzwischen

접 ~하는 동안, ~하는 사이에, 반면에
전 ~하는 동안, ~하는 사이에
Während seiner Reise will er in Deutschland viel besichtigen.
그는 여행하는 동안 독일을 많이 관람하길 원합니다.

0268 feiern [ˈfaɪ̯ɐn]
유 ein Fest geben,
zelebrieren

동 축하하다, 축제하다, 기념하다, 일을 쉬다
Die Gewinner werden **gefeiert**.
우승자는 축하 받을 것 입니다.

0269 meinetwegen
[ˈmaɪ̯nətˌveːɡən]
유 für mich, wegen mir

부 나 때문에, 나를 위하여, 나에 관해서는
Erzähl mir bitte nicht, dass du **meinetwegen** hier bist.
당신이 나 때문에 여기 있다고 말하지 마십시오.

0270	**Vermittlung** [fɛɐ̯ˈmɪtlʊŋ] Ⓖ *f* - *en*	몡 중개, 조정, 주선 Die **Vermittlung** durch seinen Lehrer verhalf ihm zu besseren Noten. 그의 선생님을 통한 조정은 그에게 더 좋은 성적을 주었다.

0271 **Verbraucher** [fɛɐ̯ˈbʁaʊ̯xɐ] Ⓖ *m* *s* -

몡 사용자, 소비자
Die Zufriedenheit der **Verbraucher** ist nicht so hoch.
소비자 만족도는 그리 높지 않습니다.

0272 **Nachteil** [ˈnaːxtaɪ̯l] Ⓖ *m* *(e)s* *e*

몡 단점, 결점, 불이익, 불리, 손해
Der Preis und die Dauer stellen einen enormen **Nachteil** dar.
그 가격과 기간은 큰 손해를 나타낸다.

0273 **Hinweis** [ˈhɪnˌvaɪ̯s] Ⓖ *m* *es* *e*

몡 충고, 조언, 지시, 암시, 힌트, 주의, 경고
Lesen Sie weitere wichtige **Hinweise** zum Thema Global-Marketing.
글로벌 마케팅에 대한 계속되는 중요한 조언을 읽으십시오.

0274 **weich** [vaɪ̯ç] Ⓗ milde, einfühlsam

휑 온화한, 부드러운, 연한, 다정한, 무른
Das Fell der Katze war besonders **weich**.
그 고양이의 털은 특히 부드럽습니다.

0275 **Aufteilung** [ˈaʊ̯ftaɪ̯lʊŋ] Ⓖ *f* - *en*

몡 부서, 구획, 부분, 할당
Die räumliche **Aufteilung** der Wohnung ist für meine Zwecke ungünstig.
그 집의 공간 분할은 내 목적에 맞지 않습니다.

0276 **kurz** [kʊʁt͡s] Ⓗ knapp, klein

휑 짧은, 가까운, 단시간의, 간단한, 잠시의
Es ist ein **kurzer** Weg bis nach Berlin.
베를린으로 가는 지름길입니다.

0277 **Visum** [ˈviːzʊm] Ⓖ *n* *s* *-sa*

몡 비자
Morgen habe ich einen Termin bei der Ausländerbehörde, weil ich mein **Visum** verlängern muss.
내일 비자를 연장해야 하기 때문에 외국인청에 약속이 있습니다.

0278 **Gutschein** [ˈguːtʃaɪ̯n] Ⓖ *m* *(e)s* *e*

몡 쿠폰, 경품권, 상품권
Erhaltene **Gutscheine** kann man im Warenkorb verbuchen.
수령한 상품권은 장바구니에서 등록할 수 있습니다.

0279 **solange** [zoˈlaŋə] Ⓗ während, vorbehaltlich

쩝 ~하는 한, ~하는 동안은
뷔 ~하는 동안
Solange du so faul bist, wirst du keine gute Note bekommen.
그렇게 게으른 한 좋은 성적을 얻지 못할 것입니다.

0280 pro [pʁoː]
ⓊＧ für, je

전 ~당, ~마다, ~을 위하여
부 찬성하여
Die zusätzlichen Kosten betragen 20 Euro **pro** Person.
추가 비용은 1 인당 20 유로입니다.

0281 Lehre [ˈleːʁə]
Ⓖ f - n

명 지도, 교리, 교훈, 교칙, 규범, 학설, 설
Der Vorfall soll uns eine **Lehre** sein.
이 사건은 우리에게 교훈이 될 것입니다.

0282 Gewissen [gəˈvɪsn̩]
Ⓖ n s -

명 양심, 도덕 의식, 의식, 앎
Laura hat anscheinend ein schlechtes **Gewissen**.
Laura 는 분명히 죄책감을 가지고 있을 것 입니다.

0283 gleich [glaɪç]
Ⓤ identisch,
jeden Moment

형 같은, 동일한, 상관없는, ~와 다름없는, 똑바른, 평평한
부 같게, 똑같이, 곧, 바로, 즉각적으로, 마치
Sie beide trugen die **gleiche** Tasche.
그 둘은 같은 가방을 메었습니다.

0284 regelmäßig
[ˈʁeːgl̩ˌmɛːsɪç]
Ⓤ regulär, wiederkehrend

형 규칙적으로, 정기적으로, 질서있는
Wir informieren Sie **regelmäßig** über wichtige Neuigkeiten im Sport.
우리는 당신에게 정기적으로 중요한 스포츠 뉴스를 알려줍니다.

0285 schwitzen [ˈʃvɪtsn̩]
Ⓤ ausdünsten,
transpirieren

동 땀을 흘리다, 땀이 나다
Huni **schwitzt**, wenn er unter Stress steht.
Huni 는 스트레스를 받으면 땀을 흘립니다.

0286 Ansprache
[ˈanʃpʁaːxə]
Ⓖ f - n

명 인사말, 헌사, 연설, 대화
In seiner **Ansprache** vom ersten Januar sprach der Chef nur wenig die Probleme der Firma an.
1 월 1 일 연설에서 그 사장은 회사의 문제에 대해 거의 언급하지 않았습니다.

0287 Tat [taːt]
Ⓖ f - en

명 행동, 실행, 행위, 실천, 업적, 범행
Diese **Tat** beruht sicher auf einem Missverständnis.
이 행동은 확실히 오해에 기인하였다.

0288 rechnen [ˈʁɛçnən]
Ⓤ kalkulieren, schätzen

동 계산하다, 셈하다, 평가하다
Heute Nacht wird mit starken Regenschauern **gerechnet**.
오늘 밤 폭우가 내릴 것으로 예상됩니다.

0289 vorher [ˈfoːɐ̯heːɐ̯]
Ⓤ davor, erst

부 이전에, 전에, 옛날에, 미리
Wenn ich das nur **vorher** gewusst hätte!
내가 미리 알고 있었다면!

0290 Diagramm
[diaˈgʁam]
Ⓖ *n* *s* *e*

圐 도표, 도식, 약도
Dieses **Diagramm** dient zur Veranschaulichung des Problems.
이 도표는 문제를 설명하는데 사용됩니다.

0291 Berg [bɛʁk]
Ⓖ *m* *(e)s* *e*

圐 산, 산악
Am Wochenende steige ich auf den **Berg**.
주말에 나는 산에 간다.

0292 wann [van]
Ⓨ zu welcher Zeit,
zu welchem Zeitpunkt

圕 언제, 어느때
Wann willst du nach Deutschland fliegen?
언제 독일에 가고 싶습니까?

0293 ein·stellen
[ˈaɪnʃtɛlən]
Ⓨ beschäftigen,
einordnen

圗 넣다, 채용하다, 조절하다, 중지하다
Die Firma wollte letztes Jahr 50 weitere Mitarbeiter **einstellen**.
이 회사는 작년에 50 명을 더 고용하고 싶었습니다.

0294 streiken [ˈʃtʁaɪkn̩]
Ⓨ abbrechen, ausfallen

圗 파업하다, 파업을 일으키다
Die Arbeiter **streikten** einen Monat lang.
노동자들은 한 달 동안 파업했다.

0295 merken [ˈmɛʁkn̩]
Ⓨ erkennen, wahrnehmen

圗 표시하다, 기입하다, 기호를 붙이다, 인지하다, 알아채다
Er raucht schon seit zehn Jahren und seine Mutter hat gar nichts **gemerkt**.
그는 10 년 동안 담배를 피웠고 그의 어머니는 전혀 눈치채지 못했습니다.

0296 Anruf [ˈanˌʁuːf]
Ⓖ *m* *(e)s* *e*

圐 부름, 전화
Gestern erhielt ich einen **Anruf** von Professor Ostheimer.
어제 Ostheimer 교수로부터 전화를 받았습니다.

0297 ein·gehen [ˈaɪnˌgeːən]
Ⓨ gelangen, einlaufen

圗 들어가다, 입장하다, 도착하다, 수입이 생기다, 동의하다, 중지되다
Heute **ging** das Geld auf dem Konto **ein**.
돈은 오늘 계좌에 들어갔다.

0298 giftig [ˈgɪftɪç]
Ⓨ schädlich, toxisch

圛 유독한, 독성의
Ich weiß nicht, ob diese Pilze **giftig** sind.
나는 이 버섯이 독이 있는지 모르겠어요.

0299 auf·machen
[ˈaʊfˌmaxn̩]
Ⓨ öffnen, aufbrechen

圗 열다, 풀다, 따다, 정돈하다, 설비하다, 장식하다
Kannst du mir die Flasche **aufmachen**?
이 병 좀 열어줄 수 있어?

0300 Szene [ˈst͡seːnə]
Ⓖ *f* - *n*

圐 무대, 장면, 장, 극적인 사건
Der Vorhang hebt sich und die **Szene** ist eröffnet.
막이 오르고 무대가 열립니다.

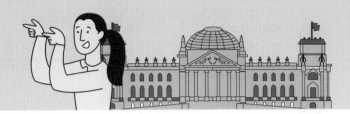

0301 modern [moˈdɛʁn]
Ⓢ aktuell, modisch

[형] 현대의, 근대의, 현대적인, 오늘날의, 새 유행의

Minirock ist zurzeit wieder **modern**.
미니 스커트는 요즘 다시 유행입니다.

0302 deswegen [ˈdɛsˌveːɡn̩]
Ⓢ infolgedessen, also

[부] 그리하여, 그 때문에, 그렇기 때문에, 그리하여

Gestern abend habe ich viel getrunken. **Deswegen** habe ich jetzt einen Kater.
나는 지난 밤에 너무 많이 마셨습니다. 그래서 지금 숙취가 있습니다.

0303 kochen [ˈkɔxn̩]
Ⓢ erhitzen, zubereiten

[동] 요리하다, 끓이다, 찌다, 삶다

Ich kann besser **kochen** als meine Mutter.
나는 어머니보다 요리를 더 잘 할 수 있습니다.

0304 auf·bewahren [ˈaʊfbəˌvaːʁən]
Ⓢ bewahren, hinterlegen

[동] 보존하다, 보관하다, 간직하다, 맡기다

Du solltest dieses Fleisch besser bei minus zwanzig Grad **aufbewahren**.
이 고기를 마이너스 20 도로 보관하는 것이 좋습니다.

0305 Pension [pãˈzi̯oːn]
Ⓖ *f - en*

[명] 연금, 연금 생활, 은퇴, 하숙집

Beamte gehen normalerweise mit 65 Jahren in **Pension**.
공무원은 보통 65 세에 은퇴합니다.

0306 sich erholen [ɛɐ̯ˈhoːlən]
Ⓢ gesund werden, genesen

[동] 회복하다, 복구되다

Hat sie **sich** schon von dem Schock **erholt**?
그녀는 벌써 충격에서 회복했습니까?

0307 Sack [zak]
Ⓖ *m (e)s ä-e*

[명] 자루, 포대, 주머니

Er füllt einen **Sack** mit Kartoffeln.
그는 자루를 감자로 채웁니다.

0308 benötigen [bəˈnøːtɪɡn̩]
Ⓢ brauchen, bedürfen

[동] 필요로 하다, 필요하다

Wie viele Stunden Schlaf **benötigen** Sie?
몇 시간의 수면이 필요합니까?

0309 Abitur [ˌabiˈtuːɐ̯]
Ⓖ *n s e*

[명] 고등학교 졸업 시험, 대학 입학 자격 시험, 수능

Ohne **Abitur** kann man an einer Hochschule nicht studieren.
수능 없이는 대학에서 공부할 수 없습니다.

0310	Mannschaft ['manʃaft] Ⓖ f - en	몡 팀, 병사, 승무원 Noch gehört er zur **Mannschaft**, aber eigentlich wäre er gerne Offizier. 그는 여전히 사병에 소속되어 있지만 실제로는 장교가 되고 싶어 합니다.
0311	vorsichtig ['foːɐ̯ˌzɪçtɪç] ⓊÙ rücksichtsvoll, zurückhaltend	혱 신중한, 조심스러운, 주의 깊은 Sei **vorsichtig**, wenn du eine heiße Suppe kochst! 뜨거운 수프를 요리할 때는 주의하십시오!
0312	hoch·laden ['hoːxˌlaːdn̩] ⓊÙ online stellen, uploaden	됭 업로드하다, 데이터를 올리다 Eventuell können Sie wichtige Informationen auf den Server **hochladen**. 경우에 따라 중요한 정보를 서버에 업로드 할 수 있습니다.
0313	sicher ['zɪçɐ] ⓊÙ fraglos, gewiss	혱 안전한, 안심할 수 있는, 믿을 만한, 확실한 된 안전하게, 확실하게, 틀림없이 Ich bin **sicher**, dass du die Prüfung bestehen kannst. 나는 너가 시험에 통과할 수 있다고 확신한다.
0314	Bedingung [bəˈdɪŋʊŋ] Ⓖ f - en	몡 조건, 조항, 약정, 사정 In Deutschland ist das Abitur die **Bedingung** für die Aufnahme eines Studiums an einer Hochschule. Abitur (수능)는 독일에서 대학 입학을 위한 전제 조건입니다.
0315	Bäckerei [ˌbɛkəˈʁaɪ] Ⓖ f - en	몡 빵집, 제과점, 빵 제조업 Wo ist die nächste **Bäckerei** in diesem Ort? 이 장소에서 가장 가까운 빵집은 어디입니까?
0316	sich bedanken [bəˈdaŋkn̩] ⓊÙ danken, Danke sagen	됭 감사하다, 감사의 뜻을 전하다 Ich **bedanke mich** bei Ihnen recht herzlich. 대단히 감사합니다.
0317	Fisch [fɪʃ] Ⓖ m (e)s e	몡 물고기, 생선 Seit jeher essen Japaner gerne **Fisch**. 옛날부터 일본인은 생선을 먹는 것을 즐겼습니다.
0318	Zulassung ['ʦuːˌlasʊŋ] Ⓖ f - en	몡 허가, 승인, 허용, 대학 입학 허가증 Seit April wartet Lisa auf eine **Zulassung** für das Studium. Lisa 는 4 월부터 학교 입학 허가를 기다리고 있습니다.
0319	Stufe ['ʃtuːfə] Ⓖ f - n	몡 단, 단계, 정도, 계층, 급, 등급 Dieses Buch ist besonders für Koreaner geeignet, die Deutsch in der **Mittelstufe** lernen möchten. 이 책은 중급 독일어를 배우려는 한국인에게 특히 적합합니다.

0320 an·kommen
['anˌkɔmən]
⊞ anlangen, erscheinen

동 도착하다, 다다르다, 맞서다, 일어나다
Warum **kommst** du nie rechtzeitig **an**?
왜 너는 항상 정시에 도착하지 않아?

0321 lecker ['lɛkɐ]
⊞ appetitlich,
schmackhaft

형 맛있는, 미식의
Schmeckt das dir? - Ja, danke, Diese Brownies sind ganz **lecker**.
맛있어요? 네, 고마워요. 이 브라우니 정말 맛있어요.

0322 Kontrolle [kɔn'tʀɔlə]
Ⓖ f - n

명 감시, 감독, 검사, 시험, 통제, 제어
Keine Sorge. Die Situation ist unter **Kontrolle**.
걱정 마세요. 상황이 통제되고 있습니다.

0323 dicht [dɪçt]
⊞ voll, eng

형 촘촘한, 빽빽한, 밀집한, 짙은, 밀폐된
부 밀접하여, 바싹, 가깝게, 곧장
Der Nebel ist **dicht**.
안개가 짙다.

0324 vorläufig ['foːɐ̯lɔɪfɪç]
⊞ provisorisch, vorerst

형 임시의, 잠정적인, 우선의
부 미리, 우선, 일시적으로, 임시로, 잠시
Die Bibliothek ist wegen technischen Problemen **vorläufig**
geschlossen.
기술적인 문제로 인해 도서관이 일시적으로 닫힙니다.

0325 Ärztin ['ɛːɐ̯tstɪn]
Ⓖ f - nen

명 여의사
Die **Ärztin** hat mir dieses Medikament empfohlen.
그 여의사는 이 약을 나에게 추천했습니다.

0326 abends ['aːbn̩ts]
⊞ am Abend, jeden
Abend

부 저녁에, 밤에
Wir schauen **abends** um sieben die Nachrichten.
우리는 저녁 7시에 뉴스를 봅니다.

0327 Bildschirm
['bɪltʃɪʀm]
Ⓖ m (e)s e

명 스크린, 모니터, 화면
Der Wachmann starrt den ganzen Tag auf den **Bildschirm**, der mit
den Überwachungskameras verbunden ist.
그 경비원은 하루 종일 감시 카메라가 연결된 화면을 쳐다본다.

0328 fließend ['fliːsn̩t]
⊞ einwandfrei, flüssig

형 흐르는, 흐르는 듯한, 유창한, 술술
Herr Lee hat lange Deutsch studiert, aber er spricht es nicht so
fließend.
Lee 씨는 독일어를 오랫동안 공부했지만 그리 유창하게 말하지는 않습니다.

0329 zuverlässig
['tsuːfɛɐ̯ˌlɛsɪç]
⊞ glaubhaft, verlässlich

형 신용할 수 있는, 확실한, 믿을 수 있는
Die Informationen im Internet sind nicht absolut **zuverlässig**.
인터넷 정보는 절대적으로 신뢰할 수 없습니다.

0330 beliebt [bə'li:pt]
㊐ geschätzt, populär

⟨형⟩ 인기 있는, 유명한, 호평받는

Das Lied machte ihn sehr **beliebt**.
그 노래는 그를 매우 유명하게 만들었습니다.

0331 Klima ['kli:ma]
Ⓖ n   s   s/ta

⟨명⟩ 기후, 풍토

Das **Klima** ist nächst der Bodenart wichtigster Umweltfaktor für alle Organismen.
기후는 지질 다음으로 모든 유기체를 위한 가장 중요한 환경 요소입니다.

0332 englischsprachig
['ɛŋlɪʃʃpʀaːxɪç]

⟨형⟩ 영어를 말하는, 영어를 하는

In diesem Kino werden französisch- und **englischsprachige** Filme gezeigt.
이 영화관에는 프랑스어와 영어의 영화가 상영됩니다.

0333 vorne ['fɔʀnə]
㊐ voraus, vornedran

⟨부⟩ 앞으로, 앞에

Schauen Sie bitte nach **vorne**!
앞을 보세요!

0334 Seminar [zemi'naːɐ̯]
Ⓖ n   s   e

⟨명⟩ 세미나, 연습, 연구소

Zur Teilnahme an dem **Seminar** ist sie viele Stunden hierher gefahren.
그녀는 세미나에 참석하기 위해 몇 시간 동안 이곳으로 운전했습니다.

0335 Abfallbehälter
['apfalbə,hɛltɐ]
Ⓖ m   s   -

⟨명⟩ 쓰레기통

Werfen Sie bitte die Spritze in einen speziellen **Abfallbehälter**!
주사기는 특수 폐기물 용기에 넣으십시오!

0336 Einwanderung
['aɪn,vandəʀʊŋ]
Ⓖ f   -   en

⟨명⟩ 이주, 이민, 입국

Europa kann an einer Welle illegaler **Einwanderung** ersticken.
유럽은 불법 이민의 물결로 숨통이 막힐 수도 있습니다.

0337 meckern ['mɛkɐn]
㊐ mosern, mäkeln

⟨동⟩ 염소가 울다, 떠는 소리를 내다, 투덜대다

Hunde bellen, Katzen miauen, Schafe blöken und Ziegen **meckern**.
개는 (bellen) 짖고, 고양이는 (miauen) 야옹하고, 양을 (blöken) 울고, 염소는 (meckern) 웁니다.

0338 Formular [fɔʀmu'laːɐ̯]
Ⓖ n   s   e

⟨명⟩ 서식, 양식, 용지, 판례

Füllen sie das **Formular** bitte in Druckbuchstaben aus!
활자체로 양식을 작성하십시오!

0339 Taschenlampe
['taʃn̩,lampə]
Ⓖ f   -   n

⟨명⟩ 손전등, 회중 전등

Du solltest eine **Taschenlampe** mitnehmen, draußen ist es jetzt sehr dunkel.
당신은 손전등을 가져가야 합니다, 지금은 밖은 매우 어둡습니다.

0340 zu·stimmen
['ʦuː,ʃtɪmən]
⊕ akzeptieren,
übereinstimmen

동 동의하다, 찬성하다, 승인하다

Ich kann diesem Antrag aus den genannten Gründen nicht **zustimmen**.
그 명시된 이유로 이 요청에 동의할 수 없습니다.

0341 Sturm [ʃtʊʁm]
Ⓖ *m (e)s ü-e*

명 폭풍, 뇌우, 광란, 질풍, 소동, 돌격, 급습

Bei **Sturm** haben wir oft Stromausfall.
폭풍이 치는 동안 종종 전원이 차단됩니다.

0342 Monitor ['moːnitoːɐ̯]
Ⓖ *m s e/en*

명 모니터, 감독자

Welche Auflösung hat Ihr **Monitor**?
모니터의 해상도는 무엇입니까?

0343 notwendig
['noːtvɛndɪç]
⊕ erforderlich, benötigt

형 필요한, 불가피한, 필연적인, 당연한

Ist die Arbeitslosigkeit eine **notwendige** Folge des technischen Fortschritts?
실업이 기술 진보의 필수적인 결과인가요?

0344 fest·legen ['fɛst,leːgn̩]
⊕ abstimmen, abmachen

동 결정하다, 확정하다, 규정하다, 확언하다

Haben Sie schon einen Termin für ihre Hochzeit **festgelegt**.
결혼식 예약이 확정되었습니까?

0345 verpassen [fɛɐ̯'pasn̩]
⊕ versäumen, verfehlen

동 놓치다, 만나지 못하다

Schnell! Du könntest den letzten Zug **verpassen**.
빨리! 너는 마지막 열차를 놓칠 수도 있어.

0346 benommen
[bə'nɔmən]
⊕ benebelt, betäubt

형 몽롱한, 혼미한, 어지러운, 넋이 빠진

Von dem ganzen Alkohol war er schon ganz **benommen** geworden.
그는 술에 취해서 완전히 넋이 나갔다.

0347 Beratung [bə'ʁaːtʊŋ]
Ⓖ *f - en*

명 조언, 상담, 상의, 협의, 상담소

In gesundheitlichen Fragen kann man **Beratung** von Ärzten oder Apothekern erhalten.
건강 문제에 대해서 의사나 약사로부터 조언을 받을 수 있습니다.

0348 frittieren [fʁɪ'tiːʁən]

동 기름에 튀기다

Bratkartoffeln werden gebraten und Pommes **frittiert**.
구운 감자는 굽고 감자 튀김은 튀긴다.

0349 Einfluss ['aɪ̯n,flʊs]
Ⓖ *m es ü-e*

명 영향, 세력 범위, 세력권, 유입

Sie stand unter **Einfluss** von Alkohol, als der Unfall geschah.
사고가 발생했을 때 그녀는 술의 영향을 받았다.

0350 schmecken [ˈʃmɛkn̩]
ⓤ probieren, kosten

[동] ~한 맛이 나다, 입맛에 맞다, 맛을 보다, 음미하다
Das Eis schmeckt lecker. Es **schmeckt** nach Banane.
그 아이스크림은 맛있어요. 바나나 맛이에요.

0351 Versicherung [fɛɐ̯ˈzɪçəʀʊŋ]
ⓖ f - en

[명] 보험, 보험 회사, 보증, 단언
Er hat eine **Versicherung** gegen Diebstahl und Naturgefahren abgeschlossen.
그는 도난 및 자연 재해에 대한 보험을 가지고 있습니다.

0352 Fremdsprache [ˈfʀɛmtˌʃpʀaːxə]
ⓖ f - n

[명] 외국어
Tatsächlich lernen Koreaner Englisch als erste **Fremdsprache**.
실제로 한국인들은 제 1 외국어로 영어를 배우고 있습니다.

0353 zurzeit [tsʊɐ̯ˈtsaɪ̯t]
ⓤ derzeit, gegenwärtig

[부] 지금은, 현재는 요즘
Zurzeit lerne ich kein Deutsch, weil ich keine Zeit habe.
나는 시간이 없기 때문에 현재 독일어를 배우고 있지 않습니다.

0354 ein·brechen [ˈaɪ̯nˌbʀɛçn̩]
ⓤ einfallen, eindringen

[동] 파괴하다, 침입하다, 부수고 들어가다, 시작하다, 일어나다, 닥치다, 실패하다
Ein junger Mann ist letzte Nacht in mein Haus **eingebrochen**.
어젯밤에 한 젊은이가 내 집에 침입했습니다.

0355 Harn [haʀn]
ⓖ m (e)s e

[명] 오줌, 소변
Die Farbe von **Harn** ist gelb.
소변의 색은 노란색입니다.

0356 enthalten [ɛntˈhaltn̩]
ⓤ einschließen, beinhalten

[동] 포함하다, 포괄하다, 품다, 함유하다, 내포하다
Das Beispiel **enthielt** viele schöne Redewendungen.
이 예문에는 아름다운 관용구가 많이 포함되어 있습니다.

0357 nachher [ˈnaːxheːɐ̯]
ⓤ anschließend, danach

[부] 그 후에, 그리고 나서, 나중에, 후에
Zuerst lerne ich und **nachher** sehe ich das Fußballspiel an.
공부 먼저 하고, 나중에 축구 경기를 볼 거야.

0358 theoretisch [teoˈʀeːtɪʃ]
ⓤ abstrakt, spekulativ

[형] 이론의, 이론적인, 학리상의, 추상적인
Deine Behauptung ist **theoretisch** schwach begründet.
귀하의 주장은 이론적으로 근거가 약합니다.

0359 Spiegel [ˈʃpiːɡl̩]
ⓖ m s -

[명] 거울, 반사경, 귀감, 모범
Hör bitte auf, in den **Spiegel** zu sehen.
거울을 쳐다보는 것을 멈춰!

0360 Herkunft [ˈheːɐ̯ˌkʊnft]
ⓖ f - ü-e

[명] 유래, 출처, 출생, 도래
Die **Herkunft** dieses Wortes ist nirgends verzeichnet.
이 단어의 기원은 어디에도 기록되어 있지 않습니다.

0361 nochmals ['nɔxmaːls]
유 wiederholt, erneut

부 다시, 한번 더, 재차

Ich wünsche Ihnen **nochmals** viel Erfolg.
모든 성공을 다시 한번 기원합니다.

0362 untersagen [ˌʊntɐˈzaːgn̩]
유 abstellen, abwehren

동 금하다, 금지하다

Das Rauchen ist in diesem Bereich strengstens **untersagt**!
이 지역에서는 흡연이 엄격히 금지됩니다!

0363 steil [ʃtaɪl]
유 geneigt, schief

형 가파른, 급경사의

Vorsicht! Der Weg ist ganz schön **steil**.
주의! 그 길은 꽤 가파릅니다.

0364 Schlange ['ʃlaŋə]
G f - n

명 뱀, 긴 행렬, 줄, 열

Vor der Kasse im Supermarkt ist eine lange **Schlange**.
슈퍼마켓 계산대 앞에는 긴 줄이 있습니다.

0365 scharf [ʃaʁf]
유 schneidend, scharf gewürzt

형 날카로운, 예리한, 심한, 모진, 뚜렷한, 예민한, 엄밀한, 거센, 매운

Koreanisches Essen könnte für viele Menschen zu **scharf** sein.
많은 사람들에게 한국 음식은 매울 수도 있습니다.

0366 Gespräch [gəˈʃpʁɛːç]
G n (e)s e

명 대화, 담화, 회화, 통화, 화제

Eine Frau unterbrach plötzlich unser **Gespräch**.
한 여자가 갑자기 우리의 대화를 중단했습니다.

0367 genehmigen [gəˈneːmɪgn̩]
유 gestatten, gewähren

동 수락하다, 동의하다, 재가하다, 즐기다

Das Ordnungsamt hat die Sanitärräume in diesem Restaurant nicht **genehmigt**.
그 관청은 이 식당의 위생을 승인하지 않았습니다.

0368 Salz [zalts]
G n es e

명 소금, 염, 염기류

Mein Leben benötigt **Salz**, damit es nicht fade ist.
무미건조하지 않기 위해서 내 인생에 소금이 필요하다.

0369 spielen ['ʃpiːlən]
유 aufführen, musizieren

동 놀다, 시합하다, 연주하다, 상연하다, 도박하다, 전개되다, 활동하다

Fabian **spielt** seit zwei Jahren Klavier.
Fabian 은 2 년 동안 피아노를 연주해 왔습니다.

0370 Niederschlag ['niːdɐʃlaːk]
G m (e)s ä-e

명 강우, 강수, 강수량, 낙진, 침전물, 이슬, 녹아웃

Am Abend ist erneut mit heftigem **Niederschlag** zu rechnen.
저녁에는 폭우가 다시 올 것으로 예상됩니다.

0371 Post [pɔst]
G f - en

명 우편, 우체국, 우편물

Hol doch mal die **Post** rein! Ich warte ganz dringend auf einen Brief vom Rechtsanwalt.
우편 좀 받아줘! 나는 변호사의 서한을 긴급히 기다리고 있어.

0372	verschieben [fɛɐ̯ˈʃiːbn̩] 㽞 verziehen, umstellen	동 밀다, 옮기다, 위치를 바꾸다, 연기하다, 미루다 Kann ich unsere Verabredung auf Donnerstag **verschieben**? 우리 약속을 목요일로 연기할 수 있습니까?
0373	selten [ˈzɛltn̩] 㽞 ab und zu, außergewöhnlich	형 드문, 흔하지 않은, 희귀한, 진기한, 비범한 부 드물게, 극히 Ich habe **selten** einen so schönen Sonnenuntergang erlebt. 나는 이렇게 아름다운 일몰은 거의 본 적이 없습니다.
0374	mitten [ˈmɪtn̩] 㽞 inmitten, zwischen	부 중앙에, 한가운데 **Mitten** in der Nacht, ich schlief tief und fest, kam der Anruf. 한밤중 깊게 잠들었을 때 전화가 왔다.
0375	tödlich [ˈtøːtlɪç] 㽞 verderblich, lebensgefährlich	형 죽을 듯한, 살인적인, 치명적인, 절대적인, 극도의 Alkohol ist zwar für die Gesundheit des Menschen schädlich, für viele Krankheitserreger ist er dagegen absolut **tödlich**. 알코올은 인간의 건강에 해롭지만 많은 병원체에게 매우 치명적입니다.
0376	tierisch [ˈtiːʁɪʃ] 㽞 animalisch, bestialisch	형 동물의, 짐승의, 동물적인, 짐승 같은, 잔인한 Veganer meiden jegliche Art **tierischer** Produkte. Das heißt nicht nur Fleisch, sondern auch Milch und Eier. 채식주의자는 모든 종류의 동물성 제품을 피합니다. 그것은 고기 뿐만 아니라 우유와 계란도 의미합니다.
0377	nun [nuːn] 㽞 jetzt, soeben	부 지금, 이제, 오늘날에, 곧 Bist du **nun** zufrieden? 당신은 지금 만족합니까?
0378	Donner [ˈdɔnɐ] G m s -	명 천둥, 뇌성 Der **Donner** nach dem Blitz war gewaltig. 번개가 친 후 천둥이 엄청났다.
0379	erlauben [ɛɐ̯ˈlaʊ̯bn̩][㽞 akzeptieren, gestatten	동 허가하다, 허락하다, 동의하다, 인가하다 Sie **erlaubte** ihm, sie zu küssen. 그녀는 그의 키스를 허락했다.
0380	Schrift [ʃʁɪft] G f - en	명 글자, 문자, 필적, 필체, 글, 문서, 증서, 출판물 Er fand, dass ihre **Schrift** nicht besonders leserlich war. 그는 그녀의 글이 읽기 쉽지 않다는 것을 알았습니다.
0381	Kopf [kɔpf] G m (e)s ö-e	명 머리, 두개, 수뇌, 발단, 꼭대기 Er ist der **Kopf** der Verbrecherbande. 그는 범죄 조직의 우두머리입니다.

0382 sich interessieren [ɪntəʁɛˈsiːʁən]
ⓤ faszinieren, berauscht

동 흥미를 가지다, 관심을 가지다, 관여하다
Hast du es nicht bemerkt? Er **interessiert sich** für deine Schwester.
눈치 채지 못 했어? 그는 너의 언니에 관심이 있어.

0383 Hitze [ˈhɪt͡sə]
Ⓖ f - n

명 열, 열기, 더위, 열정
Dann musst du das Fleisch bei starker **Hitze** anbraten.
그런 다음 고온으로 고기를 구워야 합니다.

0384 ehrlich [ˈeːɐ̯lɪç]
ⓤ zuverlässig, aufrichtig

형 신뢰할 수 있는, 정직한, 성실한, 충실한, 명망있는, 훌륭한
Um **ehrlich** zu sein, habe ich dich lieb.
솔직히 말하면, 나는 당신을 사랑합니다.

0385 anders [ˈandɐs]
ⓤ ungleich, unterschiedlich

부 달리, 다른 방식으로, 그 밖에
Die Wirklichkeit sieht allerdings **anders** aus.
현실은 물론 다르게 보입니다.

0386 Angebot [ˈanɡəˌboːt]
Ⓖ n (e)s e

명 제의, 제안, 팔 값, 입찰, 매물, 공급
Ich würde gern dein freundliches **Angebot** annehmen.
당신의 친절한 제안을 받아들이고 싶습니다.

0387 Notiz [noˈtiːt͡s]
Ⓖ f - en

명 주의, 인식, 메모
Ich finde, dass du eine **Notiz** zur Erinnerung schreiben solltest.
기억하기 위해 메모를 작성해야 한다고 생각합니다.

0388 führen [ˈfyːʁən]
ⓤ treiben, leiten

동 인도하다, 안내하다, 지도하다, 야기하다, 이끌다, 경영하다, 운반하다, 조종하다, 팔다, 짓다, 세우다, 행하다
Der Unfall **führte** zu einem Stau auf der Autobahn.
그 사고는 고속도로에서 교통 체증을 발생했습니다.

0389 ermitteln [ɛʁˈmɪtl̩n]
ⓤ herausbringen, berechnen

동 탐구하다, 발견하다, 찾아내다, 산출하다
Die Polizei **ermittelt**, wo der Täter wohnt.
경찰은 범인이 사는 곳을 발견했습니다.

0390 Vermieter [fɛɐ̯ˈmiːtɐ]
Ⓖ m s -

명 집주인, 임대인
Der **Vermieter** kündigte Paul die Wohnung, da er die Miete immer zu spät zahlte.
항상 집세를 너무 늦게 지불했기 때문에 집주인은 Paul 에게 계약 해지를 통지했습니다.

0391 zuletzt [t͡suˈlɛt͡st]
ⓤ am Ende, endlich

부 마지막에, 최후에, 꼴찌로, 마지막으로, 끝내, 마침내
Wer **zuletzt** lacht, lacht am besten.
마지막에 웃는 사람이 진짜 웃는 자(승자) 입니다.

0392 zählen [ˈt͡sɛːlən]
㊌ ausmachen, rechnen

동 세다, 계산하다, ~에 달하다
Das Kind kann nur bis drei **zählen**.
그 아이는 오직 3 까지만 셀 수 있습니다.

0393 peinlich [ˈpaɪ̯nˌlɪç]
㊌ beschämend, unangenehm

형 고통스러운, 괴로운, 아픈, 곤혹스러운, 난처한
Es war ihr furchtbar **peinlich**, dass sie ihren Geldbeutel im Ausland verloren hat.
그녀는 외국에서 지갑을 잃어버린 것에 대해 몹시 당황했습니다.

0394 garantieren [gaʁanˈtiːʁən]
㊌ gewähren, sichern

동 보증하다, 담보하다
Ich **garantiere** dafür, dass diese Information korrekt ist.
이 정보가 정확하다는 것을 보증합니다.

0395 Droge [ˈdʁoːɡə]
Ⓖ f - n

명 약품, 약제, 마약
Kokain und Heroin sind gefährliche **Drogen**.
코카인과 헤로인은 위험한 약입니다.

0396 Untersuchung [ʊntɐˈzuːxʊŋ]
Ⓖ f - en

명 조사, 검사, 연구, 분석, 연구 논문
Worauf legen Sie den Schwerpunkt der **Untersuchung**?
그 연구의 주요 초점은 무엇입니까?

0397 verschwinden [fɛɐ̯ˈʃvɪndn̩]
㊌ weggehen, abziehen

동 사라지다, 없어지다, 실종되다, 소멸하다
Die Sonne **verschwand** hinter einer Wolke.
태양이 구름 뒤에서 사라졌다.

0398 Hälfte [ˈhɛlftə]
Ⓖ f - n

명 반절, 절반, 중간, 중앙
Es ist zur **Hälfte** fertig.
절반은 끝났다.

0399 aus·üben [ˈaʊ̯sˌʔyːbn̩]
㊌ tätigen, anwenden

동 실행하다, 수행하다, 행사하다
Dieser Mann ist eine Person, die das Amt des Bürgermeisters gut **ausüben** kann.
이 사람은 시장으로서 일을 잘 할 수 있는 사람입니다.

0400 verdienen [fɛɐ̯ˈdiːnən]
㊌ erhalten, zukommen

동 얻다, 벌다, 돈을 벌다, 가치가 있다, ~할 만하다
Vorher **verdiente** sie ihren Lebensunterhalt als Lehrer.
그 전에 그녀는 교사로서 생계를 꾸렸습니다.

0401 verrückt [fɛɐ̯ˈʁʏkt]
㊌ von Sinnen, bizarr

㊀ 미친, 제정신이 아닌, 이상한

Was machst du in meinem Zimmer? Bist du **verrückt** geworden?
내 방에서 뭐해? 미쳤니?

0402 vor·haben
['foːɐ̯ˌhaːbn̩]
㊌ beabsichtigen, denken

㊁ 의도하다, 계획하다

Ich **habe vor**, nächstes Jahr nach Deutschland auszureisen.
나는 내년에 독일에 갈 계획이다.

0403 verstecken [fɛɐ̯ˈʃtɛkn̩]
㊌ verbergen, verdecken

㊁ 숨기다, 감추다, 은닉하다

Was **versteckst** du da hinter deinem Rücken?
등 뒤에 무엇을 숨기고 있니?

0404 chirurgisch
[ˌçiˈʁʊʁɡɪʃ]
㊌ operativ

㊀ 외과의, 외과적으로, 수술의

Die Wunde am Bein musste **chirurgisch** versorgt werden.
다리의 상처는 외과적으로 치료해야 했습니다.

0405 Ordnung [ˈɔʁdnʊŋ]
Ⓖ f - en

㊁ 정리, 정돈, 배열, 순서, 규칙, 질서

Die Geschirrspülmaschine war noch völlig in **Ordnung**.
그 식기 세척기는 여전히 괜찮습니다.

0406 ein·packen
['aɪnˌpakn̩]
㊌ einwickeln, verpacken

㊁ 싸다, 포장하다, 꾸리다

Wir sollten Proviant **einpacken**, damit wir während unserer
Wanderung etwas zu essen haben.
우리는 하이킹 중에 먹을 수 있게 먹을 것을 준비해야 합니다.

0407 Forschung [ˈfɔʁʃʊŋ]
Ⓖ f - en

㊁ 연구, 탐구, 조사, 탐험

Der Professor hat mich bei meiner **Forschung** unterstützt.
그 교수는 나의 연구를 도와줬습니다.

0408 Symbol [zʏmˈboːl]
Ⓖ n s e

㊁ 상징, 기호, 부호

Die Hinweisschilder auf dem Flughafen enthalten **Symbole**, damit
sie international verständlich sind.
공항의 표지판에는 국제적으로 이해될 수 있도록 기호가 포함되어 있습니다.

0409
Wettbewerb
[ˈvɛtbə,vɛʁp]
Ⓖ m (e)s e

명 경쟁, 시합

Ich glaube nicht, dass du einen **Wettbewerb** verlieren könntest.
나는 당신이 그 시합에서 질 것이라고 생각하지 않습니다.

0410
stecken [ˈʃtɛkn̩]
Ⓡ einführen,
   hineinstecken

동 꽂다, 끼워 넣다, 꽂혀 있다, 포함되어 있다

Den USB-Stick **steckt** man hier in die Öffnung und schon kann man darauf zugreifen.
USB 스틱을 구멍에 삽입하여 액세스 할 수 있습니다.

0411
vereinigen
[fɛɐ̯ˈʔaɪ̯nɪɡn̩]
Ⓡ bündeln, sammeln

동 합일하다, 합치다, 결합하다, 통일하다, 조화시키다, 화해시키다

Es möchte sie nicht **vereinigen**, sondern sie auseinandertreiben.
그것들을 하나로 묶고 싶은 것이 아니라 분리시키고 싶다.

0412
schmal [ʃmaːl]
Ⓡ dünn, klein

형 좁은, 얇은, 빈약한

Diese Straße ist für den LKW-Verkehr zu **schmal**.
이 도로는 트럭이 통행하기에는 너무 좁습니다.

0413
stumm [ʃtʊm]
Ⓡ schweigsam, still

형 벙어리의, 말을 못 하는, 무언의, 조용한, 묵묵히

Während die Anderen sich unterhielten, blieb sie **stumm**.
다른 사람들이 이야기를 하는 동안 그녀는 침묵을 지켰습니다.

0414
historisch [hɪsˈtoːʁɪʃ]
Ⓡ geschichtlich,
   altertümlich

형 역사의, 역사적인

Historisch ist es nicht so lange her, dass den Frauen das Stimmrecht gegeben wurde.
역사적으로 여성들에게 투표권이 주어진 것은 그리 오래되지 않았습니다.

0415
faulen [ˈfaʊ̯lən]
Ⓡ verderben, verrotten

동 썩다, 부패하다

Fließendes Wasser **fault** nicht.
흐르는 물은 썩지 않는다.

0416
aus·wählen
[ˈaʊ̯s,vɛːlən]
Ⓡ aussuchen,
   herausgreifen

동 선발하다, 선택하다, 고르다, 정선하다

Ich habe einen großen Fehler begangen, als ich meine Frau **auswählte**.
나는 아내를 고를 때 큰 실수를 저질렀다.

0417
laut [laʊ̯t]
Ⓡ schallend, unruhig

형 소리가 큰, 큰 소리의, 시끄러운
전 ~에 의하면, ~대로, ~에 따라

Dreh bitte mal das Radio **lauter**!
라디오를 크게 켜십시오!

0418
Reisebüro
[ˈʁaɪ̯zəby,ʁoː]
Ⓖ n s s

명 여행사, 여행 안내소

Wir lassen uns den Winterurlaub von einem **Reisebüro** vermitteln.
우리는 겨울 휴가를 여행사에 맡길 수 있습니다.

0419 Aufenthalt
['aʊfʔɛnthalt]
Ⓖ *m* *(e)s* *e*

명 체재, 체류, 거처, 체류지, 중단, 고장, 지체

Der Zug fährt ohne **Aufenthalt** nach Frankfurt.
그 기차는 멈추지 않고 프랑크푸르트로 간다.

0420 Grund [gʁʊnt]
Ⓖ *m* *(e)s* *ü-e*

명 토지, 땅, 토양, 기초, 기본, 이유, 원인

Aus diesem **Grund** möchte ich in Deutschland leben.
이런 이유로 나는 독일에 살고 싶다.

0421 Abschluss ['apʃlʊs]
Ⓖ *m* *es* *ü-e*

명 폐쇄, 차단, 격리, 성립, 체결, 종결, 결산

Nach dem **Abschluss** des Studiums in Korea ist sie nach Deutschland gegangen, um dort weiter zu studieren.
그녀는 독일에서 계속 공부를 하기 위해 한국에서 공부를 마친 후 독일에 갔다.

0422 Hemd [hɛmt]
Ⓖ *n* *(e)s* *en*

명 셔츠, 내의

Er sucht eine passende Krawatte zu seinem **Hemd** aus.
그는 자신의 셔츠에 맞는 넥타이를 고른다.

0423 sortieren [zɔʁ'tiːʁən]
Ⓤ anordnen, aufgliedern

동 정리하다, 분류하다, 구분하다

Moment! Zuerst muss ich meine Gedanken **sortieren**.
잠깐! 나는 먼저 생각을 정리해야 돼.

0424 Nachweis ['naːxˌvaɪs]
Ⓖ *m* *es* *e*

명 증명, 입증, 증거, 증명서, 중개소, 보고

Wir müssen den **Nachweis** erbringen, dass wir es versucht haben.
우리가 시도했다는 것을 증명해야 한다.

0425 Sache ['zaxə]
Ⓖ *f* *-* *n*

명 일, 것, 사물, 물건, 사건, 문제, 주제, 요점, 상황

Was er tut, ist nicht meine **Sache**.
그가 무엇을 하든 나와 상관없습니다.

0426 akzeptieren
[ˌaktsɛp'tiːʁən]
Ⓤ annehmen, gestatten

동 받아들이다, 승낙하다, 동의하다, 인수하다

Ich würde gern deinen Vorschlag **akzeptieren**.
나는 기꺼이 당신의 제안을 받아들이고 싶습니다.

0427 Spielzeug ['ʃpiːlˌtsɔɪk]
Ⓖ *n* *(e)s* *e*

명 장난감, 완구

Das ist ein zu gefährliches **Spielzeug** für Kinder.
어린이에게 이 장난감은 너무 위험합니다.

0428 sich bewerben
[bə'vɛʁbn̩]
Ⓤ kandidieren,
konkurrieren

동 ~을 얻으려고 애쓰다, 응모하다, 지원하다

Nach Abschluss meines Studiums habe ich **mich** bei drei Unternehmen **beworben**.
졸업 후에 나는 세 회사에 지원했습니다.

0429 springen [ˈʃpʁɪŋən]
ⓟ hüpfen, hopsen

동 뛰다, 점프하다, 솟다, 튀다, 날뛰다
Meine Frau **springt** jeden Tag Seil, um ein wenig abzunehmen.
아내는 체중을 줄이려고 매일 줄넘기를 합니다.

0430 Vorschrift [ˈfoːɐ̯ʃʁɪft]
ⓖ f - en

명 지시, 지정, 규정, 명령, 처방전
Gibt es eine **Vorschrift**, die das Pfeifen in der Bibliothek verbietet?
도서관에서 휘파람을 금지하는 규정이 있습니까?

0431 folgen [ˈfɔlɡn̩]
ⓟ hinterherlaufen, mitmachen

동 수행하다, 따라가다, 뒤를 잇다, 복종하다
Sie begann mich zu stalken, **folgte** mir überall hin.
그녀는 나를 스토킹 하기 시작했고 어디서나 나를 따라갔다.

0432 Kiste [ˈkɪstə]
ⓖ f - n

명 상자, 궤, 궤짝, 갑
Wir müssen den Inhalt der **Kiste** überprüfen.
우리는 상자의 내용을 검사해야 합니다.

0433 alltäglich [alˈtɛːklɪç]
ⓟ gewöhnlich, täglich

형 평일의, 매일의, 평상시의, 일상적인
Haben Sie vielleicht eine Lösungen, die Ihre **alltägliche** Arbeit nicht unterbrechen oder beeinflussen?
일상 업무에 지장을 주거나 영향을 미치지 않는 해결책이 있을 수 있습니까?

0434 falsch [falʃ]
ⓟ unwahr, künstlich

형 가짜의, 위조된, 모조의, 틀린, 그릇된, 잘못된, 허위의, 거짓의
Eine **falsche** Aussage kann unter Strafe gestellt werden.
허위 진술은 처벌될 수 있습니다.

0435 Umgebung [ʊmˈɡeːbʊŋ]
ⓖ f - en

명 환경, 주위 환경, 주변, 측근
Kinder werden leicht von ihrer **Umgebung** beeinflusst.
아이들은 주변 환경에 쉽게 영향을 받습니다.

0436 traditionell [tʁadit͡si̯oˈnɛl]
ⓟ altherkömmlich, klassisch

형 전통적인, 관습적인
Mansche Leute sagen, dass die Fischerei eine alte und **traditionelle** Tätigkeit ist.
어떤 사람들은 낚시가 오래되고 전통적인 활동이라고 말합니다.

0437 Saison [zɛˈzõː]
ⓖ f - s/en

명 계절, 철, 성수기, 시즌
Wir freuen uns auf die nächste **Saison** und viele glückliche Fußballfans!
우리는 다음 시즌과 많은 행복한 축구팬들을 기대하고 있습니다!

0438 unglaublich [ʊnˈɡlaʊ̯plɪç]
ⓟ außerordentlich, fraglich

형 믿어지지 않는, 엄청난
부 매우, 굉장히
Sie erzählt gerne **unglaubliche** Geschichten.
그녀는 거짓말 같은 이야기를 하는 것을 좋아합니다.

0439 Krankenwagen
['kʁaŋkn̩ˌvaːgn̩]
Ⓖ m s -/ä-en

Ⓜ 구급차, 앰뷸런스

Der **Krankenwagen** fährt Verletzte sofort ins Krankenhaus.
구급차는 부상자를 즉시 병원으로 옮깁니다.

0440 Unterschied
['ʊntɐˌʃiːt]
Ⓖ m (e)s e

Ⓜ 구별, 차이, 차별, 상이, 어긋남

Die Eltern machten keinen **Unterschied** zwischen ihren zwei Kindern, behandelten sie beide gleich.
부모는 두 자녀 사이에 아무런 차별이 없었으며 둘 다 동일하게 취급했습니다.

0441 Magen ['maːgn̩]
Ⓖ m s -/ä-en

Ⓜ 위, 위장

Keine Sorge. Du stirbst nicht mit leerem **Magen**.
걱정마. 너가 공복으로 죽지는 않을 거야.

0442 vermuten [fɛɐ̯'muːtn̩]
Ⓐ ahnen, annehmen

Ⓥ 추측하다, 예상하다, 상상하다

Du siehst sehr schick aus. Ich **vermute**, dass du heute ein Date hast.
매우 세련되게 보이네. 내 생각에 너는 오늘 데이트가 있는 것 같아.

0443 Italienisch
[ˌitaˈli̯eːnɪʃ]
Ⓖ n s x

Ⓜ 이탈리아어, 이탈리아어 문학

Die Lehrveranstaltungen finden in **italienischer**, deutscher und englischer Sprache statt.
이 강의는 이탈리아어, 독일어 및 영어로 진행됩니다.

0444 Kandidat [kandi'daːt]
Ⓖ m en en

Ⓜ 후보자, 지원자, 응모자, 수험생

Der **Kandidat** unterlag bereits im ersten Durchgang.
그 지원자는 이미 1 라운드에서 패했습니다.

0445 besuchen [bə'zuːxən]
Ⓐ vorbeikommen, teilnehmen

Ⓥ 방문하다, 참석하다, 문안하다

Wann hast du Berlin **besucht**?
베를린을 언제 방문했습니까?

0446 ab·schätzen ['apʃɛtsn̩]
Ⓐ ausrechnen, betrachten

Ⓥ 평가하다, 사정하다

Wir sollten die Situation erst einmal **abschätzen**, bevor wir eventuell voreilig handeln.
너무 성급하게 행동하기 전에 먼저 상황을 따져봐야 합니다.

0447 Schnitzel ['ʃnɪtsl̩]
Ⓖ n s -

Ⓜ 커틀릿, 돈가스

Ich würde jetzt lieber ein großes **Schnitzel** mit Pommes essen.
나는 차라리 지금 감자 튀김과 큰 돈가스를 먹겠습니다.

0448 beantworten
[bə'ʔantvɔʁtn̩]
Ⓐ reagieren, erwidern

Ⓥ 대답하다, 응답하다

Muss ich alle Fragen **beantworten**?
모든 질문에 대답해야 합니까?

0449 bestimmt [bəˈʃtɪmt]
형 정해진, 특정의, 특정한, 단호한
유 gewiss, exakt

Das Angebot wurde freundlich, aber mit **bestimmten** Worten abgelehnt.
그 제안은 친절했지만 확실히 거부되었습니다.

0450 Pass [pas]
명 협로, 산길, 고개, 여권, 신분증, 통행증
G m es ä-e

Für die Reise benötigen wir einen **Pass**.
우리는 여행하기 위해서 여권이 필요합니다.

0451 Würfel [ˈvʏʁfl̩]
명 주사위, 정육면체, 입방체
G m s -

Der **Würfel** zeigt drei Augen, deshalb darfst du drei Felder weiter ziehen.
주사위에 세 개의 눈이 표시되므로 세 칸을 이동할 수 있습니다.

0452 Schlüssel [ˈʃlʏsl̩]
명 열쇠, 키, 단서, 실마리, 지침
G m s -

Wenn er wüsste, worin der **Schlüssel** zur Lösung des Problems liegt, ihm wäre wohler zumute.
만약 그가 문제를 해결하는 열쇠가 무엇인지 안다면 더 편할 것입니다.

0453 Viertel [ˈfɪʁtl̩]
명 4분의 1, 15분, 행정 구역, 지역
G n s -

Er hatte bereits ein **Viertel** seiner Arbeit erledigt.
그는 이미 업무의 1/4 을 수행했습니다.

0454 entsorgen [ɛntˈzɔʁɡn̩]
동 쓰레기를 치우다, 제거하다
유 beseitigen, entfernen

Wie **entsorgt** man alte Medikamente?
오래된 약은 어떻게 처분합니까?

0455 tragen [ˈtʁaːɡn̩]
동 나르다, 운반하다, 입고 있다, 지니다, 참다, 견디다, 가지고 있다
유 halten, stützen

Sie **trug** ein schönes blaues Kleid.
그녀는 멋진 파란 드레스를 입고 있었다.

0456 gemütlich [ɡəˈmyːtlɪç]
형 기분이 좋은, 아늑한, 안락한, 평온한
유 behaglich, bequem

Mach es dir **gemütlich**!
편안하게 하세요!

0457 zu·drehen [ˈtsuːˌdʁeːən]
동 돌려서 잠그다, 죄다
유 abschalten, abstellen

Ich habe vergessen, den Hahn **zuzudrehen**.
수도꼭지를 잠그는 것을 잊었습니다.

0458 ähnlich [ˈɛːnlɪç]
형 닮은, 비슷한, 유사한
유 gleich, similär

Der Vater sieht seinem Sohn täuschend **ähnlich**.
아버지는 그의 아들과 믿을 수 없을 만큼 닮았습니다.

0459 parallel [paʁaˈleːl]
㊅ gleichlaufend, nebeneinander

[형] 평행의, 병행하는, 병렬의
Die Eisenbahn und die Straße verlaufen **parallel** zueinander.
철도와 길은 서로 평행하게 뻗어 있습니다.

0460 auf·zeichnen [ˈaʊ̯fˌt͡saɪ̯çnən]
㊅ aufschreiben, aufsetzen

[동] 그리다, 스케치하다, 설명하다, 기록하다, 녹화하다
Tim hat den Vortrag auf Video **aufgezeichnet**.
Tim 은 강의를 비디오로 녹화했습니다.

0461 Recht [ʁɛçt]
Ⓖ n (e)s e

[명] 법, 법률, 권리, 권한, 자격, 정당함, 공정
Recht bedeutet nicht immer auch Gerechtigkeit.
법이 항상 정의를 의미하는 것은 아닙니다.

0462 Bankleitzahl [ˈbaŋklaɪ̯tˌt͡saːl]
Ⓖ f - en

[명] 은행 코드 번호
Ich brauche deine Kontonummer und **Bankleitzahl**, um dir Geld zu überweisen.
송금하려면 계좌 번호와 은행 코드가 필요합니다.

0463 Praktikum [ˈpʁaktikʊm]
Ⓖ n s -ka

[명] 실습, 연습, 인턴십
Die Firma bietet den neuen Mitarbeitern die Chance, ein **Praktikum** in China zu machen.
이 회사는 신입 사원에게 중국에서 인턴쉽을 할 수 있는 기회를 제공합니다.

0464 sämtlich [ˈzɛmtlɪç]
㊅ alles, gesamthaft

[형] 전체의, 모든, 완전한
[부] 모두, 전부
Ich habe schon **sämtliche** Bücher gelesen.
나는 이미 모든 책을 읽었습니다.

0465 pflanzen [ˈp͡flant͡sn̩]
㊅ einsetzen, anbauen

[동] 심다, 재배하다, 세우다
Im Glashaus **pflanzt** der Gärtner schon früh im Jahr Gemüse.
연초에 정원사는 온실에 야채를 심었습니다.

0466 Motor [ˈmoːtoːɐ̯]
Ⓖ m s en

[명] 모터, 엔진, 원동력
Mein Auto fährt nicht mehr, weil der **Motor** kaputt ist.
엔진이 고장 나서 내 차는 더 이상 가지 않는다.

0467 Heimweh [ˈhaɪ̯mˌveː]
Ⓖ n s x

[명] 향수, 향수병
Als er als Austauschstudent in Deutschland studierte, litt er unter **Heimweh**.
그가 교환 학생으로 독일에서 공부할 때 향수병에 시달렸다.

0468 warten [ˈvaʁtən]
㊅ verharren, verweilen

[동] 기대리다, 대기하다, 머무르다
Seit Stunden **warten** die Kunden auf die Lieferung.
그 고객은 몇 시간 동안 배송을 기다리고 있습니다.

0469 Wolke ['vɔlkə]
Ⓖ *f* - *n*

명 구름, 연기, 흐림
Heute gibt es nicht die Spur einer **Wolke**.
오늘은 구름의 흔적이 없습니다.

0470 Gesundheit
[gə'zʊnthaɪt]
Ⓖ *f* - *x*

명 건강, 건강 상태
Du solltest mehr Sport für deine **Gesundheit** machen.
건강을 위해 더 많은 운동을 해야 합니다.

0471 reagieren [ʀea'giːʀən]
Ⓤ ansprechen, erwidern

동 반응하다, 반작용하다
Ich bin gespannt, wie sie **reagieren** wird.
그녀가 어떻게 반응할지 궁금합니다.

0472 musikalisch
[muzi'kaːlɪʃ]
Ⓤ klangvoll, melodisch

형 음악의, 음악적인
Seri spielt ziemlich gut Cello. Ich denke, dass sie **musikalisch** begabt ist.
Seri 는 첼로를 매우 잘 연주합니다. 나는 그녀가 음악적으로 재능이 있다고 생각합니다.

0473 stimmen ['ʃtɪmən]
Ⓤ harmonieren,
ausreichen

동 맞다, 옳다, 일치하다, 어울리다, 조화를 이루다, 투표하다, ~한 기분을 가지게 하다
Die Aussagen der Verdächtigen **stimmen** nicht überein.
용의자의 진술이 일치하지 않습니다.

0474 mündlich ['mʏntˌlɪç]
Ⓤ gesprächsweise, verbal

형 구두의, 구술의, 구전의
Im ersten Video zu **mündlichen** Prüfungen ging es um die Vorbereitung.
구술 시험에 관한 첫 번째 비디오는 준비에 관한 것이었습니다.

0475 ordentlich ['ɔʀdn̩tlɪç]
Ⓤ aufgeräumt, geordnet

형 정규의, 정시의, 단정한, 정돈된, 진정한
Er erledigt immer seine Arbeit sehr **ordentlich**.
그는 항상 자신의 일을 잘 수행합니다.

0476 teilen ['taɪlən]
Ⓤ dividieren, abtrennen

동 나누다, 구분하다, 등급을 나누다, 분리하다
Das nette Kind **teilt** die Nahrungsmittel mit den Hungrigen.
그 착한 아이는 배고픈 사람들과 음식을 나눕니다.

0477 Mais [maɪs]
Ⓖ *m es e*

명 옥수수
Gestern habe ich zum Frühstück **Maisbrot** und Eier gebraten.
어제 나는 아침을 먹기 위해 옥수수 빵과 계란을 볶았습니다.

0478 wund [vʊnt]
Ⓤ verletzt, zerschunden

형 다친, 상처난, 손상된, 상한
Mein Hals ist **wund** und ich bin müde, weil ich zurzeit zu viel Arbeit habe.
요즘 일이 너무 많아서 목이 아프고 피곤합니다.

0479 Niederlage ['niːdɐˌlaːɡə]
G *f* e n

명 패전, 패배

Am 8. Mai 1945 endete der Zweite Weltkrieg mit der vollständigen **Niederlage** Deutschlands.
1945 년 5 월 8 일 제 2 차 세계 대전은 독일의 완전한 패배로 끝났습니다.

0480 gültig ['ɡʏltɪç]
㊦ geltend, wirksam

형 유효한, 가치 있는, 통용되는, 구속력이 있는

Das Semesterticket ist **gültig** nur bis spätestens 28.02.2019.
학기 티켓은 2019 년 2 월 28 일 까지만 유효합니다.

0481 Münze ['mʏntsə]
G *f* - n

명 동전, 주화

Geben Sie mir bitte keine **Münzen**, sondern Scheine.
나에게 동전을 주지 말고 지폐를 주세요.

0482 Annahme ['annaːmə]
G *f* - n

명 수령, 수취, 획득, 승인, 동의, 채용, 가정, 추측, 접수처, 접수 창구

Unter der **Annahme**, dass sie bedroht werde, entschied sie sich zu fliehen.
그녀는 위협을 받고 있다고 생각하고 도망치기로 결정했습니다.

0483 Vortrag ['foːɐ̯ˌtʁaːk]
G *m* (e)s ä-e

명 진술, 보고, 강연, 설명, 연설

An dem **Vortrag** haben nur sieben Personen teilgenommen.
그 강의에는 7 명이 참석했습니다.

0484 ein·richten ['aɪnˌʁɪçtn̩]
㊦ anlegen, arrangieren

동 정돈하다, 정리하다, 설비하다, 설계하다, 계획하다, 설립하다, 조정하다

Mein Frau möchte das Zimmer mit neuen Möbeln **einrichten**.
아내는 새로운 가구로 방을 꾸미기를 원합니다.

0485 rechtzeitig ['ʁɛçtˌtsaɪtɪç]
㊦ pünktlich, zeitgerecht

형 적시의, 시기에 알맞은

Jetzt weiß ich nicht, ob ich die Arbeit **rechtzeitig** fertigmachen kann.
나는 제 시간에 일을 끝낼 수 있을지 모르겠습니다.

0486 erleben [ɛɐ̯'leːbn̩]
㊦ erfahren, erleiden

동 겪다, 체험하다, 체득하다

Während des Krieges **erlebte** mein Opa viele gefährliche Abenteuer.
전쟁 중에 할아버지는 위험한 모험을 많이 겪었습니다.

0487 Brief [bʁiːf]
G *m* (e)s e

명 편지, 문서, 서류, 어음

Hast du den **Brief**, den ich dir geschrieben habe, schon geöffnet?
내가 쓴 편지를 이미 열었습니까?

0488 Notfall ['noːtˌfal]
G *m* (e)s ä-e

명 비상시, 긴급 상황

Ziehen Sie bitte nur im **Notfall** den Bremshebel!
비상시에만 브레이크 레버를 당기십시오!

Kontaktaufnahme
[kɔnˈtaktʔaʊ̯fˌnaːmə]
Ⓖ *f* - *n*

명 교제, 접촉

Sie zögerte mit der **Kontaktaufnahme**, weil sie nicht wusste, was sie sagen sollte.
그녀는 무엇을 말해야 할지 모르기 때문에 연락을 주저했습니다.

 leider [ˈlaɪ̯dɐ]
ⓡ bedauerlicherweise, unglücklicherweise

부 안타깝게도, 유감스럽게도, 슬프게도

Ich habe keine Zeit, weswegen ich **leider** nicht zu deiner Party kommen kann.
시간이 없어서 파티에 갈 수 없어요.

 Genehmigung
[ɡəˈneːmɪɡʊŋ]
Ⓖ *f* - *en*

명 동의, 수락, 재가, 인가, 허가서

Wenn man ein Restaurant eröffnen möchte, benötigt man eine **Genehmigung** der Behörde dafür.
식당을 열려면 관청의 허가가 필요합니다.

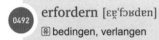 **erfordern** [ɛɐ̯ˈfɔʁdɐn]
ⓡ bedingen, verlangen

동 요구하다, 필요로 하다

Meine beruflichen Aufgaben **erfordern** die Beherrschung mehrerer Sprachen.
저의 전문적인 업무에는 여러 언어 구사 능력이 요구됩니다.

 Bachelor [ˈbɛtʃəlɐ]
Ⓖ *m* *s/-* *s*

명 학사

Sie hat die Universität mit einem **Bachelor** in Germanistik abgeschlossen.
그녀는 대학에서 독문학 학사 학위를 취득했습니다.

 bewusst [bəˈvʊst]
ⓡ absichtlich, ausdrücklich

형 의식적인, 알고 있는, 자각한, 알려진, 언급한, 의도적인

Die Auswahlmöglichkeit besteht darin, dass wir **bewusste** Entscheidungen treffen können.
선택 가능성은 우리가 의식적인 결정을 내릴 수 있다는 것입니다.

 **Geheimnis**
[ɡəˈhaɪ̯mnɪs]
Ⓖ *n* *es* *e*

명 비밀, 기밀, 비법, 신비

Dass die beiden sich treffen, ist ein **Geheimnis**.
두 사람이 만나는 것은 비밀입니다.

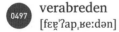 **Referat** [ʁefeˈʁaːt]
Ⓖ *n* *(e)s* *e*

명 보고, 보고서, 발표문, 담당 부서

Ihr **Referat** ist aus mehreren Quellen zusammengeschrieben.
그녀의 프레젠테이션은 여러 출처에서 작성되었습니다.

verabreden
[fɛɐ̯ʔapˌʁeːdən]
ⓡ abmachen, abschließen

동 협정하다, 약정하다, 약속하다

Wenn Sie Hilfe brauchen, **verabreden** Sie mit Herrn Professor Becker eine Privatkonsultation!
도움이 필요하면 Becker 교수와 개인적으로 상담하십시오!

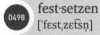

fest·setzen
['fɛst,zɛt͡sn̩]

㊤ beschließen,
bestimmen

동 체포하다, 구금하다, 확정하다, 결정하다

Heinz und Lisa haben noch keinen Termin für ihre Hochzeit **festgesetzt.**

Heinz 와 Lisa 는 아직 결혼식 날짜를 정하지 않았다.

Saal [zaːl]

G *m (e)s Säle*

명 홀, 식장, 강당

Man darf den **Saal** nicht ohne Krawatte betreten.

넥타이 없이 홀에 입장할 수 없습니다.

beißen ['baɪsn̩]

㊤ schnappen, kratzen

동 물다, 깨물다, 씹다

Hunde, die bellen, **beißen** nicht.

짖는 개는 물지 않습니다. (빈 수레가 요란하다.)

0501 Erlebnis [ɛɐ̯'le:pnɪs]
ⓖ n ses se

ⓜ 경험, 체험, 견문

Das neue kulturelle **Erlebnis** wird in meiner Erinnerung haftenbleiben.
그 새로운 문화의 경험은 나의 기억 속에 남을 것입니다.

0502 Erstellung [ɛɐ̯'ʃtɛlʊŋ]
ⓖ f - en

ⓜ 창조, 시공, 건설

Die **Erstellung** des Bebauungsplanes kostet zu viel Zeit.
건축 설계도를 만드는 데 너무 많은 시간이 걸립니다.

0503 sich konzentrieren
[kɔnʦɛn'tʀi:ʀən]

ⓡ abzielen, achtgeben

ⓥ 집중하다, 전념하다, 모이다, 농축되다

Bei dieser Unruhe kann ich **mich** nicht auf die Arbeit **konzentrieren**.
이런 소란 속에서는 나는 일에 집중할 수 없다.

0504 Geschäft [gə'ʃɛft]
ⓖ n (e)s e

ⓜ 용무, 일, 업무, 직업, 사업, 영업, 상업

Es ist nicht erlaubt, sein **Geschäft** im Park zu verrichten.
공원에서 장사는 허가되지 않습니다.

0505 versuchen [fɛɐ̯'zu:xn̩]
ⓡ ausprobieren, herausfordern

ⓥ 시도하다, 해보다, 시험하다, 노력하다, 애쓰다

Gib nicht auf, Lea! Du solltest es wenigstens **versuchen**.
포기하지마, Lea! 적어도 시도라도 해봐.

0506 Gewalt [gə'valt]
ⓖ f - en

ⓜ 힘, 폭력, 권력, 위력

Jede vierte Frau war durch körperliche oder sexuelle **Gewalt** verletzt worden.
모든 여성의 1/4 은 신체적 또는 성적 폭력으로 상처를 입었습니다.

0507 heben ['he:bn̩]
ⓡ aufsteigen, hochziehen

ⓥ 올리다, 들어 올리다, 높이다, 일으키다

Mit einem Kran kann man schwere Lasten **heben**.
크레인으로 무거운 짐을 들어 올릴 수 있습니다.

0508 Tal [ta:l]
ⓖ n (e)s ä-er

ⓜ 골짜기, 계곡, 협곡

Diese Straße geht durch das **Tal** weiter.
이 길은 계곡을 통해 계속됩니다.

0509 erledigen [ɛɐ̯ˈleːdɪɡn̩]
㊌ durchführen, abschließen
⑧ 처리하다, 끝내다, 해결하다, 마치다
Mach die Hausaufgaben lieber jetzt, denn wenn du sie heute nicht **erledigst**, musst du sie morgen machen.
차라리 지금 숙제를 해, 오늘 하지 않으면 내일 해야 하니까.

0510 zurück·lassen [t͡suˈʁʏkˌlasn̩]
㊌ hervorrufen, hinterlassen
⑧ 뒤에 남겨두다, 앞지르다
Es ist gar nicht so leicht, seine Lieben in der Heimat **zurückzulassen**, wenn man auf Reisen muss.
여행해야 할 때 사랑하는 사람을 남겨두고 떠나는 것은 쉽지 않습니다.

0511 drinnen [ˈdʁɪnən]
㊌ innen, darin
⑨ 안에, 내부에
Drinnen ist es warm und draußen ist es kalt, weil es schneit.
눈이 내리기 때문에 안은 따뜻하고 밖은 춥습니다.

0512 konservativ [ˌkɔnzɛʁvaˈtiːf]
㊌ rückständig, herkömmlich
㊒ 보수적인, 보수주의의, 보존적인
Sie ist so **konservativ**, dass mit ihr kein Gespräch möglich ist.
그녀는 너무 보수적이어서 대화가 불가능하다.

0513 ernst [ɛʁnst]
㊌ echt, ehrlich
㊒ 진지한, 진심의, 솔직한, 엄숙한
Ihre Stimme klingt **ernst**, aber er hat ihre Worte nicht ernst genommen.
그녀의 목소리는 진지하게 들리지만, 그는 그녀의 말을 진지하게 받아들이지 않았습니다.

0514 Kasse [ˈkasə]
Ⓖ f - n
㊂ 계산대, 현금 출납소
Zahlen Sie bitte an der **Kasse**!
계산대에서 지불하세요!

0515 einzeln [ˈaɪ̯nt͡sl̩n]
㊌ getrennt, isoliert
㊒ 단일의, 하나하나의, 개별적인, 상세한, 두서넛의
⑨ 하나씩, 단독으로, 일일이
Ich finde in der Waschmaschine ab und zu eine **einzelne** Socke.
세탁기에서 가끔 양말 하나를 발견하기도 합니다.

0516 Kaffee [ˈkafe]
Ⓖ m s s
㊂ 커피
Ich hätte gern einen schwarzen **Kaffe** ohne Milch.
나는 우유가 없는 블랙 커피를 원합니다.

0517 Urin [uˈʁiːn]
Ⓖ m s e
㊂ 오줌, 소변
Weißt du, dass der Arzt wieder Nikotin in deinem **Urin** gefunden hat?
그 의사가 소변에서 다시 니코틴을 발견했다는 것을 알고 있습니까?

0518 hierher [ˈhiːɐ̯ˈheːɐ̯]
㊌ heran, herbei
⑨ 이리로, 이쪽으로
Hört alle auf und kommt **hierher**!
모두 멈추고 여기로 오십시오!

0519 auf·kommen
['aʊ̯f̩ˌkɔmən]

㉠ erscheinen, aufbringen

동 일어나다, 자라다, 발생하다, 시작하다, 책임지다, 밝혀지다, 도달하다

Heute sind im Unterricht einige interessante Fragen **aufgekommen**.
오늘 수업에서 흥미로운 질문이 생겼습니다.

0520 Firma ['fɪʁma]
Ⓖ f - -men

명 회사

Seit wann arbeiten Sie bei dieser **Firma**?
이 회사에서 일한 지 얼마나 되었습니까?

0521 regeln ['ʁeːg̩ln]

㉠ einstellen, regulieren

동 규정하다, 규칙을 세우다, 정리하다, 조정하다

Angebot und Nachfrage **regeln** die Preise.
수요와 공급은 가격을 조정합니다.

0522 planen ['plaːnən]

㉠ einschätzen, kalkulieren

동 계획하다, 입안하다

Planen Sie diesen Winter in Urlaub zu fahren?
올 겨울에 휴가를 갈 계획입니까?

0523 obwohl [ɔp'voːl]

㉠ trotz dessen, obgleich

접 ~에도 불구하고, 비록 ~이긴 하지만

Obwohl sie Peter nicht besonders mag, hat sie ihn zu ihrer Party eingeladen.
그녀는 피터를 특별히 좋아하지는 않지만 파티에 초대했습니다.

0524 zusammen
[t͡suˈzamən]

㉠ vereint, gemeinsam

부 함께, 공동으로, 동시에, 통틀어서

Bezahlen Sie **zusammen** oder getrennt?
같이 계산 하실래요? 따로 하실래요?

0525 Panne ['panə]
Ⓖ f - n

명 고장, 오류, 실수

Wegen der **Panne** des Autos sitzen wir fest.
우리는 자동차 고장 때문에 갇혀 있습니다.

0526 sich beeilen
[bəˈʔaɪ̯lən]

㉠ schnell machen, hetzen

동 서두르다, 급히 움직이다

Wenn du **dich beeilst**, kannst du den letzten Zug nicht verpassen.
서두르면 마지막 열차를 놓치지 않을 것이다.

0527 Darstellung
['daːɐ̯ʃtɛlʊŋ]

Ⓖ f - en

명 표현, 묘사, 서술, 재현, 연기, 제시, 명시

Die **Darstellung** des Todes auf dem Bild ist sehr gelungen.
그림에서 죽음의 묘사는 아주 잘 되었다.

0528 nach·schlagen
['naːxˌʃlaːg̩n]

㉠ nachsehen, abgleichen

동 참조하다, 참고하다

Haben Sie das Wort schon mal im Wörterbuch **nachgeschlagen**?
사전에서 그 단어를 한번 찾은 적 있습니까?

0529 sich spezialisieren
[ʃpetsi̯aliˈziːʁən]

㊀ sich festlegen auf,
sich konzentrieren

图 전공하다, 전문으로 하다, 세분화하다

Im Masterstudium können Studierende ihr Wissen und
ihre Kompetenzen verbreiten oder **sich** auf ein Fachgebiet
spezialisieren.
대학원에서 학생들은 자신의 지식과 능력을 늘리거나 전공을 전문화 할 수 있습니다.

0530 Bauch [baʊ̯x]

Ⓖ m (e)s ä-e

图 배, 복부

Können Sie bitte den **Schweinebauch** mit der Maschine so dünn
wie möglich schneiden?
그 삼겹살을 기계로 최대한 얇게 자를 수 있습니까?

0531 hässlich [ˈhɛslɪç]

㊀ eklig, böse

匽 못생긴, 흉한, 추한, 불쾌한, 음란한, 지저분한

Ich bemerke erst jetzt, wie **hässlich** das Zimmer ist.
나는 방이 얼마나 지저분한 지 이제 깨달았습니다.

0532 färben [ˈfɛʁbn̩]

㊀ anmalen, tönen

图 염색하다, 채색하다, ~색으로 물들이다

Seit Jahren **färbt** er seine Haare gelb.
그는 수년간 머리를 노란색으로 염색해 왔습니다.

0533 Wort [vɔʁt]

Ⓖ n (e)s ö-er

匽 단어, 낱말, 말, 어구, 발언, 약속

Sätze bestehen aus **Wörtern**.
문장은 단어들로 구성됩니다.

0534 Klimawandel
[ˈkliːmaˌvandl̩]

Ⓖ m s -

匽 기후 변화

Die Industriestaaten sollten ihre CO2-Emissionen so weit senken,
dass der **Klimawandel** zumindest verlangsamt würde.
공업국(선진국)은 기후 변화가 늦춰지게 CO2 배출량을 줄여야 합니다.

0535 Gewicht [ɡəˈvɪçt]

Ⓖ n (e)s e

匽 무게, 중량, 체중, 추, 중요성, 영향력, 중력

Fleisch in der Metzgerei wird nach **Gewicht** verkauft.
정육점의 고기는 무게로 판매됩니다.

0536 stören [ˈʃtøːʁən]

㊀ behindern, belasten

图 방해하다, 저지하다, 성가시게 하다, 가로막다

Darf ich euch einen Augenblick **stören**?
잠깐 방해해도 될까요?

0537 Zwiebel [ˈt͡sviːbl̩]

Ⓖ f - n

匽 양파, 구근, 알뿌리

Mir tränen immer die Augen, wenn ich **Zwiebeln** schäle.
양파 껍질을 벗길 때 항상 내 눈에 눈물이 나옵니다.

0538 aktualisieren
[ˌaktualiˈziːʁən]

㊀ anpassen, erneuern

图 현실화하다, 사실적으로 묘사하다, 실현하다, 갱신하다

Durch Betätigen der Taste F5 wird die Ansicht auf dem Bildschirm
aktualisiert.
F5 키를 누르면 화면의 보기가 활성화됩니다.

0539 Abwasser ['ap,vasɐ]
ⓖ n s ä-er

명 폐수, 생활 하수
Durch die **Abwässer** der Fabrik kann der Fluss verschmutzt werden.
공장 폐수로 강이 오염될 수 있습니다.

0540 Kapitel [ka'pɪtl̩]
ⓖ n s -

명 챕터, 장, 화제
Dieses Buch ist in vier **Kapitel** eingeteilt.
이 책은 4 개의 장으로 구성되어 있습니다.

0541 Gedicht [gə'dɪçt]
ⓖ n (e)s -

명 시, 시가, 운문
Das **Gedicht** klingt an Goethe an.
그 시는 괴테를 연상시킵니다.

0542 zunächst [t͡su'nɛːçst]
유 anfangs, vorerst

부 처음에, 우선, 맨 먼저, 바로 옆에
Behandeln wir **zunächst** die Symptome des Problems, später dessen Ursache.
먼저 문제의 증상을 치료하고 나중에 원인을 알아봅시다.

0543 deutlich ['dɔɪtlɪç]
유 exakt, bestimmt

형 분명한, 명백한, 발음이 정확한, 이해하기 쉬운
Können Sie bitte **deutlich** in den Hörer sprechen?
수화기에 또박또박하게 말해줄래요?

0544 Satz [zat͡s]
ⓖ m es ä-e

명 문장, 구, 텍스트, 명제, 악장
Die beiden **Sätze** haben die gleiche Bedeutung.
두 문장의 의미는 같습니다.

0545 schütteln ['ʃʏtl̩n]
유 abwerfen, wackeln

동 흔들다, 털다, 털어내다, 떨다
Sie **schüttelt** die Tasche, damit der Schmutz herausfällt.
그녀는 먼지가 빠지도록 가방을 흔들었다.

0546 unterscheiden
[ˌʊntɐˈʃaɪdn̩]

유 abgrenzen,
differenzieren

동 구별하다, 구분하다, 분류하다
Ich konnte die beiden Zwillinge noch nie voneinander **unterscheiden**.
나는 두 쌍둥이를 구별할 수 없었습니다.

0547 ein·tragen
['aɪn,tʁaːgn̩]

유 aufschreiben,
einbringen

동 기입하다, 등록하다, 가져오다
Tragen Sie sich bitte in der Teilnehmerliste **ein**!
참가자 목록에 등록하십시오!

0548 integrieren
[ˌɪnteˈgʁiːʁən]

유 einbeziehen, einfügen

동 통합하다, 합병하다, 완전하게 하다, 적분하다
Es könnte ein Problem sein, Randgruppen in die Gesellschaft zu **integrieren**.
격리된 집단을 사회에 통합시키는 것은 문제가 될 수 있다.

0549 Pfannkuchen
['pfan‚kuːxn̩]
Ⓖ *m s -*

명 독일식 팬케이크, 도넛

Zum Kaffee bringt Oma **Pfannkuchen** mit Zucker mit.
할머니는 커피와 함께 먹을 팬케이크와 설탕을 가져옵니다.

0550 sondern ['zɔndɐn]
帝 aber, dagegen

접 그렇지 않고, 그것과는 달리

Ich möchte heute nicht in die Uni gehen, **sondern** einfach den ganzen Tag im Bett bleiben.
저는 오늘 학교에 가고 싶지 않습니다. 하루 종일 침대에 머물고 싶습니다.

0551 Scheibe ['ʃaɪbə]
Ⓖ *f - n*

명 원반, 원판, 얇은 조각, 창유리, 음반, 레코드판

Bitte geben sie mir eine **Scheibe** Brot mit Butter.
버터 빵 한 조각주세요.

0552 höflich ['høːflɪç]
帝 förmlich, anständig

형 공손한, 정중한, 예의 바른

Er hat versucht, sie sehr **höflich** zu fragen.
그는 그녀에게 매우 정중하게 물으려고 노력했다.

0553 Stadt [ʃtat]
Ⓖ *f - ä-e*

명 도시, 시, 시내, 시 당국

Nach dem Essen möchte sie mit ihrem Freund zum Einkaufen in die **Stadt** gehen.
그녀는 저녁 식사 후에 남자 친구와 도시로 쇼핑하러 가고 싶어합니다.

0554 stehlen ['ʃteːlən]
帝 abnehmen, rauben

동 훔치다, 도둑질하다

Der Dieb hat vor Gott geschworen, dass er nie wieder **stehlen** werde.
그 도둑은 다시는 도둑질하지 않겠다고 하나님 앞에서 맹세했다.

0555 wie [viː]
帝 gleich, etwa

접 ~처럼, ~와 같이, ~대로, ~정도로
부 어떻게, 얼마나, (감탄) 참

Als Frau Jana die traurige Nachricht vom Tod des Freundes hörte, weinte sie **wie** ein Kind.
Jana 는 친구의 죽음에 대한 슬픈 소식을 들었을 때 어린 아이처럼 울었습니다.

0556 gegen ['geːgn̩]
帝 dagegen, wider

전 ~을 향하여, ~에 맞서서, 상대하여, 반대하여, 대략, 거의

Sie lehnte sich **gegen** die Wand.
그녀는 벽에 기대었다.

0557 Leine ['laɪnə]
Ⓖ *f - n*

명 밧줄, 목줄, 빨랫줄

Die Wäsche hängt zum Trocknen auf der **Leine**.
세탁물이 건조를 위해 빨랫줄에 걸려 있습니다.

0558 Werk [vɛʁk]
Ⓖ *n (e)s e*

명 활동, 일, 공사, 작업, 행위, 업적, 성과, 작품

Das Bild ist das letzte **Werk** von Picasso.
그 그림은 피카소의 마지막 작품입니다.

0559 Anzug [ˈanˌt͡suːk]

Ⓖ m (e)s ü-e

명 양복, 신사복

Diese Krawatte passt gut zu dem **Anzug**.
이 넥타이는 그 양복과 잘 어울립니다.

0560 Brille [ˈbʁɪlə]
Ⓖ f - n

명 안경

Meine Oma kann ohne **Brille** nicht lesen.
할머니는 안경 없이는 읽을 수 없습니다.

0561 protestieren
[pʁotɛsˈtiːʁən]

Ⓡ widersprechen,
ablehnen

동 이의를 제기하다, 항의하다

Die streikenden Arbeiter **protestierten** gegen ihre Gehaltskürzung.
파업 노동자들은 임금 인하에 항의했다.

0562 Gegensatz
[ˈɡeːɡənˌzat͡s]
Ⓖ m es ä-e

명 대립, 반대, 대조, 항변

Seine Meinung steht im **Gegensatz** zu meinem Plan.
그의 의견은 나의 계획과 상반됩니다.

0563 überraschen
[yːbɐˈʁaʃn̩]

Ⓡ erstaunen, verblüffen

동 깜짝 놀라게 하다, 기습하다

Das plötzliche Erscheinen ihres Freundes **überraschte** sie.
그녀의 남자 친구가 갑자기 나타나서 그녀를 놀라게 했다.

0564 stinken [ˈʃtɪŋkn̩]
Ⓡ miefen, duften

동 악취를 풍기다, 나쁜 냄새가 나다, 구리다

Du **stinkst**. Geh duschen und mach dich sauber!
냄새나. 샤워하고 깨끗이 해!

0565 begrüßen [bəˈɡʁyːsn̩]
Ⓡ befürworten,
willkommen heißen

동 인사하다, 환영하다, 맞이하다

Der Lehrer **begrüßte** die neuen Schüler.
교사는 새로운 학생들을 맞이했습니다.

0566 Wiederholung
[ˌviːdɐˈhoːlʊŋ]
Ⓖ f - en

명 반복, 되풀이

Das Leben ist eine **Wiederholung** von Freude und Trauer.
인생은 기쁨과 슬픔의 반복입니다.

0567 Geschichte [ɡəˈʃɪçtə]
Ⓖ f - n

명 역사, 사건, 이야기

Man kann das Rad der **Geschichte** nicht zurückdrehen.
역사의 바퀴를 되돌릴 수는 없습니다.

0568 gratulieren
[ɡʁatuˈliːʁən]

Ⓡ beglückwünschen,
Glück wünschen

동 축하하다, 경축하다

Ich **gratulierte** ihm zu seinem erfolgreichen Abschluss des Studiums.
나는 그의 학업을 성공적으로 마친 것을 축하했다.

0569 singen [ˈzɪŋən]
㊌ trällern, tönen

동 노래하다, 찬송하다, 지저귀다
Die Vögel, welche zu früh **singen**, holt die Katze.
너무 일찍 우는 새는 고양이에게 잡힌다. (너무 섣불리 나서지 마라.)

0570 Bevölkerung
[bəˈfœlkəʁʊŋ]
Ⓖ f - en

명 주민, 인구, 식민
Das Gesetz wurde von der Mehrheit der **Bevölkerung** unterstützt.
그 법은 주민들의 다수결에 의해 지지되었다.

0571 automatisch
[ˌaʊtoˈmaːtɪʃ]
㊌ mechanisch, anlasslos

형 자동적인, 자동의
Die Tür öffnet sich **automatisch**.
문이 자동으로 열립니다.

0572 Maßnahme
[ˈmaːsˌnaːmə]
Ⓖ f - n

명 조치, 처리, 조처, 방안, 대책
Welche **Maßnahmen** treffen sie, um die Kostenabweichung zu minimieren.
비용 차이를 최소화하기 위해 어떤 조치를 취합니까?

0573 selbst [zɛlpst]
㊌ persönlich,
eigenständig

대 자기, 자신, 스스로
부 ~조차, ~마저
Ich habe das koreanische Essen **selbst** gekocht.
나는 한국 음식을 직접 요리했습니다.

0574 kriegen [ˈkʁiːgn̩]
㊌ erhalten, bekommen

동 얻다, 받다, 획득하다, 손에 넣다
Die Ausländer in diesem Land **kriegen** eine Sonderbehandlung.
이 나라의 외국인들은 특별한 대우를 받습니다.

0575 Faktor [ˈfaktoːɐ̯]
Ⓖ m s en

명 요인, 구성 요소, 인수
Bei dieser Entscheidung spielen individuelle **Faktoren** eine große Rolle.
이 판결에서 개별 요인이 중요한 역할을 한다.

0576 Abgas [ˈapˌgaːs]
Ⓖ n es e

명 배기가스
Durch **Abgase** stand eine Wolke von Smog über der Stadt.
스모그 구름이 배기가스를 통해 도시 위에 있었습니다.

0577 Erlaubnis [ɛɐ̯ˈlaʊpnɪs]
Ⓖ f - se

명 허가, 인가, 동의
Ohne **Erlaubnis** darfst du nicht in mein Haus eintreten.
허락없이 내 집에 들어갈 수 없습니다.

0578 wieder·geben
[ˈviːdɐˌgeːbn̩]
㊌ zurückgeben, berichten

동 갚다, 반환하다, 재현하다, 묘사하다
Dieser Ausdruck lässt sich auf Koreanisch schwer **wiedergeben**.
이 표현은 한국어로 재현하기 어렵다.

0579 fotografieren
[fotoɡʁaˈfiːʁən]
Ⓢ aufnehmen, ablichten

동 사진을 찍다, 사진 촬영하다
Bewegen Sie sich bitte beim **Fotografieren** nicht!
사진을 찍을 때 움직이지 마십시오!

0580 Wohnung [ˈvoːnʊŋ]
Ⓖ f - en

명 거주, 주소, 집, 주택
Meine **Wohnung** hat eine große Küche.
내 아파트에는 큰 주방이 있습니다.

0581 meinen [ˈmaɪnən]
Ⓢ glauben, abzielen

동 생각하다, ~한 의견이다, 의미하다, 주장하다, 뜻을 두다
Ich verstehe überhaupt nicht, was du **meinst**.
당신이 도대체 무슨 말을 하는지 모르겠습니다.

0582 speziell [ʃpeˈtsi̯ɛl]
Ⓢ ausgefallen, besonders

형 특별한, 특수한, 특이한
Dieser Wagen wurde **speziell** für Behinderte gebaut.
이 차는 장애인을 위해 특별히 만들어졌습니다.

0583 verpflegen
[fɛɐ̯ˈpfleːɡn̩]
Ⓢ versorgen, beköstigen

동 돌보다, 간호하다, 부양하다, 먹을 것을 공급하다
Müssen wir die Flüchtlinge **verpflegen**?
우리가 난민들을 돌봐야 합니까?

0584 zu·nehmen
[ˈtsuːˌneːmən]
Ⓢ ansteigen, anwachsen

동 늘다, 증가하다, 성장하다, 상승하다, 부가하다
Ich esse Kekse sehr gerne, obwohl ich davon **zunehme**.
나를 살찌게 함에도 불구하고 나는 비스킷을 먹는 것을 좋아합니다.

0585 zeichnen [ˈtsaɪçnən]
Ⓢ abbilden, wiedergeben

동 그리다, 표를 하다, 묘사하다, 기호를 넣다
Ich möchte gerne ein Portrait von ihr **zeichnen**.
그녀의 초상화를 그려보고 싶습니다.

0586 Qualifikation
[kvalifikaˈtsi̯oːn]
Ⓖ f - en

명 자격, 능력, 특성 부여, 자격 증명
Der Kandidat konnte die **Qualifikation** trotz großer Anstrengung
nicht erbringen.
큰 노력에도 불구하고 그 후보자는 자격을 얻을 수 없었습니다.

0587 umgehen [ʊmˈɡeːən]
Ⓢ umlaufen, vermeiden

동 순회하다, 우회하다, 피하다
Er war so verlegen, dass er die Frage **umging**.
그는 너무 당황해서 그 질문을 피했다.

0588 amtlich [ˈamtlɪç]
Ⓢ öffentlich, offiziell

형 관청의, 공적인, 직무상의, 관료적인
Seit Monaten warte ich auf die **amtliche** Bestätigung.
몇 달 동안 공식 확인을 기다리고 있습니다.

0589 Erde [ˈeːɐ̯də]
Ⓖ f - n

명 흙, 토양, 대지, 토지, 땅, 지구
Die **Erde** dreht sich um die Sonne.
지구는 태양을 공전합니다.

0590 Verspätung
[fɛɐ̯'ʃpɛːtʊŋ]
Ⓖ f - en

囲 지각, 지연, 연착, 늦음
Ich bitte vielmals um Entschuldigung für die **Verspätung**!
지연되어 대단히 죄송합니다.

0591 gießen ['giːsn̩]
册 füllen, wässern

囲 붓다, 쏟다, 뿌리다, 물을 주다
Die Läufer **gossen** Wasser über ihre Köpfe.
주자들은 머리 위로 물을 부었다.

0592 zügig ['ʦyːgɪç]
册 rasch, schnell

囲 활기 있는, 힘이 좋은, 신속한, 빠른
Diese Hilfe muss wirksam und **zügig** erfolgen.
이 구조는 효과적이고 신속해야 합니다.

0593 einsam ['aɪnzaːm]
册 allein, einzeln

囲 외로운, 고독한, 쓸쓸한, 외딴, 은둔한
Nach dem Tod seiner Frau fühlte er sich sehr **einsam** und verlassen.
아내가 사망한 후 그는 매우 외롭고 고독하게 느꼈다.

0594 verbessern
[fɛɐ̯'bɛsɐn]
册 verschönern, erhöhen

囲 개정하다, 향상시키다, 좋게 되다
Im Laufe des Tages **verbesserte** sich das Wetter beträchtlich.
낮에는 날씨가 상당히 좋아졌습니다.

0595 statt·finden
['ʃtat,fɪndn̩]
册 auftreten, vorkommen

囲 일어나다, 발생하다, 개최되다, 행해지다
Die beiden Autounfälle **fanden** gleichzeitig **statt**.
두 자동차 사고가 동시에 일어났다.

0596 Insel ['ɪnzl̩]
Ⓖ f - n

囲 섬
Niemand wohnt auf dieser **Insel**.
이 섬에는 아무도 살지 않습니다.

0597 Vorort ['foːɐ̯,ʔɔʁt]
Ⓖ m (e)s e

囲 변두리, 교외, 위성 도시
Herr Schmidt wohnt in einem ruhigen **Vorort** von Wiesbaden.
Schmidt 씨는 Wiebaden 의 조용한 교외에 살고 있습니다.

0598 Öffnung ['œfnʊŋ]
Ⓖ f - en

囲 엶, 개봉, 공개, 입구
EU soll einer **Öffnung** seiner Märkte zustimmen.
EU 는 시장 개방에 찬성해야 합니다.

0599 völlig ['fœlɪç]
册 absolut, voll

囲 완전한, 온전한, 충분한
Ich bin mit dir **völlig** einverstanden.
나는 당신에게 전적으로 동의합니다.

0600 schwimmen
['ʃvɪmən]
册 tauchen, kraulen

囲 수영하다, 헤엄치다, 뜨다
Fische **schwimmen** im Wasser, Enten schwimmen auf dem Wasser.
물고기들은 물 안에서 헤엄치고, 오리들은 물 위에서 수영합니다.

07

0601 an·heben [ˈanˌheːbn̩]
Ⓢ anfangen, erhöhen

동 살짝 치켜들다, 향상시키다, 시작하다

Kannst du bitte deinen Stuhl etwas **anheben**, weil ein Bein auf meiner Jacke steht.
의자를 약간 들어 올려줄 수 있어? 왜냐하면 의자 다리가 내 자켓을 밟고 있어.

0602 Lieferzeit [ˈliːfɐˌt͡saɪ̯t]
Ⓖ f - en

명 인도 기일, 배송 시간

Außerhalb Europas beträgt die reguläre **Lieferzeit** ein bis drei Arbeitstage.
유럽 이외 지역의 정규 배송 시간은 영업일 기준 1-3 일입니다.

0603 verfolgen [fɛɐ̯ˈfɔlɡn̩]
Ⓢ nachgehen, abzielen

동 뒤쫓다, 추적하다, 추격하다, 수행하다, 압박하다

Schon seit der Verlobung **verfolgte** sie ihn mit seiner Eifersucht.
약혼 이후로 그녀는 질투심을 가지고 그를 쫓아다니고 있었습니다.

0604 dagegen [daˈɡeːɡn̩]
Ⓢ demgegenüber, aber

부 그것을 향하여, 그것에 반대하여, 그것에 비하면

Wenn Sie mich fragen, bin ich **dagegen**.
나에게 묻는 거라면, 나는 그것에 반대합니다.

0605 Tabelle [taˈbɛlə]
Ⓖ f - n

명 표, 목록, 도표, 리스트

In dieser **Tabelle** wird zusammengefasst, wie Sie ein ausgewähltes Diagramm analysieren können.
이 표에는 선택된 차트를 분석하는 방법이 요약되어 있습니다.

0606 Lieferant [ˌliːfəˈʁant]
Ⓖ m en en

명 공급자, 조달자

Lieferanten sind eine Organisation, ein Unternehmen oder einzelne Personen, die Unternehmen mit Waren, Energie und Dienstleistungen versorgen.
공급 업체는 회사에 상품, 에너지 및 서비스를 제공하는 조직, 회사 또는 개인입니다.

0607 lagern [ˈlaːɡɐn]
Ⓢ aufbewahren, abstellen

동 저장하다, 창고에 넣다, 쌓여 있다, 야영하다

Dieses Produkt ist frei von Konservierungsstoffen. Nach dem Öffnen sollte man es im Kühlschrank **lagern** und schnell verbrauchen.
이 제품에는 방부제가 포함되어 있지 않습니다. 개봉 후에는 냉장고에 보관하고 빨리 사용하십시오.

0608 her·stellen ['he:ɐ̯ˌʃtɛlən]
㉿ erzeugen, gestalten

동 제조하다, 생산하다, 조제하다, 재건하다, 복원하다, 이루다, 해내다

Holzschränke **stellt** er nicht mehr **her**.
그는 더 이상 나무 장롱을 생산하지 않습니다.

0609 Unwetter ['ʊnˌvɛtɐ]
Ⓖ n s -

명 폭풍우, 악천후

Wir treffen alle nötigen Vorkehrungen gegen das **Unwetter**.
폭풍에 대비하여 필요한 모든 예방 조치를 취합니다.

0610 indem [ɪn'de:m]
㉿ indessen, als

접 ~함으로써, ~하여

Sie erreicht sein Ziel, **indem** sie alle ihre finanziellen Mittel einsetzt.
그녀는 모든 재정 자원을 사용하여 목표를 달성합니다.

0611 beinahe ['baɪ̯naːə]
㉿ fast, nahezu

부 거의, 자칫

Auf der Bahnhofstraße wäre sie **beinahe** mit dem Auto zusammengestoßen.
그녀는 Bahnhofstraße 에서 차에 거의 충돌할 뻔 했습니다.

0612 überziehen ['y:bɐˌt͡siːən]
㉿ überlegen, versetzen

동 덮다, 씌우다, 깔다, 바르다, 칠하다, 지나치다, 초과하다, 과장하다

Wolken **überziehen** den Himmel langsam.
구름이 천천히 하늘을 덮고 있습니다.

0613 leise ['laɪ̯zə]
㉿ ruhig, still

형 조용한, 낮은 목소리의, 경미한, 약한

In der Bibliothek ist es sehr **leise**, man hört keinen Ton.
도서관은 매우 조용하고, 소리가 없습니다.

0614 beweisen [bə'vaɪ̯zn̩]
㉿ nachweisen, sich bewähren

동 증명하다, 입증하다, 표명하다

Vor Gericht konnte der Verteidiger die Unschuld des Mandanten **beweisen**.
변호사는 법정에서 의뢰인의 결백을 입증할 수 있었습니다.

0615 schweigen ['ʃvaɪ̯gn̩]
㉿ verheimlichen, geheim halten

동 침묵하다, 함구하다, 입을 다물다, 침묵시키다

Jetzt muss ich mich auf die Hausaufgabe konzentrieren. Bitte **schweig** ein paar Minuten.
나는 이제 숙제에 집중해야 합니다. 몇 분 동안 조용히 해주세요.

0616 Datei [da'taɪ̯]
Ⓖ f - en

명 데이터, 파일, 자료

Die heruntergeladene **Datei** muss nun noch entpackt werden.
다운로드한 파일의 압축을 풀어야 합니다.

0617 süchtig ['zʏçtɪç]
㉿ begierig, abhängig

형 중독의, 광적인, 기호벽이 있는

Er ist seit Jahren **süchtig** nach Zigaretten.
그는 몇 년 동안 담배에 중독되었습니다.

0618	Erwachsene [ɛɐ̯ˈvaksənə] Ⓖ m/f n n	명 성인, 어른

0618 Erwachsene [ɛɐ̯ˈvaksənə]
Ⓖ m/f n n

명 성인, 어른

Kinder dürfen nur dann auf den Spielplatz, wenn sie von einem **Erwachsenen** begleitet werden.
어린이는 성인을 동반하는 경우에만 놀이터에 입장할 수 있습니다.

0619 Sitzung [ˈzɪtsʊŋ]
Ⓖ f - en

명 회의, 집회

Die nächste **Sitzung** unseres Seminars findet erst in drei Wochen statt.
세미나의 다음 모임은 3 주 안에 진행됩니다.

0620 Essig [ˈɛsɪç]
Ⓖ m s e

명 식초

Der Salat ist viel zu sauer. Warum hast du so viel **Essig** verwendet?
샐러드가 너무 십니다. 왜 그렇게 식초를 많이 사용했습니까?

0621 begeistern [bəˈɡaɪstɐn]
ⓊＵ anregen, motivieren

동 감격시키다, 고무하다

Deine Ruhe und Gelassenheit im Umgang mit Kindern **begeistert** mich.
아이들을 다루는 당신의 평온과 침착함은 저를 감격시켰습니다.

0622 zu·sagen [ˈtsuːˌzaːɡn̩]
ⓊＵ akzeptieren, bejahen

동 약속하다, 확언하다, 승낙하다

Im Gegensatz zu dir möchte ich der Unterstützung **zusagen**.
당신과 달리 나는 후원에 찬성합니다.

0623 mittags [ˈmɪtaːks]
ⓊＵ am Mittag, zur Mittagszeit

부 정오에, 점심에, 오찬에

Wie wäre es, wenn wir **mittags** etwas zusammen essen?
같이 점심을 먹는게 어떻습니까?

0624 scheiden [ˈʃaɪdn̩]
ⓊＵ abgrenzen, abteilen

동 분리되다, 갈라놓다, 갈라지다, 헤어지다, 이혼하다

Die Ehe zwischen den beiden Leuten wurde **geschieden**.
두 부부는 이혼했다.

0625 jung [jʊŋ]
ⓊＵ jugendlich, kindlich

형 젊은, 어린

Übernimm dich nicht, **junger** Mann!
오버 하지마라, 젊은이!

0626 egal [eˈɡaːl]
ⓊＵ gleichgültig, unerheblich

형 아무래도 좋은, 상관없는, 같은, 균등한

Es ist mir **egal**, was gesagt wird.
무슨 말을 하든 상관없습니다.

0627 verurteilen [fɛɐ̯ˈʔʊɐ̯taɪlən]
ⓊＵ ablehnen, schuldig sprechen

동 형을 선고하다, 유죄 판결을 내리다, 비난하다

Der Richter hat den Täter zu zwei Jahren Gefängnis **verurteilt**.
판사는 가해자에게 2 년 형을 선고했다.

0628 beleidigen
[bəˈlaɪdɪgn̩]
㊌ beschimpfen, verletzen

동 모욕하다, 감정을 상하게 하다
Ohne Grund **beleidigte** der Lehrer den Schüler.
그 교사는 아무 이유 없이 학생을 모욕했습니다.

0629 wählen [ˈvɛːlən]
㊌ aussuchen, auswählen

동 고르다, 선택하다, 투표하다, 숙고하다
Sie haben die falsche Nummer **gewählt**.
전화 잘못 거셨어요.

0630 Ernährung
[ɛɐ̯ˈnɛːʁʊŋ]
Ⓖ f - en

명 영양, 양육, 부양, 생계
Bei der **Ernährung** der Babys ist die Unterstützung der Mütter notwendig.
아기가 먹을 때는 어머니의 도움이 필요합니다.

0631 hageln [ˈhaːgl̩n]
㊌ prasseln, einstürmen

동 우박이 내리다
Ich muss jeden Tag zur Arbeit gehen. Es ist mir egal, ob es schneit oder **hagelt**.
나는 매일 출근해야 합니다. 눈이 오거나 우박이 내리던 상관없습니다.

0632 zerschlagen
[tsɛɐ̯ˈʃlaːgn̩]
㊌ scheitern, zerstören

동 파괴하다, 부수다
Warum hat er die Fensterscheibe **zerschlagen**?
왜 유리창을 부수나요?

0633 bis [bɪs]

접 ~까지
전 ~까지
Bis nächste Woche muss die Präsentation fertig sein.
프레젠테이션은 다음 주까지 끝내야 합니다.

0634 Reihe [ˈʁaɪə]
Ⓖ f - n

명 열, 행, 줄, 대열, 순서, 차례, 시리즈, 일련
Eine Zahl in der zweiten **Reihe** der Tabelle scheint falsch zu sein.
표의 두 번째 행에 있는 숫자가 잘못된 것 같습니다.

0635 bohren [ˈboːʁən]
㊌ plagen, drängeln

동 뚫다, 파다, 우비다, 시추하다
Sie **bohrt** schon zehn Minuten in der Nase, anscheinend ohne Erfolg.
그녀는 10 분 동안 코를 팠고, 아무 성과 없이 보입니다.

0636 Verlust [fɛɐ̯ˈlʊst]
Ⓖ m (e)s e

명 분실, 잃음, 상실, 사별, 손실, 손해, 적자, 결손
Das deutsche Unternehmen hat letztes Jahr hohe **Verluste** gemacht.
그 독일 회사는 작년에 높은 손실을 입었습니다.

0637 Übersetzung
[ˌyːbɐˈzɛtsʊŋ]
Ⓖ f - en

명 번역, 통역
Bei der Anmeldung muss man hier die **Übersetzung** des deutschen Textes vorlegen.
등록할 때는 여기에 독일어 텍스트의 번역본을 제출해야 합니다.

0638 genauso [gəˈnaʊ̯zoː]
윤 ebenfalls, ebenso

閏 똑같이, 바로 그대로

Lange Zeit nicht gesehen! Du siehst noch **genauso** aus wie früher.
오랜만이야! 하나도 안 변했네.

0639 Tor [toːɐ̯]
Ⓖ n (e)s e

명 대문, 성문, 문, 출입구, 골대

Er hat den Ball ins **Tor** geschossen.
그는 그 공을 골에 넣었다.

0640 nüchtern [ˈnʏçtɐn]
윤 rational, kalt

동 정신이 말짱한, 취하지 않은, 객관적인, 분별있는, 무미건조한, 싱거운, 공복의

Es ist zwingend erforderlich beim Autofahren stets **nüchtern** zu
sein.
운전할 때는 항상 정신차려야 합니다.

0641 objektiv [ˌɔpjɛkˈtiːf]
윤 sachlich, unbeeinflusst

형 객관적인, 물적인, 대상의, 목적격의

Die Untersuchung muss sehr **objektiv** sein, damit wir zum genauen
Ergebnis kommen.
정확한 결과를 얻을 수 있도록 조사는 매우 객관적이어야 합니다.

0642 übernachten
[yːbɐˈnaxtn̩]
윤 die Nacht verbringen,
einquartiert sein

동 숙박하다, 묵다, 숙박시키다

Unterwegs gibt es verschiedene Möglichkeiten, um an einem anderen
Ort zu **übernachten**.
도중에 다른 곳에서 머물 수 있는 방법은 많이 있습니다.

0643 Probezeit
[ˈpʁoːbəˌtsaɪ̯t]
Ⓖ f - en

명 견습 기간, 수습 기간

Die ersten sechs Monate des Arbeitsverhältnisses werden als
Probezeit vereinbart.
고용 관계의 처음 6 개월은 수습 기간으로 합의됩니다.

0644 gucken [ˈɡʊkn̩]
윤 blicken, sehen

동 바라보다, 들여다보다, 살피다, 나타나다

Warum hast du in meinen Computer **geguckt**?
왜 내 컴퓨터를 보았습니까?

0645 Führerschein
[ˈfyːʁɐʃaɪ̯n]
Ⓖ m (e)s e

명 운전 면허증

Nach diesem Unfall hat die Polizei ihm den **Führerschein**
abgenommen.
이 사고 후에 경찰은 운전 면허증을 빼앗았습니다.

0646 erwähnen [ɛɐ̯ˈvɛːnən]
윤 andeuten, anführen

동 언급하다

Achte auf ihren Gesichtsausdruck, wenn wir einen Preis **erwähnen**.
우리가 가격을 언급할 때 그녀의 표정에 주목하십시오.

0647 warum [vaˈʁʊm]
윤 weswegen, wieso

閏 왜, 무엇 때문에

Er wusste nicht, **warum** sie ihn schlug.
왜 그녀가 그를 때렸는지 그는 몰랐다.

0648 ein·sperren
['aɪnˌʃpɛʁən]
㊦ festsetzen, einriegeln

㊦ 감금하다, 가두어 넣다
Die Polizei **sperrte** den Verdächtigen **ein**.
경찰은 용의자를 구금했습니다.

0649 Ausbildung
['aʊ̯sˌbɪldʊŋ]
Ⓖ f - en

㊦ 양성, 육성, 직업 교육, 수련, 수업
Bevor sie die Stelle bekommen hat, hat sie eine technische
Ausbildung gemacht.
그녀는 직업을 갖기 전에 기술을 배웠다.

0650 seit [zaɪ̯t]
㊦ seitdem, von da an

㊀ ~이래, ~부터
㊁ ~이래, ~부터
Seit drei Jahren sind sie verlobt.
그들은 3 년 전에 약혼했습니다.

0651 erinnern [ɛɐ̯ˈʔɪnɐn]
㊦ gedenken, einfallen

㊦ 기억하다, 생각나게 하다, 상기시키다
Erinnerst du dich an meine Freundin Bohyeon?
내 여자친구 보현을 기억하십니까?

0652 arbeiten ['aʁbaɪ̯tn̩]
㊦ tätig sein, beschäftigen

㊦ 일하다, 노동하다, 연구하다, 작동하다, 활동하다
Vor 5 Jahren **arbeitete** ich als Vertriebsmanager bei einer
koreanischen Firma in Frankfurt.
5 년 전에 저는 프랑크푸르트에서 한국 기업의 영업 매니저로 일했습니다.

0653 nächst [nɛːçst]
㊦ neu, weiter

㊊ 다음의, 근접한, 가까운
㊮ 바로 다음에, 가까이
Weißt du zufällig, wann der **nächste** Zug fährt?
혹시 다음 기차가 언제 가는지 아십니까?

0654 relativ [ʁelaˈtiːf]
㊦ bedingt, begrenzt

㊊ 관계있는, 비교적인, 상대적인
Im Vergleich zu anderen Koreanern ist Herr Lim **relativ** groß.
Mr. Lim 은 다른 한국인에 비해 상대적으로 키가 크다.

0655 Kette ['kɛtə]
Ⓖ f - n

㊦ 사슬, 목걸이, 연속, 연쇄
Mit dem Fluch beginnt eine **Kette** von Unglücksfällen, die die Familie
über Generationen hinweg belasten wird.
그 저주로 그 가족은 대대로 불행의 연속이 시작될 것이다.

0656 jetzt [jɛt͡st]
㊦ gegenwärtig,
   momentan

㊮ 지금, 현재, 이제
Jetzt studiere ich an der Hochschule Mainz.
저는 마인츠 대학교에서 공부하고 있습니다.

0657 Tagesablauf
['taːgəsˌʔaplaʊ̯f]
Ⓖ m (e)s ä-e

㊦ 하루 일과, 일상
Kennen Sie überhaupt den **Tagesablauf** der Familie?
당신은 가족의 일상을 알고 있습니까?

0658 Reklame [ʁeˈklaːmə]
Ⓖ f - n

명 광고, 선전, 전단
Die neue Firma macht viel **Reklame** für ihr Produkt.
그 새로운 회사는 자사 제품을 많이 광고합니다.

0659 Gras [gʁaːs]
Ⓖ n es ä-er

명 풀, 목초, 잔디밭
Auf der Wiese wächst viel **Gras**.
초원에서 많은 잔디가 자랍니다.

0660 fördern [ˈfœʁdɐn]
卿 begünstigen, anregen

동 후원하다, 장려하다, 진흥하다, 촉진시키다
Eine hochbegabte Person muss **gefördert** werden.
재능이 있는 사람은 장려 받아야 합니다.

0661 entdecken [ɛntˈdɛkn̩]
卿 aufdecken, entlarven

동 발견하다, 찾아내다, 알아채다, 드러내다
Er möchte den geheimen Ort unbedingt **entdecken**.
그는 비밀 장소를 발견하고 싶어합니다.

0662 heiraten [ˈhaɪʁaːtn̩]
卿 hochzeiten, ehelichen

동 결혼하다
Mein Bruder **heiratet** Anfang nächsten Jahres.
내 동생이 내년 초에 결혼을 합니다.

0663 beobachten [bəˈʔoːbaxtn̩]
卿 betrachten, bemerken

동 관찰하다, 주시하다, 인지하다, 주의하다
Sie denkt zu viel daran, dass die Umwelt sie **beobachten** könnte.
그녀는 주변 사람들이 그녀를 관찰한다고 너무 깊게 생각합니다.

0664 Professor [pʁoˈfɛsoːɐ̯]
Ⓖ m s en

명 교수
Der **Professor** an der Universität Heidelberg hat mich als Betreuer meiner Abschlussarbeit sehr gut unterstützt.
그 하이델베르크 대학의 교수는 제 논문의 지도교수로써 저를 잘 도와줬습니다.

0665 Akte [ˈaktə]
Ⓖ f e n

명 문서, 서류, 파일, 기록
Bringen Sie bitte diese **Akten** in Ordnung!
이 파일들을 순서대로 넣으십시오!

0666 Zuhause [ʦuˈhaʊ̯zə]
Ⓖ n -/s x

명 본집, 가정, 고향
Frau Kerstin verließ ihr **Zuhause** und ging dahin, wohin sie ihre Füße trugen.
Kerstin 은 집을 나오고 발 닿는 대로 떠났다.

0667 Steuerberater [ˈʃtɔɪ̯ɐbəˌʁaːtɐ]
Ⓖ m s -

명 세무사
Wissen Sie vielleicht, wie hoch die Kosten für eine Einkommensteuererklärung beim **Steuerberater** voraussichtlich sind?
세무사에게 소득세 신고를 위한 비용이 얼마가 될지 알고 있습니까?

0668 streng [ʃtʁɛŋ]
ㅤ유 schwer, fest

형 엄한, 단호한, 엄중한, 근엄한, 정확한, 꼼꼼한, 매서운, 자극적인
Ein **strenger** Geruch stieg ihr in die Nase.
그녀의 코 안으로 강한 냄새가 났다.

0669 bequem [bə'kveːm]
ㅤ유 angenehm, behaglich

형 편안한, 쾌적한, 간편한
Wenn es Ihnen **bequem** ist, hole ich Sie morgen früh um 6 Uhr ab.
괜찮다면 내일 오전 6 시에 픽업해 드리겠습니다.

0670 Luft [lʊft]
ㅤG f - ü-e

명 공기, 대기, 숨
Könnte ich fünf Minuten Pause machen? Ich brauche ein bisschen frische **Luft**.
5 분 동안 휴식을 취할 수 있을까요? 나는 신선한 공기가 필요합니다.

0671 ab·machen ['ap,maxn̩]
ㅤ유 lösen, ausmachen

동 제거하다, 떼어 내다, 합의하다, 타협하다, 끝내다
Dann **machen** wir einen Termin für nächstes Treffen **ab**.
그럼 다음에 만날 일정을 정합시다.

0672 Schmuck [ʃmʊk]
ㅤG m (e)s e

명 장식, 장식품, 장신구, 보석류
Auf der Party hat sie einen schönen **Schmuck** getragen.
그녀는 파티에서 아름다운 보석을 걸쳤습니다.

0673 direkt [di'ʁɛkt]
ㅤ유 durchgehend, geradewegs

형 똑바른, 곧은, 직행의, 직접의
부 똑바로, 직접, 곧장
Nach dem Feierabend solltest du **direkt** nach Hause gehen.
당신은 퇴근 후에 바로 집에 가야 합니다.

0674 erteilen [ɛɐ̯'taɪ̯lən]
ㅤ유 geben, zukommen lassen

동 나누어 주다, 승낙하다
Die Hauptaufgabe eines Lehrers ist es, Unterricht zu **erteilen**.
교사의 주요 임무는 수업을 제공하는 것입니다.

0675 individuell [ˌɪndividu'ɛl]
ㅤ유 persönlich, einzeln

형 개인의, 개체의, 개개의, 개성의, 개인 소유의
Unsere Firma betreut die Kunden **individuell**.
우리 회사는 고객을 개별적으로 돌봅니다.

0676 ab·spülen ['anʃpyːlən]
ㅤ유 abwaschen, reinigen

동 씻어 내다, 빨다, 헹구다
Leon **spülte** die Teller **ab** und stellte sie in den Geschirrspüler.
Leon 은 접시를 헹구고 식기 세척기에 넣습니다.

0677 lebhaft ['leːphaft]
ㅤ유 aktiv, munter

형 생동하는, 활달한, 명랑한, 선명한
Die Schüler beteiligten sich **lebhaft** am Deutschunterricht.
학생들은 적극적으로 독일어 수업에 참여했습니다.

0678 Umgang [ˈʊmˌɡaŋ]
Ⓖ *m (e)s ä-e*

몡 교제, 사귐, 교우, 다룸, 다루기, 회전, 순행, 돌아다님

Nach dem Vorfall meidet er den **Umgang** mit anderen Menschen.
그는 그 사건 이후로 다른 사람들과 관계를 피한다.

0679 Kindheit [ˈkɪnthaɪ̯t]
Ⓖ *f - x*

몡 유년 시절, 어린 시절, 아동기

Wir waren von **Kindheit** an ineinander verliebt.
우리는 어린 시절부터 서로 사랑에 빠졌습니다.

0680 Turm [tʊʁm]
Ⓖ *m (e)s ü-e*

몡 탑, 성탑, 종탑

Der schiefe **Turm** von Pisa ist das wohl bekannteste geneigte Gebäude der Welt.
피사의 사탑은 세계에서 가장 유명한 경사진 건물입니다.

0681 effizient [ɛfiˈt͡si̯ɛnt]
Ⓡ erfolgreich, förderlich

휑 능률적인, 효과적인, 유효한

Mit dieser **effizienten** Methode kann man schnell das Ziel erreichen.
이 효율적인 방법으로 목표에 빠르게 도달할 수 있습니다.

0682 leiden [ˈlaɪ̯dn̩]
Ⓡ sich quälen mit, geplagt sein von

됭 견디다, 참다, 해를 입다, 괴로워하다, 앓다

Er **litt** lange Zeit unter schlimmen Kopfschmerzen.
그는 오랫동안 두통이 심했습니다.

0683 sportlich [ˈʃpɔʁtlɪç]
Ⓡ athletisch, sportiv

휑 스포츠의, 운동의, 스포티한

Diese **sportliche** Kleidung ist bequem und sieht richtig stylisch aus.
이 스포티한 옷은 편안하고 정말 멋져 보입니다.

0684 gegenüber
[geːɡn̩ˈʔyːbɐ]
Ⓡ gegen, im Vergleich zu

젼 맞은 편에, 마주

Das Haus liegt **gegenüber** dem Garten.
그 집은 정원 맞은편에 있습니다.

0685 Betreuung [bəˈtʁɔɪ̯ʊŋ]
Ⓖ *f - en*

몡 돌봄, 보호, 담당

Er braucht richtige medizinische **Betreuung** in einem Krankenhaus.
그는 병원에서 적절한 치료가 필요합니다.

0686 Schwangerschaft
[ˈʃvaŋɐʃaft]
Ⓖ *f - en*

몡 임신, 수태

Während der **Schwangerschaft** sind Alkohol und Zigaretten verboten.
임신 중에는 술과 담배가 금지되어 있습니다.

0687 schon [ʃoːn]
Ⓡ bereits, nur

뷔 이미, 벌써, 미리, 다만, 단지, 꼭, 정말로

Du sprichst sehr gut Deutsch. Warst du **schon** mal in Deutschland?
당신은 독일어를 아주 잘합니다. 독일에 가 본 적이 있습니까?

0688 stündlich [ˈʃtʏntlɪç]
符 jede Stunde

형 매시의, 한 시간마다의

Die Informationen in diesen Berichten werden **stündlich** von Computern hochgeladen.
이 보고서의 정보는 컴퓨터에서 1 시간마다 업로드 된다.

0689 an·strengen [ˈanʃtʁɛŋən]
符 aufreiben, belasten

동 전력을 다하다, 열심히 하다

Strenge dich **an**, damit du den Abschluss des Studiums erfolgreich schaffst.
학업을 성공적으로 마치기 위해 노력하십시오.

0690 ein·fügen [ˈaɪnˌfyːɡn̩]
符 ergänzen, einsetzen

동 끼워 넣다, 삽입하다

Es ist wichtig, dass Sie in das Bewerbungsformular ein Foto von Ihnen **einfügen**.
지원서에 본인의 사진을 포함시키는 것이 중요합니다.

0691 Ozean [ˈoːtseaːn]
G m (e)s e

명 대양, 해양

Der Lavastrom auf der Nordflanke des Vulkans hat nun den **Ozean** erreicht.
화산 북쪽 측면의 용암은 이제 바다에 도달했습니다.

0692 schneiden [ˈʃnaɪdn̩]
符 schnitzen, abtrennen

동 자르다, 베다, 썰다, 교차하다

Der Friseur **schneidet** die Haare mit der Schere.
미용사는 가위로 머리카락을 자릅니다.

0693 Kanne [ˈkanə]
G f - n

명 주전자, 포트, 깡통

In der **Kanne** ist fast kein Kaffee mehr.
주전자에 커피가 거의 없습니다.

0694 ein·laden [ˈaɪnˌlaːdn̩]
符 bitten, freihalten

동 싣다, 짐을 싣다, 초대하다, 소집하다

Darf ich Sie zum Essen **einladen**?
당신을 식사에 초대할 수 있을까요?

0695 erfahren [ɛɐ̯ˈfaːʁən]
符 bemerken, erleben

동 경험하다, 알게 되다, 체험하다

Ich habe im Leben viel Gutes und Böses **erfahren**.
나는 인생에서 좋고 나쁜 많은 것들을 경험했습니다.

0696 romantisch [ʁoˈmantɪʃ]
符 empfindsam, gemütvoll

형 낭만주의의, 낭만파의, 공상적인, 신비스러운

Ich kam her in der Hoffnung, eine **romantische** Beziehung beginnen zu können.
나는 낭만적인 관계를 시작하기 위해 여기에 왔습니다.

0697 Haltung [ˈhaltʊŋ]
G f - en

명 태도, 주의, 자세, 몸가짐, 조화, 균형

Eine ruhige, selbstbewusste **Haltung** zeichnete sie aus.
그녀는 차분하고 자신감 있는 태도가 특징이었습니다.

0698 aus·probieren [ˈaʊsˌpʁoˈbiːʁən]
㊅ testen, überprüfen

동 시험하다, 검사하다, 시식하다, 맛보다
Vielleicht solltest du einmal eine neue Therapie **ausprobieren**.
당신은 아마도 새로운 치료법을 시도해야 할 것입니다.

0699 Übung [ˈyːbʊŋ]
ⓖ f - en

명 연습, 훈련, 실습
Übung macht den Meister.
연습은 대가를 만든다.

0700 Ankunft [ˈankʊnft]
ⓖ f - ü-e

명 도착, 탄생
Die **Ankunft** des Zuges verzögert sich um fünf Minuten.
열차 도착이 5 분 지연됩니다.

0701 Schritt [ʃʀɪt]
Ⓖ m (e)s e

뗑 걸음, 보, 보조

Nichts übereilen! Lerne **Schritt** für Schritt!
서두르지 마십시오! 서서히 단계별로 배우십시오!

0702 insofern [ɪnzoˈfɛʀn]
ㅈ falls, wenn

쩹 ~일 경우, ~인 한
뿐 그 점에서는, 거기까지는

Du wirst die Prüfung nur bestehen, **insofern** du ordentlich und
fleißig dafür lernst.
규칙적이고 성실하게 공부하는 경우에만 시험에 합격할 것이다.

0703 zerstören
[t͡sɛɐ̯ˈʃtøːʀən]
ㅈ auslöschen, ruinieren

뙁 파괴하다, 분쇄하다, 멸망시키다

Ein dummes Missverständnis **zerstörte** unsere lange Freundschaft.
어리석은 오해가 우리의 긴 우정을 파괴했습니다.

0704 um·steigen
[ˈʊmʃtaɪɡn̩]
ㅈ tauschen, auswechseln

뙁 갈아타다, 경유하다

Ich **steige** viermal **um**, wenn ich den Zug zur Arbeit nehme.
일하러 가기 위해 열차를 탈 때, 나는 열차를 네 번 갈아탑니다.

0705 flexibel [flɛˈksiːbl̩]
ㅈ elastisch, beweglich

뼝 유연한, 융통성 있는, 잘 휘어지는

Findest du, dass die meisten Deutschen nicht **flexibel** sind und
Veränderungen hassen?
대부분의 독일인들이 융통성이 없고 변화를 싫어한다고 생각합니까?

0706 rasieren [ʀaˈziːʀən]
ㅈ schaben, schneiden

뙁 면도하다, 면도기로 깎다

Während er seinen Vollbart **rasiert**, rasiert sie sich die Beine.
그가 수염을 깎는 동안, 그녀는 다리 털을 깎습니다.

0707 aus·essen [ˈaʊ̯sˌɛsn̩]
ㅈ aufessen, verzehren

뙁 다 먹다, 다 먹어 치우다, 먹어서 비우다

Hast du schon die Pizaa **ausgegessen**?
벌써 피자를 다 먹었습니까?

0708 Grenze [ˈɡʀɛnt͡sə]
Ⓖ f - n

뗑 경계, 국경, 한계, 한도, 변두리

Es gibt noch mehrere Möglichkeiten, die **Grenzen** zu erweitern.
한계를 넓히는 몇 가지 방법이 있습니다.

0709 renovieren
[ʁenoˈviːʁən]
ⓢ ausbessern, erneuern

ⓣ 보수하다, 개축하다

Ich muss diesen Winter dringend die Wohnung **renovieren**, weil sie offenbar einige Probleme aufweist.
집에 명확한 문제가 있기 때문에, 이번 겨울에 집을 긴급히 개조해야 합니다.

0710 Ofen [ˈoːfn̩]
Ⓖ m s Öfen

ⓜ 가마, 화덕, 스토브, 오븐

Ich habe einen neuen **Ofen** gekauft, um gutes Brot zu backen.
나는 맛있는 빵을 구울 새 오븐을 샀다.

0711 durcheinander
[dʊʁçaɪ̯ˈnandɐ]
ⓢ chaotisch, verwirrt

ⓕ 혼란, 혼잡, 뒤섞임, 무질서, 엉망

Entschuldige, ich bin nur ein wenig **durcheinander**. Kannst du das bitte langsam erklären?
죄송합니다. 조금 혼란스럽네요. 천천히 설명해 주시겠습니까?

0712 als ob [als ɔp]

ⓙ 마치 ~처럼

Er tut so, **als ob** er reich wäre.
그는 부자인 척합니다.

0713 abhängig [ˈaphɛŋɪç]
ⓢ bedingt, gebunden

ⓕ 의존하는, 종속된, 달려있는, 비탈진

Der Ausflug ist vom morgigen Wetter **abhängig**.
소풍은 내일 날씨에 달렸다.

0714 Heft [hɛft]
Ⓖ n (e)s e

ⓜ 공책, 노트, 메모장, 팜플렛, 권, 한 부

Nehmt die **Hefte** heraus! Jetzt schreiben wir ein Diktat.
공책을 꺼내십시오! 이제 우리는 받아쓰기를 할 것입니다.

0715 klicken [ˈklɪkn̩]

ⓣ 찰칵 소리가 나다, 마우스를 클릭하다

Zuerst **klickst** du auf das Symbol und ziehst es dann auf die Arbeitsfläche.
먼저 아이콘을 클릭한 다음 작업 영역으로 드래그 하십시오.

0716 spülen [ˈʃpyːlən]
ⓢ auswaschen, waschen

ⓣ 씻다, 헹구다, 세척하다

Jedes Mal, wenn du Geschirr **spülst**, zerbrichst du ein Teil. Bitte sei vorsichtig, alles klar?
당신이 설거지를 할 때마다 항상 그릇이 깨집니다. 조심하세요, 알겠어요?

0717 Soße [ˈzoːsə]
Ⓖ f - n

ⓜ 소스

Diese chinesische Nudel schmeckt auch gut mit der scharfen **Soße**.
이 중국 국수는 매운 소스와도 잘 어울립니다.

0718 Anlage [ˈanˌlaːgə]
Ⓖ f - n

ⓜ 시설, 기초, 설치, 건설, 구상, 설계, 소질, 체질, 재능, 부록

Sie können diese Datei als **Anlage** mit einer E-Mail verschicken.
당신은 이 파일을 이메일 첨부 파일로 보낼 수 있습니다.

0719 **Jugend** ['juːɡn̩t]
Ⓖ f - x

명 젊음, 청춘, 미성년, 청년, 청년기
Die **Jugend** hat einen anderen Musikgeschmack als die Alten.
청소년은 나이 든 사람들과 다른 음악 취향을 가지고 있습니다.

0720 **Linie** ['liːni̯ə]
Ⓖ f - n

명 선, 금, 노선, 적도
Seit 20 Minuten warte ich auf den Bus der **Linie** 5.
나는 20 분 동안 5 번 버스를 기다리고 있습니다.

0721 **produzieren**
[pʁoduˈt͡siːʁən]
Ⓨ erzeugen, herstellen

동 산출하다, 생산하다, 제조하다, 창조하다
Wir **produzieren** hier unseren eigenen Wein.
우리는 여기에서 우리 와인을 생산합니다.

0722 **Schmerz** [ʃmɛʁt͡s]
Ⓖ m es en

명 아픔, 고통, 고뇌, 상심
Kein **Schmerz**, kein Gewinn.
고통이 없으면 이득도 없습니다. (고생 끝에 낙이 온다.)

0723 **Korn** [kɔʁn]
Ⓖ n (e)s ö-er

명 씨, 종자, 낟알, 알갱이, 곡물
Im Herbst reift das **Korn** auf dem Feld.
가을에는 들판에서 곡물이 익는다.

0724 **Innenstadt** ['ɪnənʃtat]
Ⓖ f - ä-e

명 시내, 도심, 시의 중심지
Kannst du mich bitte mit deinem Auto in die **Innenstadt** fahren?
차를 타고 시내로 운전해 주실 수 있습니까?

0725 **Durchschnitt**
['dʊʁçʃnɪt]
Ⓖ m (e)s e

명 평균, 보통, 교차점, 윤곽
Der **Durchschnitt** der Jahrestemperatur ist die letzten Jahre
angestiegen.
최근 연평균 기온이 상승했습니다.

0726 **Schadstoff** ['ʃaːtʃtɔf]
Ⓖ m (e)s e

명 유해 물질
Trinkwasser ist regelmäßig auf **Schadstoffe** zu analysieren.
식수는 유해 물질에 대하여 정기적으로 분석되어야 합니다.

0727 **kaputt** [kaˈpʊt]
Ⓨ defekt, zerstört

형 고장난, 망가진, 지친
Ich habe ständig Angst, dass die Witze deiner Freunde unsere
Beziehung **kaputt** machen können.
나는 당신의 친구의 농담이 우리의 관계를 망칠 수 있다는 것에 항상 두려워합니다.

0728 **Nachricht** ['naːxˌʁɪçt]
Ⓖ f - en

명 소식, 정보, 뉴스, 보도
Die **Nachrichten** sind besonders wichtige Sendungen in Rundfunk
und Fernsehen.
뉴스는 특히 라디오와 텔레비전에서 중요한 방송입니다.

0729
geradeaus
[gəʁaˈdeˈʔaus]

㊌ direkt, unmittelbar

[부] 곧장, 똑바로, 직진해서, 솔직하게

Um zum Rathaus zu gelangen, musst du nur dreihundert Meter **geradeaus** gehen.
시청까지 가려면 300 미터만 앞으로 걸어가면 됩니다.

0730
haltbar [ˈhaltbaːɐ̯]

㊌ stabil, beständig

[형] 견고한, 튼튼한, 질긴, 안정된, 보관이 가능한, 유효한

Dieses Fleisch ist im Kühlschrank noch etwa vier Tage **haltbar**.
이 고기는 냉장고에서 약 4 일 동안 보존할 수 있습니다.

0731
an·ziehen [ˈanˌt͡siːən]

㊌ annehmen, kleiden

[동] 옷을 입다, 입히다, 끌다, 잡아당기다, 죄다, 다가오다, 흥미를 유발하다

Ich weiß nicht, was ich **anziehen** soll.
무엇을 입어야 할지 모르겠습니다.

0732
küssen [ˈkʏsn̩]

㊌ kosen, herzen

[동] 키스하다, 입맞추다

Der Soldat **küsste** seine Frau zum Abschied.
군인은 그의 아내에게 작별 키스를 했다.

0733
duzen [ˈduːt͡sn̩]

㊌ Du sagen, mit Du anreden

[동] 반말하다, 너라고 부르다

Seit wann **duzen** Schüler ihre Lehrer?
학생들은 언제부터 교사에게 반말을 했습니까?

0734
tatsächlich [ˈtaːtˌzɛçlɪç]

㊌ wirklich, unbestreitbar

[형] 실제의, 사실의, 확실한
[부] 실제로, 진실로, 확실히

Wir alle wissen, dass das Kaninchen **tatsächlich** Schnelligkeit symbolisiert.
우리는 토끼가 속도를 상징한다는 것을 알고 있습니다.

0735
kühl [kyːl]

㊌ frisch, kalt

[형] 시원한, 서늘한, 썰렁한, 찬, 냉정한

Dieser Schinken soll **kühl** gelagert werden, aber nicht im Kühlschrank.
이 햄은 시원하게 보관해야 하지만, 냉장고에는 보관하지 마십시오.

0736
nebenan [neːbn̩ˈʔan]

㊌ anliegend, daneben

[부] 나란히, 인접하여, 옆에, 곁에

Ich wohne **nebenan** bei meinen Eltern.
나는 부모님과 함께 옆집에 산다.

0737
vermieten [fɛɐ̯ˈmiːtn̩]

㊌ verchartern, verpachten

[동] 세놓다, 임대하다

Haben Sie schon das Zimmer im zweiten Stock an einen Studenten **vermietet**?
2 층에 있는 방을 이미 학생에게 임대했습니까?

0738
Konkurrenz [ˌkɔnkʊˈʁɛnt͡s]

Ⓖ f - en

[명] 경쟁, 경합, 시합, 경기, 경쟁자

Samsung und LG stehen miteinander in **Konkurrenz**.
삼성과 LG는 서로 경쟁합니다.

0739 **befestigen**
[bəˈfɛstɪɡn̩]
㋴ festigen, festmachen

⑧ 고정하다, 부착시키다, 강화하다
Daniel **befestigte** das Bild mit einem Nagel an der Wand.
Daniel 은 그림을 못으로 벽에 고정하였습니다.

0740 **Zugang** [ˈʦuːɡaŋ]
Ⓖ *m* *(e)s* *ä-e*

⑲ 진입, 접근, 출입, 입구, 통로, 복도, 증가
Die Polizei kontrollierte gestern alle **Zugänge** zum Stadtpark.
경찰은 어제 공원의 모든 출입구를 확인했습니다.

0741 **Fähre** [ˈfɛːʁə]
Ⓖ *f* *-* *n*

⑲ 나룻배, 선
Ich wollte mit der **Fähre** von Venedig nach Zadar fahren.
나는 베니스에서 자다르까지 페리를 타고 가고 싶었다.

0742 **Kissen** [ˈkɪsn̩]
Ⓖ *n* *s* *-*

⑲ 방석, 쿠션, 베게, 침구
Ein gutes Gewissen ist ein sanftes **Ruhekissen**.
양심이 바르면 잠자리도 편하다.

0743 **programmieren**
[pʁoɡʁaˈmiːʁən]
㋴ entwickeln, coden

⑧ 프로그램을 짜다, 프로그래밍하다, 기획하다
Mit 10 Jahren hat er sein erstes Computerspiel **programmiert**.
그는 10 살에 첫 번째 컴퓨터 게임을 프로그래밍했다.

0744 **vertreten** [fɛɐ̯ˈtʁeːtn̩]
㋴ repräsentieren, verteidigen

⑧ 대리하다, 대표하다, 지지하다, 주장하다
Herr Lukas **vertrat** unsere Firma in der Konferenz.
Lukas 는 회의에서 회사를 대표했습니다.

0745 **auf·regen** [ˈaʊ̯fˌʁeːɡn̩]
㋴ aufreizen, aufwühlen

⑧ 흥분시키다, 자극하다, 북돋우다
Was auch immer Marie macht, **regt** Tim niemals **auf**.
Marie 가 무엇을 하든 Tim 은 결코 화를 내지 않습니다.

0746 **Zigarette** [ʦigaˈʁɛtə]
Ⓖ *f* *-* *n*

⑲ 담배
Nach dem Essen rauche ich immer gerne eine **Zigarette**.
나는 항상 식사 후에 담배를 피우는 것을 좋아합니다.

0747 **Spaziergang**
[ʃpaˈʦiːɐ̯ˌɡaŋ]
Ⓖ *m* *(e)s* *ä-e*

⑲ 산책
Viele Menschen machen am Sonntag einen **Spaziergang** mit ihrer
Familie.
많은 사람들이 일요일에 가족과 함께 산책하러 갑니다.

0748 **nie** [niː]
㋴ niemals, ausgeschlossen

㋵ 결코 ~아니다, ~한 적이 없다
Ich werde **nie** mit ihr ins Kino gehen.
나는 그녀와 함께 영화관에 가지 않을 것이다.

0749 **ärztlich** [ˈɛːɐ̯ʦtlɪç]
㋴ medizinisch

㋶ 의사의, 의술의
Meine Oma braucht ständige **ärztliche** Betreuung.
할머니는 지속적인 치료가 필요합니다.

0750 **Zusatzstoff**
['ʦuːzatsʃtɔf]
Ⓖ m (e)s e

명 첨가물
Die Kennzeichnungspflicht wurde für Produkte mit diesem **Zusatzstoff** angeblich gestrafft.
이 첨가물이 포함된 제품의 라벨링 요구 사항이 강화되었습니다.

0751 **konsumieren**
[kɔnzuˈmiːʁən]
田 verbrauchen, verzehren

동 소비하다, 소모하다
Ich denke, dass ich mehr als zwei Liter Wasser täglich **konsumiere**.
나는 하루에 2 리터 이상의 물을 먹는다고 생각합니다.

0752 **eindeutig** ['aɪnˌdɔɪtɪç]
田 deutlich, genau

형 명백한, 틀림없는, 단호한
Wenn sie jetzt mit einem anderen Unternehmen arbeiten, ist das **eindeutig** ein Vertragsbruch.
지금 다른 회사와 일하고 있다면 분명히 계약 위반입니다.

0753 **regional** [ʁegi̯oˈnaːl]
田 lokal, räumlich

형 지방의, 지역에 따라, 국부의
Wenn man ein Restaurant eröffnet, muss man noch **regionale** Faktoren berücksichtigen.
식당을 열 때는 지역적 요인을 고려해야 합니다.

0754 **Reaktion**
[ʁeakˈʦi̯oːn]
Ⓖ f - en

명 반응, 반작용, 반동, 대응
Die **Reaktion** zwischen Magnesium und Kohlenstoffdioxid ist spannend.
마그네슘과 이산화탄소의 반응은 흥미롭습니다.

0755 **sowohl ~ als auch**
[zoˈvoːl ~ als ʔaʊx]
田 wie, nicht nur ~ sondern auch

접 뿐만 아니라 ~도
Sowohl meine Mutter **als auch** mein Vater kommen aus Südkorea.
어머니와 아버지는 모두 한국 출신입니다.

0756 **qualifizieren**
[kvalifiˈʦiːʁən]
田 befähigen, klassifizieren

동 자격을 부여하다, 규정하다
Das Buch **qualifiziert** sich nicht für den Amazon Vertrieb.
이 책은 아마존에 판매 자격이 안 됩니다.

0757 **Minderheit**
['mɪndɐhaɪt]
Ⓖ f - en

명 소수, 열등, 소수 민족
Nur eine **Minderheit** der Wikinger ist gewalttätig.
바이킹 중 소수만이 폭력적입니다.

0758 **probieren**
[pʁoˈbiːʁən]
田 versuchen, prüfen

동 시험하다, 검사하다, 시식하다, 옷을 입어보다, 시연하다
Sie können gerne ein Stück von diesem Käse **probieren**.
이 치즈 한 조각을 맛보실 수 있습니다.

0759 **verlegen** [fɛɐ̯ˈleːgn̩]
田 abordnen, veröffentlichen

동 옮기다, 이전하다, 놓고 잊어버리다, 연기하다, 설치하다, 차단하다, 출판하다
Jetzt habe ich den Schlüssel schon wieder **verlegt**!
열쇠를 또 잊어버렸다!

0760 Vergangenheit
[ˌfɛɐ̯ˈɡaŋənhaɪ̯t]
Ⓖ f - en

⃞명 과거, 옛날

Erinnern sie sich, dass wir in der **Vergangenheit** immer eine gute
Beziehung zueinander hatten?
우리가 과거에는 항상 좋은 관계를 유지했다는 것을 기억하십니까?

0761 Wartung [ˈvaʁtʊŋ]
Ⓖ f - en

⃞명 보호, 시중, 보살핌, 간호, 감독, 정비

Die **Wartung** der Systeme erforderte einen beträchtlichen Zeit- und
Kostenaufwand.
시스템을 유지 관리하는데 상당한 시간과 비용이 소요되었습니다.

0762 Rind [ʁɪnt]
Ⓖ n (e)s er

⃞명 소, 소고기

Ich hätte gern einen Teller Glasnudeln mit Gemüse und gebratenem
Rind.
야채와 구운 소고기가 들어간 국수 한 접시를 원합니다.

0763 Rolle [ˈʁɔlə]
Ⓖ f - n

⃞명 감긴 것, 두루마리, 롤러, 코일, 굴림대, 배역, 역할

Zukünftig wird diese Methode sicherlich eine wichtige **Rolle** spielen.
이 방법은 앞으로 중요한 역할을 할 것입니다.

0764 an·melden
[ˈanˌmɛldn̩]
⃞ ankündigen, eintragen

⃞동 신청하다, 등록하다, 건의하다, 예약하다, 알리다

Herr Schneider **meldet** seinen neuen Wohnsitz bei der Gemeinde
an.
Schneider 씨는 새로운 거주지를 커뮤니티에 등록합니다.

0765 Gewerkschaft
[ɡəˈvɛʁkʃaft]
Ⓖ f - en

⃞명 노동조합, 노조

Warum die **Gewerkschaften** streiken, weiß ich nicht.
나는 노조가 왜 파업을 했는지 모르겠습니다.

0766 retten [ˈʁɛtn̩]
⃞ befreien, bergen

⃞동 구하다, 구조하다, 보호하다, 보존하다

Dieser große Junge **rettete** das ertrinkende Kind.
이 대단한 소년은 물에 빠진 아이를 구했습니다.

0767 Frisur [fʁiˈzuːɐ̯]
Ⓖ f - en

⃞명 헤어 스타일, 머리 모양, 이발

Wie findest du meine neue **Frisur**?
내 새로운 헤어 스타일에 대해 어떻게 생각하세요?

0768 süß [zyːs]
⃞ zuckerig, lieblich

⃞형 단, 맛있는, 달콤한, 귀여운

Arbeit macht das Leben **süß**.
일은 인생을 달콤하게 만듭니다.

0769 toll [tɔl]
⃞ extrem, enorm

⃞형 멋진, 자유분방한, 터무니없는, 미친

Es ist so **toll**, dass du in diesem Semester dein Studium abschließt.
이번 학기에는 학업을 마치는 것이 좋습니다.

0770 Mittel ['mɪtl̩]

G *n* *s* -

명 수단, 방법, 방책, 방식, 도구, 자본, 재산, 약품, 평균, 중간

Mir fehlen die **Mittel**, um in den Urlaub zu fahren.
나는 휴가를 갈 돈이 없다.

0771 Versammlung
[fɛɐ̯'zamlʊŋ]

G *f* - en

명 모임, 집합, 회의, 회합

Bei der gestrigen **Versammlung** waren viele anwesend.
많은 사람들이 어제 집회에 참석했습니다.

0772 zwischen ['ʦvɪʃn̩]

유 bei, in der Mitte von

전 중간에, 사이에, 사이로

Was sind die Unterschiede **zwischen** Mann und Frau?
남자와 여자의 차이점은 무엇입니까?

0773 Datenschutz
['da:tn̩ʃʊʦ]

G *m* es x

명 자료 보호, 개인 신상 자료 비밀 보장

Datenschutz und Informationssicherheit sind Bestandteil unserer Unternehmenspolitik.
데이터 보호 및 정보 보안은 회사 정책의 일부입니다.

0774 Kleidung ['klaɪ̯dʊŋ]

G *f* - en

명 옷, 의상, 복장

Die neue weiße **Kleidung** ist gleich schmutzig geworden.
새 하얀 옷이 더러워졌습니다.

0775 Zweifel ['ʦvaɪ̯fl̩]

G *m* *s* -

명 의심, 의혹, 의문, 회의, 주저

Sie war ohne **Zweifel** eine der besten Menschen.
그녀는 의심할 바 없이 최고의 사람들 중 하나였습니다.

0776 schließlich ['ʃli:slɪç]

유 endlich, letztlich

부 결국, 드디어, 마침내

Schließlich ist das schwierige Problem überwunden worden.
마침내 어려운 문제가 극복되었습니다.

0777 Kanal [ka'na:l]

G *m* (e)s ä-e

명 운하, 수로, 하수구, 배수로, 관, 해협, 채널, 주파수

Viele Orte sind für Schiffe über einen **Kanal** erreichbar.
선박으로 운하를 통해 많은 곳에서 도달할 수 있습니다.

0778 Heimat ['haɪ̯ma:t]

G *f* - en

명 고향, 고국, 본국

Nach zwanzig Jahren kehrte er in seine alte **Heimat** zurück.
20 년 후 그는 그의 오랜 고향으로 돌아왔습니다.

0779 fremd [fʁɛmt]

유 exotisch, ungewöhnlich

형 외래의, 외국의, 낯선, 남의

Fremde Länder, fremde Sitten!
지역이 다르면, 풍속도 다르다! (로마에 가면 로마법을 따르라.)

0780 Angehörige
['aŋgəˌhøːʁɪgə]
Ⓖ m/f n n

명 친척, 일족, 구성원

Sie hatte nur wenige **Angehörige**, aber alle erschienen auf dem Begräbnis.
그녀는 친척이 적었지만 모두 장례식에 나타났습니다.

0781 Matratze [maˈtʁatsə]
Ⓖ f - n

명 매트리스, 요

Bei den meisten Hotelbetten sind die **Matratzen** sehr weich und bequem.
대부분의 호텔 침대에는 매우 부드럽고 편안한 매트리스가 있습니다.

0782 verwerten
[fɛɐ̯ˈveːɐ̯tn̩]
㊌ verarbeiten, verwenden

동 이용하다, 사용하다, 활용하다

Selbst die Reste können noch **verwertet** werden.
나머지도 여전히 사용될 수 있습니다.

0783 Verzeihung
[fɛɐ̯ˈtsaɪ̯ʊŋ]
Ⓖ f - x

명 용서, 면죄

Ich sehe meinen Fehler ein und bitte dich vielmals um **Verzeihung**!
내 실수를 알겠습니다. 그리고 당신에게 용서를 빕니다.

0784 vertrauen
[fɛɐ̯ˈtʁaʊ̯ən]
㊌ auf etwas/jemanden verlassen, glauben

동 신용하다, 믿다, 의지하다

Von Anfang an **vertraute** ich ihm nicht.
나는 처음부터 그를 믿지 않았다.

0785 schmutzig [ˈʃmʊtsɪç]
㊌ fleckig, unreinlich

형 더러운, 불결한, 추잡한, 누추한

Das Fenster ist sehr **schmutzig**, weshalb man kaum noch durchschauen kann.
창문이 매우 더럽기 때문에 창문을 통해 거의 볼 수 없습니다.

0786 schenken [ˈʃɛŋkn̩]
㊌ bescheren, geben

동 선물하다, 증정하다, 주다, 붓다, 따르다

Sie **schenkte** ihrem Sohn zum Geburtstag ein Smartphone.
그녀는 아들에게 생일을 위해 스마트 폰을 선물하였습니다.

0787 allerdings [ˈalɐdɪŋs]
㊌ bestimmt, immerhin

부 물론, 틀림없이, 그러나

Das mache ich gern, **allerdings** möchte ich eine Bedingung stellen.
나는 그것을 기꺼이 하고 싶지만 한가지 조건이 있습니다.

0788 ab·holen [ˈapˌhoːlən]
㊌ mitnehmen, abführen

동 수령하다, 가져오다, 마중 나가다

Jetzt habe ich keine Zeit, um das Paket von der Post **abzuholen**.
나는 지금 우체국에서 소포를 가지러 갈 시간이 없습니다.

0789 fröhlich [ˈfʁøːlɪç]
㊌ froh, glücklich

형 즐거운, 기쁜, 쾌활한, 유쾌한, 기분 좋은

Es ist mir egal, ob du **fröhlich** oder traurig bist.
나는 네가 행복하든 슬프든 상관없어.

0790 Stock [ʃtɔk]
G *m (e)s ö-e*

図 막대기, 지팡이, 줄기, 그루터기, 층
Das Büro befindet sich im dritten **Stock**.
사무실은 3 층에 있습니다.

0791 Warenkorb
['vaːʁənˌkɔʁp]
G *m (e)s ö-e*

図 시장 바구니, 장바구니
Erhaltene Gutscheine können im **Warenkorb** verbucht werden.
수령한 상품권은 장바구니에서 예약할 수 있습니다.

0792 klettern ['klɛtɐn]
圏 aufsteigen, klimmen

동 기어오르다, 올라가다, 등반하다
Die Katze **klettert** plötzlich auf den Baum.
고양이가 갑자기 나무 위로 올라갑니다.

0793 an·schauen
['anˌʃaʊən]
圏 anblicken, anstarren

동 바라보다, 응시하다, 관조하다
Wollen wir uns heute den Film The Avengers **anschauen** gehen?
오늘 어벤져스 영화 보러 갈까요?

0794 wild [vɪlt]
圏 natürlich, heftig

형 자연 그대로의, 야생의, 미개한, 거친, 사나운, 난폭한, 거침없는
Als ich Kind war, hatte ich Angst vor **wild** lebenden Tieren.
내가 어렸을 때, 나는 야생 동물을 두려워했습니다.

0795 Tablette [taˈblɛtə]
G *f - n*

図 알약, 정제
Du musst diese **Tablette** dreimal täglich einnehmen.
이 알약은 하루에 세 번 복용해야 합니다.

0796 zahlen ['t͡saːlən]
圏 abführen, ausgeben

동 지급하다, 돈을 내다, 치르다, 갚다
Ich **zahle** dir das restliche Geld.
나는 나머지 돈은 너에게 지불할 것이다.

0797 vermeiden
[fɛɐ̯ˈmaɪ̯dn̩]
圏 ausweichen, entgehen

동 피하다, 면하다, 예방하다, 기피하다
Sie sollten Alkohol **vermeiden**, während Sie dieses Arzneimittel einnehmen.
이 약을 복용하는 동안 술을 피해야 합니다.

0798 ab·schicken ['apˌʃɪkn̩]
圏 absenden, aufgeben

동 보내다, 발송하다, 파견하다
Sobald ich das erledige, werde ich die E-Mail **abschicken**.
내가 마치는 대로 이메일을 보내겠습니다.

0799 andauernd
['anˌdaʊ̯ɐnt]
圏 anhaltend, beharrlich

형 지속적인, 장기적인, 계속적인
Warum bist du **andauernd** vor dem Fernseher? Lass uns lieber am Strand spazieren gehen.
왜 끊임없이 TV 를 보고 있습니까? 차라리 해변에 산책하러 갑시다.

0800 entstehen [ɛntˈʃteːən]
圏 anfallen, aufkommen

동 생기다, 일어나다, 발생하다, 생성하다
Vor Millionen von Jahren **entstand** auf der Erde Leben.
수백만 년 전에 생명이 지구에서 생겨났습니다.

0801 zart [t͡saːɐ̯t]
冊 empfindlich, sanft

형 연한, 부드러운, 다정한, 상냥한, 연약한, 고요한, 은근한, 민감한

Der Fisch ist so **zart**, dass er auf der Zunge zergeht.
그 생선은 아주 부드럽고 혀에 녹습니다.

0802 Gymnastik
[ˌɡʏmˈnastɪk]

Ⓖ f - x

명 체조, 체육

Ausgewogene Ernährung und etwas **Gymnastik** ist das Beste für den Körper.
균형 잡힌 식단과 운동은 몸에 가장 좋습니다.

0803 komplett [kɔmˈplɛt]
冊 total, umfassend

형 완전한, 완벽한, 전부의

Bist du jetzt **komplett** durchgedreht?
너 지금 완전 미쳤니?

0804 wiegen [ˈviːɡn̩]
冊 abmessen, gelten

동 ~의 무게를 재다, 저울질하다, 무게가 ~이다

Ein Liter Wasser **wiegt** ein Kilogramm.
물 1 리터의 무게는 1 킬로그램입니다.

0805 locker [ˈlɔkɐ]
冊 entspannt, durchlässig

형 느슨한, 헐거운, 풀어진, 이완된, 구멍이 있는, 방종한

Wir treffen uns bei **lockerer** Atmosphäre und sprechen über unsere Erfahrungen.
우리는 편안한 분위기에서 우리의 경험에 대해 이야기합니다.

0806 Narkose [naʁˈkoːzə]
Ⓖ f - n

명 마취

Diese Halluzination ist ein wenig wie das Aufwachen aus einer **Narkose**.
이 환각은 마치 마취에서 깨어난 것과 같습니다.

0807 Gegend [ˈɡeːɡn̩t]
Ⓖ f - en

명 지역, 지방, 주변, 부근

Nach dem Autounfall habe ich Schmerzen in der **Gegend** des Herzens.
교통 사고 후 심장 부위에 통증이 있습니다.

0808 zufällig [ˈt͡suːfɛlɪç]
冊 ungeplant, absichtslos

형 우연한, 뜻밖의, 우발적인, 고의가 아닌

Zufällig habe ich gestern einen alten Freund in der Bank getroffen.
어제 은행에서 우연히 오랜 친구를 만났습니다.

0809 verkaufen [fɛɐ̯ˈkaʊ̯fn̩]
abgeben, vertreiben

동 팔다, 매각하다
Sie wollte die Waren nach Gewicht **verkaufen**.
그녀는 그 물품들을 무게로 팔고 싶었습니다.

0810 plötzlich [ˈplœtslɪç]
überraschend,
unerwartet

형 돌연한, 갑작스러운
Plötzlich kam ein alter Mann in den Laden und stahl zahlreichen Schmuck.
갑자기 노인이 가게에 들어와 수많은 보석을 훔쳤습니다.

0811 schriftlich [ˈʃʁɪftlɪç]
brieflich,
schwarz auf weiß

형 글자의, 문서의, 서면의
Die DSH-Prüfung hat zwei Teile. Wenn du die **schriftliche** Prüfung bestehst, kannst du die mündliche Prüfung ablegen.
DSH 시험은 두 부분으로 구성됩니다. 필기 시험에 합격하면 구술 시험에 응시할 수 있습니다.

0812 weg·schmeißen [ˈvɛkʃmaɪ̯sn̩]
beseitigen, ablegen

동 내다 버리다, 팽개치다
Ich möchte dieses Plastikteil **wegschmeißen**.
이 플라스틱 부분을 버리고 싶습니다.

0813 widerrufen [ˌviːdɐˈʁuːfən]
abrücken, dementieren

동 취소하다, 철회하다, 무효 선언하다
Unsere Zustimmung können wir jederzeit **widerrufen**.
언제든지 승인을 철회할 수 있습니다.

0814 herzlich [ˈhɛɐ̯tslɪç]
liebevoll, ehrlich

형 진심의, 충심의, 성실한, 인정이 많은, 자애로운
Ich wünsche dir **herzliche** Glückwünsche zum Geburtstag.
생일 축하합니다.

0815 neulich [ˈnɔɪ̯lɪç]
kürzlich, letztens

부 최근에, 요즈음, 일전에
Neulich traf ich doch mal wieder Paul im Kino!
최근에 나는 영화관에서 Paul 을 또 만났다!

0816 stornieren [ʃtɔʁˈniːʁən]
absagen, annullieren

동 취소하다, 해약하다
Wie kann ich meine Online Bestellung **stornieren**?
온라인 주문을 어떻게 취소할 수 있습니까?

0817 sich schminken [ˈʃmɪŋkn̩]
Make-Up auflegen,
zurechtmachen

동 화장하다, 꾸미다, 분장하다
Normalerweise **schminken** Männer **sich** nicht so häufig wie Frauen.
일반적으로 남성은 여성만큼 자주 화장을 하지 않습니다.

0818 Haut [haʊ̯t]
f   - ä-e

명 피부, 살갗, 표피, 가죽, 껍질, 오피
Komm, lass uns nach drinnen gehen! Ich will meine helle **Haut** nicht verbrennen.
어서 들어갑시다! 나는 나의 하얀 피부를 태우고 싶지 않습니다.

0819 raten [ˈʁaːtən]
㊌ empfehlen, ermuntern

동 추측하다, 충고하다, 권하다
Ich **rate** dir dazu, die Chance zu ergreifen.
나는 너에게 그 기회를 잡으라고 충고한다.

0820 Blut [bluːt]
Ⓖ n (e)s e

명 피, 혈액, 혈통, 핏줄
Manche Leute werden schwach, wenn sie **Blut** spenden.
어떤 사람들은 헌혈을 하면 허약해진다.

0821 nähren [ˈnɛːʁən]
㊌ essen, füttern

동 영양이 풍부하다, 영양을 공급하다, 음식을 주다, 부양하다
Du solltest darauf achten, deinen Körper mit genügend Vitaminen zu **nähren**.
충분한 비타민을 섭취하여 몸에 영양을 공급하는 것을 신경 쓰세요.

0822 Förster [ˈfœʁstɐ]
Ⓖ m s -

명 산림관, 산지기
Der **Förster** achtet auf den Bestand der Bäume im Wald.
그 산지기는 숲의 나무들에 주의를 기울입니다.

0823 variieren [vaʁiˈiːʁən]
㊌ abwandeln, ändern

동 변화시키다, 바꾸다, 변화하다, 바뀌다
Diese Schulungen können je nach Anforderung inhaltlich **variieren**.
이 교육 과정은 요구 사항에 따라 내용이 달라질 수 있습니다.

0824 massiv [maˈsiːf]
㊌ dicht, heftig

형 무거운, 견고한, 견실한, 육중한, 강력한, 거친, 거대한
An der Tankstelle waren in den letzten Jahren **massive** Preissteigerungen hinzunehmen.
최근 몇 년 동안 주유소에서 엄청난 가격 인상이 있었습니다.

0825 Experte [ɛksˈpɛʁtə]
Ⓖ m n n

명 전문가, 정통한 사람
Frau Sara weiß einfach alles über Computer. Sie ist ein absoluter **Experte** in dem Fach.
Sara 씨는 컴퓨터에 관해 모든 것을 알고 있습니다. 그녀는 이 분야의 정통한 전문가입니다.

0826 bestätigen [bəˈʃtɛːtɪɡn̩]
㊌ anerkennen, bescheinigen

동 승인하다, 재가하다, 확인하다, 입증하다
Hiermit **bestätigen** wir den Eingang Ihres Schreibens vom 06.02.2019.
우리는 당신의 2019년 2월 6일자 서신의 수령을 인증합니다.

0827 beachten [bəˈʔaxtn̩]
㊌ aufpassen, bedenken

동 준수하다, 지키다, 유의하다, 명심하다, 관찰하다
Vieles ist möglich, wenn man keine Regeln **beachten** muss.
규칙을 따를 필요가 없다면 많은 것이 가능합니다.

0828 erzählen [ɛɐ̯ˈt͡sɛːlən]
㊌ informieren, berichten

동 이야기하다, 말하다, 서술하다, 묘사하다
Erzähl mir doch mal, was heute alles geschehen ist.
오늘 무슨 일이 있었는지 말해봐.

0829 Tasse ['tasə]
ⓖ *f* - *n*

명 잔, 찻잔, 컵, 커피 잔
Ich hätte zuerst gern eine **Tasse** Tee.
먼저 차 한잔하고 싶습니다.

0830 Notaufnahme ['noːtʔaʊ̯fˌnaːmə]
ⓖ *f* - *n*

명 긴급 수용, 응급 환자 수용, 응급실
Nach ihrem Autounfall wurde sie mit dem Krankenwagen in die **Notaufnahme** gebracht.
그녀는 교통 사고 후 구급차로 응급실에 이송되었습니다.

0831 Nahrungsmittel ['naːʁʊŋsˌmɪtl̩]
ⓖ *n* *s* -

명 식품, 식료품, 식량, 양식
Wir stellen fermentierte und getrocknete **Nahrungsmittel** auf Fleischbasis her.
우리는 발효 및 건조 육류 식품을 생산합니다.

0832 früh [fʁyː]
ⓤ vorzeitig, frühzeitig

형 이른, 초기의, 조기의, 조숙한
부 아침에, 이른
Der **frühe** Vogel fängt den Wurm.
일찍 일어나는 새가 벌레를 잡습니다.

0833 vor·schreiben ['foːɐ̯ˌʃʁaɪ̯bn̩]
ⓤ verfügen, festlegen

동 지시하다, 명하다, 규정하다, 앞에 쓰다, 쓰는 법을 가르치다
Mein Chef **schreibt** mir **vor**, bis wann die Aufgaben fertig sein sollen.
사장이 언제까지 작업을 완료해야 하는지 지시합니다.

0834 bloß [bloːs]
ⓤ schlicht, unbedeckt

부 단지, 다만, 오직, 대체, 도대체, 제발
형 벌거벗은, 나체의, 순수한, 순전한
Das ist **bloß** mein Hobby.
그냥 그것은 내 취미야.

0835 wer [veːɐ̯]

대 누구, 누군가, 어느 사람
Weißt du, **wer** der Mann dort ist?
저기에 있는 남자가 누구인지 아십니까?

0836 Rücken ['ʁʏkn̩]
ⓖ *m* *s* -

명 등, 등심, 후미, 배후
Ich muss morgen zum Arzt gehen, weil ich einen heftigen Schmerz im **Rücken** habe.
등에 심각한 통증이 있기 때문에 나는 내일 의사에게 가야 한다.

0837 spitz [ʃpɪts]
ⓤ scharf, eckig

형 뾰족한, 날카로운, 예리한, 찌르는, 매서운
Das Messer ist sehr **spitz**.
그 칼이 매우 날카롭다.

0838 Staub [ʃtaʊ̯p]
ⓖ *m* (e)s *ä-e*

명 먼지, 티끌, 가루, 분말, 분지, 꽃가루
Das alte Buch war mit **Staub** bedeckt.
그 오래된 책은 먼지로 덮여 있었습니다.

0839 technisch [ˈtɛçnɪʃ]

형 기술적인, 공학의, 공업의, 기능상의, 전문적인

Aufgrund einer **technischen** Störung am Zug verzögert sich die Weiterfahrt um ca. 10 Minuten.
열차의 기술적인 결함으로 인해 진행이 10 분 정도 지연됩니다.

0840 begrenzt [bəˈgʁɛnt͡st]
유 bedingt, beschränkt

형 경계가 정해진, 한계가 있는, 제한된, 한정된

Die Politik in Deutschland hatte bisher nur sehr **begrenzte** Auswirkungen.
지금까지 독일의 정치는 그 효과가 매우 제한적이었습니다.

0841 stürzen [ˈʃtʏʁt͡sn̩]
유 zu Fall kommen, absetzen

동 추락하다, 전복하다, 붕괴하다, 돌진하다, 추락시키다, 전복시키다

Es ist kalt draußen. Hast du gehört, dass die Temperatur plötzlich um über 10 Grad **stürzte**?
밖은 추워요. 온도가 갑자기 10도 이상 떨어졌다는 이야기를 들었습니까?

0842 Anfrage [ˈanˌfʁaːgə]
Ⓖ f - n

명 문의, 조회, 질의

Bitte beantworten Sie meine **Anfrage** so schnell wie möglich!
가능한 빨리 내 문의에 응답하십시오!

0843 Zukunft [ˈt͡suːˌkʊnft]
Ⓖ f - ü-e

명 미래, 장래, 전도, 앞길

In der nahen **Zukunft** könnte es in Japan zu einem großen Erdbeben kommen.
가까운 장래에 일본에서 큰 지진이 발생할 수도 있습니다.

0844 umarmen [ʊmˈʔaʁmən]
유 umfassen, umgreifen

동 포옹하다, 얼싸안다, 껴안다, 품다

Komm her, lass dich **umarmen**.
이리와, 한번 안아보자.

0845 Sehenswürdigkeit [ˈzeːənsˌvʏʁdɪçkaɪt]
Ⓖ f - en

명 구경거리, 명소, 가관

Ein Besuch in unserer Stadt Wiesbaden lohnt sich. Viele verschiedene **Sehenswürdigkeiten** erwarten Sie.
우리 도시 Wiesbaden 방문은 가치가 있습니다. 많은 구경거리가 당신을 기다립니다.

0846 Person [pɛʁˈzoːn]
Ⓖ f - en

명 사람, 인간, 개인, 신분, 몸

Es hängt von der **Person** ab.
그것은 사람에 따라 다릅니다.

0847 Schauspieler [ˈʃaʊˌʃpiːlɐ]
Ⓖ m s -

명 배우

Der berühmte **Schauspieler** betritt die Bühne.
유명한 배우가 무대에 오른다.

0848 Eigentum [ˈaɪgn̩tuːm]
Ⓖ n (e)s e

명 소유권, 소유물, 재산, 소유지

Das geistige **Eigentum** ist zu achten.
지적 재산은 존중 되어야 합니다.

0849 auf·teilen [ˈaʊ̯fˌtaɪ̯lən]
ⓢ spalten, gliedern

동 나누다, 분할하다, 분배하다
Du musst den Kuchen in gleich große Stücke **aufteilen**.
당신은 그 케이크를 같은 크기의 조각으로 잘라야 합니다.

0850 Eiweiß [ˈaɪ̯vaɪ̯s]
Ⓖ n   es   e

명 단백질, 흰자위
Beim Muskelaufbau benötigt man viel **Eiweiß**.
근육을 만들기 위해서는 많은 단백질이 필요합니다.

0851 Überstunde [ˈyːbɐˌʃtʊndə]
Ⓖ f   -   n

명 초과 근무, 시간외 근무
Viele Angestellte dieser Firma haben regelmäßig **Überstunden** zu leisten.
이 회사의 많은 직원들은 정기적으로 초과 근무를 해야 합니다.

0852 ökologisch [økoˈloːgɪʃ]

형 생태학적인, 생태계적인
Wir dürfen nicht das **ökologische** Gleichgewicht stören.
우리는 생태계의 균형을 방해해서는 안됩니다.

0853 Ablage [ˈapˌlaːgə]
Ⓖ f   -   n

명 저장소, 창고, 수납소, 보관소, 서류 정리, 산란
Jedes Dokument und jeder Ordner muss in einer **Ablage** platziert werden.
모든 문서와 폴더는 보관소에 배치해야 합니다.

0854 Pronomen [pʁoˈnoːmən]
Ⓖ n   s   -/-mina

명 대명사
"Sie" in "Sie ist schön" ist ein **Pronomen**.
"그녀는 아름답다"의 "그녀"는 대명사입니다.

0855 tanken [ˈtaŋkn̩]
ⓢ auffüllen, vollmachen

동 연료를 공급하다, 기름을 넣다, 급유하다
Bei laufendem Motor darf man nicht **tanken**.
엔진이 작동 중일 때 주유하면 안됩니다.

0856 Regierung [ʁeˈgiːʁʊŋ]
Ⓖ f   -   en

명 정부, 내각, 지배, 통치, 관리, 지도
Wegen der Erdbebenschäden musste die **Regierung** Notfallmaßnahmen ergreifen.
정부는 지진 피해 때문에 긴급 조치를 취해야 했습니다.

0857 Patient [paˈtsi̯ɛnt]
Ⓖ m   en   en

명 환자, 병자
Der Arzt hat gesagt, dass der **Patient** die Nacht nicht überleben wird.
의사는 환자가 밤을 넘기지 못할 것이라고 말했다.

0858 tolerant [toləˈʁant]
ⓢ aufgeklärt, aufgeschlossen

형 너그러운, 관대한, 관용의, 개방적인
Er ist furchtbar **tolerant**, nicht wahr?
그는 굉장히 관대하지 않습니까?

0859 an·haben ['anˌhaːbn̩]
Ⓥ tragen, schaden

동 해를 끼치다, 손해를 입히다, 입다, 걸치다
Sie kann mir in dieser Sache nichts **anhaben**.
그녀는 이 문제에서 나에게 손해를 끼칠 수 없습니다.

0860 Abwechslung ['apˌvɛkslʊŋ]
Ⓖ f - en

명 교대, 변화, 기분 전환
Lasst uns zur **Abwechslung** auswärts essen gehen.
기분 전환을 위해 밖에 나가서 밥 먹자.

0861 überqueren [yːbɐˈkveːʁən]
Ⓥ durchgehen, durchlaufen

동 가로지르다, 횡단하다, 건너다, 교차하다
Tim wollte der alten Damen helfen, die Straße zu **überqueren**.
Tim 은 노파가 길을 건너는 것을 돕고 싶었습니다.

0862 schalten ['ʃaltn̩]
Ⓥ regulieren, steuern

동 기어를 바꾸다, 스위치를 돌리다, 신호가 바뀌다, 작동하다, 처리하다
Die Ampel hat auf Rot **geschaltet**.
신호등이 빨간색으로 바뀌었습니다.

0863 grillen ['gʁɪlən]
Ⓥ auf dem Grill braten, braten

동 석쇠로 굽다
Zum Mittagessen **grillen** wir Tintenfische und Rinderhüftsteak.
우리는 점심 식사로 오징어와 소고기 스테이크를 굽는다.

0864 halten ['haltn̩]
Ⓥ bewahren, erfassen

동 붙잡다, 유지하다, 지지하다, 받치다, 지니다, 소유하다, 포함하다, 수용하다, 지키다, 간주하다
Ich kann mich nicht **halten** vor Lachen, wenn du so komisch guckst.
너가 그렇게 우스꽝스러워 보일 때 나는 웃음을 참을 수가 없다.

0865 demnächst [ˌdeːmˈnɛːçst]
Ⓥ bald, nächstens

부 곧, 바로 그 다음에, 이어서
Sei vorsichtig! Hier soll **demnächst** eine Buslinie durchführen.
조심해요! 곧 여기에 버스 노선이 운행될 예정입니다.

0866 verdächtig [fɛɐ̯ˈdɛçtɪç]
Ⓥ rätselhaft, unheimlich

형 혐의가 있는, 의심스러운, 수상한
Die Frau mit der Mütze ist in ihrem Verhalten irgendwie **verdächtig**.
그 모자를 쓴 여자는 행동이 다소 의심스럽다.

0867 buchen ['buːxn̩]
Ⓥ reservieren, vorbestellen

동 기입하다, 기록하다, 예약하다
Würden Sie uns bitte einen Platz in dem chinesischen Restaurant **buchen**?
중식당에 자리를 예약해 주시겠습니까?

0868 sich beschweren [bəˈʃveːʁən]
Ⓥ belasten, betrüben

동 불평하다, 불만을 호소하다, 괴로워하다
Niemand wird **sich beschweren**, wenn man den Richtlinien folgt.
당신이 지침을 준수하면 아무도 불평하지 않습니다.

0869

manchmal
['mançma:l]
⊕ ab und zu,
  dann und wann

団 이따금, 때때로, 가끔, 왕왕
Manchmal denkt er an seine erste Liebe.
그는 가끔 첫사랑을 생각합니다.

0870

Instandhaltung
[ɪnˈʃtantˌhaltʊŋ]
Ⓖ *f* - *en*

명 정리, 정돈, 수선, 손질
Das Büro ist so groß. Deshalb kostet die **Instandhaltung** viel.
그 사무실이 너무 큽니다. 그렇기 때문에 유지 보수 비용이 많이 듭니다.

0871

weltweit ['vɛltvaɪt]
⊕ global, international

형 세계적인
Deutsche Produkte, besonders Autos, sind **weltweit** berühmt.
독일의 제품, 특히 자동차는 세계적으로 유명합니다.

0872

unheimlich
['ʊnhaɪmlɪç]
⊕ enorm, extrem

형 으스스한, 스산한, 섬뜩한, 엄청난
Es klingt **unheimlich**, wenn du diese Geschichte erzählst.
이 이야기를 할 때 무섭게 들립니다.

0873

Tuch [tu:x]
Ⓖ *n* (e)s ü-er

명 천, 보, 수건, 직물
Kannst du den Bildschirm vorsichtig mit einem feuchten **Tuch** reinigen?
물수건으로 그 모니터를 조심스럽게 닦아줄 수 있어요?

0874

korrekt [kɔˈʀɛkt]
⊕ einwandfrei, fehlerlos

형 옳은, 정확한, 꼼꼼한, 정식의, 결점 없는
Sehr gut! Deine Lösung ist **korrekt**.
아주 좋아요! 당신의 해법은 정확합니다.

0875

treiben ['tʀaɪbn̩]
⊕ jagen, scheuchen

동 몰다, 몰아내다, 작동시키다, 추진시키다, 행하다, 종사하다, 강요하다, 꽃을 피우다, 열매를 맺다
Die Armeen **trieben** den Feind in die Flucht.
그 군대는 적을 몰아냈습니다.

0876

roh [ʀoː]
⊕ natürlich, ungekocht

형 날것의, 생것의, 자연대로의, 가공하지 않은, 대충의, 대략의, 거친, 야만의
Nimm ein **rohes** Ei und schlage es auf.
날달걀을 꺼내서 깨세요.

0877

Handlung ['handlʊŋ]
Ⓖ *f* - *en*

명 행위, 동작, 행실, 상업, 상점
Mit seiner voreiligen **Handlung** hat er alle anderen gefährdet.
그는 성급한 행동으로 다른 모든 사람들을 위험에 빠뜨렸습니다.

0878

Ausnahme
['aʊsˌna:mə]
Ⓖ *f* - *n*

명 제외, 예외
Ohne **Ausnahme** müssen alle Schüler morgen die Hausaufgaben abgeben.
예외없이 모든 학생들은 내일 숙제를 제출해야 합니다.

0879 Mauer ['maʊɐ]
G *f* - *n*

명 벽, 담, 울타리, 성벽, 장벽
Wenn man diese **Mauer** einreißt, bricht das Haus zusammen.
이 벽을 허물면 집이 무너집니다.

0880 schaden ['ʃa:dn̩]
유 beeinträchtigen, beschädigen

동 해가 되다, 손상시키다, 손해를 끼치다
Alkohol und Tabak **schaden** der Gesundheit.
술과 담배는 건강에 해롭습니다.

0881 zurecht·kommen [tsu'ʁɛçt,kɔmən]
유 klarkommen, hinkriegen

동 잘 해내다, 잘 다루다, 제때에 오다
Ich glaube, dass du mit ihr **zurechtkommen** kannst.
나는 당신이 그녀와 잘 지낼 수 있다고 생각합니다.

0882 außen ['aʊ̯sn̩]
유 außerhalb, äußerlich

부 밖에, 바깥에, 외부에
Das Land war von innen und von **außen** bedroht.
그 국가는 내외부의 위협을 받았다.

0883 zu·bereiten ['tsu:bə,ʁaɪtn̩]
유 kochen, anrichten

동 음식을 마련하다, 조리하다, 약을 조제하다
Schatz, ich habe uns eine Mahlzeit **zubereitet**.
여보, 나는 우리를 위해 식사를 준비했어요.

0884 Abfall ['ap,fal]
G *m* *(e)s* *ä-e*

명 낙하, 탈락, 침강, 함몰, 감소, 쇠퇴, 쓰레기, 폐기물
Kannst du bitte den **Abfall** nach unten bringen?
그 쓰레기 좀 밑으로 가져올 수 있어요?

0885 Pfeffer ['pfɛfɐ]
G *m* *s* -

명 후추
Ich habe das Fleisch mit Salz und **Pfeffer** gewürzt.
고기에 소금과 후추를 뿌렸습니다.

0886 leihen ['laɪ̯ən]
유 verborgen, borgen

동 빌리다, 빌려주다, 꾸어주다
Ich würde mir gerne dein Auto für einen Tag **leihen**.
하루 동안 당신의 차를 빌리고 싶습니다.

0887 innen ['ɪnən]
유 drinnen, inwendig

부 가운데에, 내부에, 안쪽에, 속에
Haben Sie schon einmal einen Computer von **innen** gesehen?
컴퓨터 내부를 본 적이 있습니까?

0888 Rasen ['ʁa:zn̩]
G *m* *s* -

명 잔디, 잔디밭
Bitte tritt nicht auf den **Rasen**!
잔디밭을 밟지 마십시오!

0889 jedoch [je'dɔx]
유 aber, allerdings

부 그렇지만, 그럼에도 불구하고, 그런데도, 그러나
Sie hat ihm sechsmal geschrieben, er hat **jedoch** nicht geantwortet.
그녀는 그에게 여섯 번 썼지만 그는 대답하지 않았다.

0890	Betrieb [bə'tʁiːp] Ⓖ *m* *(e)s* *e*	몡 경영, 영업, 기업, 운전, 작업, 운행, 혼잡 Der Fahrstuhl ist außer **Betrieb**. 엘리베이터가 고장 났습니다.
0891	Streichholz ['ʃtʁaɪç,hɔlts] Ⓖ *n* *es* *ö-er*	몡 성냥 Herr Peter sucht auf dem Tisch **Streichhölzer** für seine Zigarre. Peter 씨는 담배에 불 붙일 성냥을 식탁에서 찾고 있습니다.
0892	illegal ['ɪlegaːl] Ⓤ ungesetzlich, unrechtmäßig	혱 불법의, 위법의 Drogen wie Kokain und Heroin sind in Deutschland **illegal**. 코카인과 헤로인과 같은 마약은 독일에서 불법입니다.
0893	überzeugen [yːbɐ'tsɔɪgn̩] Ⓤ überreden, ausreichen	동 논증하다, 납득시키다, 설득하다, 자백시키다 Erst nach Vorlage der Beweise konnte ich ihn **überzeugen**. 증거를 제시한 후에만 나는 그를 설득할 수 있었습니다.
0894	sich verlieben [fɛɐ̯'liːbn̩] Ⓤ Feuer fangen, sich verschauen	동 사랑에 빠지다, 반하다 Gleich bei unserem ersten Treffen **verliebten** wir **uns** ineinander. 우리는 첫 만남에서 서로 사랑에 빠졌습니다.
0895	an·richten ['an,ʁɪçtn̩] Ⓤ bereiten, verursachen	동 야기하다, 저지르다, 음식을 차리다, 조리하다, 준비하다, 겨냥하다 Der Koch **richtet** die Speisen liebevoll **an**. 그 요리사는 사랑스럽게 요리를 준비합니다.
0896	Konsulat [,kɔnzu'laːt] Ⓖ *n* *s* *e*	몡 영사관 Das koreanische **Konsulat** kannst du in Frankfurt finden. Frankfurt 에서 한국 영사관을 찾을 수 있습니다.
0897	Unterhaltung [ʊntɐ'haltʊŋ] Ⓖ *f* *-* *en*	몡 유지, 보존, 관리, 부양, 대화, 환담, 담소, 즐거움 Ich hatte eben eine interessante **Unterhaltung** mit einem Deutschlehrer. 방금 독일 선생님과 재미있는 대화를 나눴습니다.
0898	nichts [nɪçts]	때 아무것도 ~않다, 조금도 ~이 아니다 Unternimm bitte **nichts** Leichtsinniges! 경솔한 짓을 하지 마십시오!
0899	Rad [ʁaːt] Ⓖ *n* *(e)s* *ä-er*	몡 바퀴, 수레바퀴, 자전거 Ein Wagen hat vier **Räder**. 자동차에는 4 개의 바퀴가 있습니다.
0900	formulieren [fɔʁmu'liːʁən] Ⓤ abfassen, mitteilen	동 공식화하다, 표현하다, 작성하다, 쓰다 Kannst du das in verständlichem Deutsch **formulieren**? 그것을 이해할 수 있게 독일어로 표현할 수 있습니까?

10

0901 zentral [ʦɛnˈtʁaːl]
㊁ inmitten, bedeutend

[형] 중심부에 있는, 중심적인, 중요한, 근본적인
Meine Wohung liegt **zentral** in Berlin.
내 집은 베를린 중심부에 있습니다.

0902 Blutdruck
[ˈbluːtˌdʁʊk]
Ⓖ *m (e)s ü-e*

[명] 혈압
Sie sollten Sport treiben, weil Ihr **Blutdruck** relativ hoch ist.
당신은 혈압이 상대적으로 높기 때문에 운동을 해야 합니다.

0903 weshalb [vɛsˈhalp]
㊁ weswegen, wieso

[접] 그 때문에, 그런 까닭에
[부] 그 때문에, 그런 까닭에
Ich habe verschlafen, **weshalb** ich den letzten Zug verpasst habe.
나는 늦잠을 잤기 때문에 마지막 열차를 놓쳤다.

0904 widersprechen
[ˌviːdɐˈʃpʁɛçn̩]
㊁ widerreden,
  widersagen

[동] 반대 의견을 말하다, 항변하다, 이의를 제기하다
Mein Bruder wagte es, mir zu **widersprechen**.
동생이 감히 나에게 대항하였습니다.

0905 ermöglichen
[ɛɐ̯ˈmøːklɪçn̩]
㊁ einrichten, arrangieren

[동] 가능하게 하다
Langes Üben **ermöglichte** es mir, fließend Deutsch zu sprechen.
오랜 연습으로 유창하게 독일어를 구사할 수 있었습니다.

0906 sympathisch
[zʏmˈpaːtɪʃ]
㊁ herzlich, angenehm

[형] 동감의, 동정의, 호감이 가는, 기분이 좋은, 같은 의견의
Auf mich wirkt Maria sehr **sympathisch**.
Maria 는 나에게 매우 호감을 보인다.

0907 Spritze [ˈʃpʁɪʦə]
Ⓖ *f - n*

[명] 주사, 주사기, 주입, 소화기, 물총, 마약
Ich wollte Medikamente einnehmen, aber der Doktor gab mir eine
Spritze.
나는 약을 복용하고 싶었지만 의사는 주사를 놓았다.

0908 ein·schlafen
[ˈaɪ̯nˌʃlaːfn̩]
㊁ eindösen, eindämmern

[동] 잠들다, 마비되다
Die Vorlesung war so langweilig, dass fast alle Studenten
einschliefen.
그 강의는 지루해서 거의 모든 학생들이 잠들었습니다.

0909 Paradies [paʁaˈdiːs] 　[명] 낙원, 천국, 안락
Ⓖ n　es　e
Die Spielbank in Berlin ist ein **Paradies** für Spieler.
베를린의 카지노는 겜블러들에게 천국입니다.

0910 Schublade
[ˈʃuːpˌlaːdə]
Ⓖ f　-　n
[명] 서랍
Ein Dieb brach ins Haus ein und durchwühlte die **Schublade**.
도둑이 집에 침입하여 서랍을 뒤집어 놓았다.

0911 Erhalt [ɛɐ̯ˈhalt]
Ⓖ m　(e)s　x
[명] 수령, 영수, 보존, 유지
Ich informiere sie sofort nach **Erhalt** der Ware.
상품 수령 후 즉시 알려드리겠습니다.

0912 zu·gehen [ˈʦuːˌɡeːən]
Ⓤ herankommen,
　ablaufen
[동] 향하여 가다, 접근하다, 도달하다, 전진하다, 진행하다, 생기다, 일어나다, 닫히다
Mein Leben **geht** aufs Ende **zu**.
내 인생은 끝났다.

0913 beenden [bəˈʔɛndn̩]
Ⓤ abbrechen,
　abschließen
[동] 끝내다, 마치다, 완성하다, 결말을 짓다
Jetzt habe ich Zeit, weil ich gerade meine Hausaufgaben **beendet** habe.
나는 이제 숙제를 끝냈기 때문에 시간이 있습니다.

0914 traurig [ˈtʁaʊ̯ʁɪç]
Ⓤ unglücklich,
　schmerzlich
[형] 슬퍼하는, 슬픈, 불쌍한, 애처로운, 음울한
Ich habe neulich einen sehr **traurigen** Film gesehen.
최근에 나는 매우 슬픈 영화를 보았습니다.

0915 wütend [ˈvyːtn̩t]
Ⓤ aggressiv, böse
[형] 매우 큰, 격렬한, 강렬한, 격분한, 미쳐 날 뛰는
Mein Vater wurde **wütend**, als ich ihm erzählt habe, dass ich das Auto kaputt gemacht habe.
내가 차를 망가뜨렸다고 말했을 때 아버지는 화를 냈습니다.

0916 treten [ˈtʁeːtn̩]
Ⓤ trampeln, kicken
[동] 걷다, 내딛다, 밟다, 들어가다, 걷어차다, 나아가다, 가다
Jetzt kann nichts mehr zwischen uns **treten**.
이제 우리 사이에는 아무것도 들어올 수 없습니다.

0917 Mehrheit [ˈmeːɐ̯haɪ̯t]
Ⓖ f　-　en
[명] 보다 많음, 다수, 초과, 과반수
Die **Mehrheit** des Bundestages stimmte für das neue Gesetz.
의회의 대다수는 새로운 법률에 찬성했습니다.

0918 Organisation
[ˌɔʁɡanizaˈʦi̯oːn]
Ⓖ f　-　en
[명] 조직, 기구, 연합, 조직화, 유기 조직
Das Rote Kreuz ist eine international tätige humanitäre **Organisation**.
적십자는 국제적인 인도주의 단체입니다.

0919 bilanzieren
[bilan'ʦiːʁən]
⊕ abrechnen,
Kasse machen

동 균형을 이루다, 결산하다, 대차 대조표를 작성하다

Heute **bilanzieren** wir einen Jahresbericht, der durchaus von einer erfolgreichen Geldpolitik ausgehen kann.
오늘 우리는 성공적인 통화 정책을 할 수 있는 연례 보고서를 결산하고 있습니다.

0920 verreisen [fɛɐ̯'ʁaɪ̯zn̩]
⊕ fortfahren,
in Urlaub fahren

동 여행하다, 여행을 떠나다

Er will ca. drei Monate lang mit seinem Sohn **verreisen**.
그는 아들과 함께 약 3 개월간 여행할 계획이다.

0921 aus·füllen ['aʊ̯s,fʏlən]
⊕ befriedigen, erfüllen

동 기입하다, 가득 채우다, 충전하다, 메우다, 만족시키다

Hast du schon das Anmeldeformular **ausgefüllt**?
등록 양식을 이미 작성했습니까?

0922 reklamieren
[ʁekla'miːʁən]
⊕ beanspruchen,
beanstanden

동 항의하다, 보상을 요구하다, 환불을 요구하다

Ich möchte den kaputten Spiegel **reklamieren**.
그 깨진 거울을 환불하고 싶습니다.

0923 tanzen ['tanʦn̩]
⊕ steppen, twisten

동 춤추다, 춤을 추다

Ich will noch ein bisschen **tanzen**.
나는 조금 더 춤을 추고 싶다.

0924 einheitlich
['aɪ̯nhaɪ̯tlɪç]
⊕ einig, konform

형 단일한, 조화를 이루는, 일관성 있는, 균등한, 획일적인

Es ist wichtig, dass alle Ihre Anwendungen das **einheitlich** machen.
모든 운용을 일관되게 수행하는 것이 중요합니다.

0925 um·fallen ['ʊm,falən]
⊕ stürzen, umkippen

동 넘어지다, 전복하다, 쓰러지다

Ich sah ihn **umfallen** und er hat geblutet.
나는 그가 넘어지는 것을 보았고 그는 피를 흘렸다.

0926 Kompromiss
[kɔmpʁo'mɪs]
ⓖ m/n es e

명 화해, 타협, 절충

Politik ohne **Kompromisse** gibt es nur in einer Diktatur.
타협 없는 정치는 독재에서만 찾을 수 있습니다.

0927 einfach ['aɪ̯nfax]
⊕ unkompliziert, einmal

형 간단한, 단순한, 이해하기 쉬운, 단일의, 수수한, 꾸밈없는

Ich habe schon gehört, dass die Prüfung nicht **einfach** sein wird.
그 시험이 쉽지 않다는 것을 들었습니다.

0928 gebrauchen
[gə'bʁaʊ̯xən]
⊕ anwenden, benutzen

동 쓰다, 사용하다, 이용하다

Er ist eben nicht zu **gebrauchen**.
그는 별로 쓸모가 없다.

0929 Weltreise ['vɛlt,ʁaɪ̯zə]
ⓖ f - n

명 세계 여행

Zu ihrer Hochzeit buchen viele Menschen eine **Weltreise**.
많은 사람들이 신혼 여행을 위해 세계 여행을 예약합니다.

0930	stolz [ʃtɔlʦ] ⓡ selbstbewusst, hochmütig	휑 자랑스러운, 자부심이 강한, 자존심이 센, 불손한, 오만한, 자랑스러워하는, 의기양양한 Die bestandene Prüfung machte mich sehr **stolz**. 그 합격한 시험은 그를 매우 자랑스럽게 했다.
0931	Socke ['zɔkə] Ⓖ f - n	휑 양말, 버선 Die **Socke** hat ein Loch an der Ferse. 그 양말은 발 뒤꿈치에 구멍이 있습니다.
0932	Studium ['ʃtuːdi̯ʊm] Ⓖ n s -ien	휑 대학 공부, 전공, 연구 Er hat sein **Studium** abgeschlossen und spielt im Moment nur Computerspiele. 그는 학업을 마쳤으며 현재 컴퓨터 게임만 하고 있습니다.
0933	zweifeln ['ʦvaɪfl̩n] ⓡ schwanken, skeptisch sein	휑 의심하다, 수상히 여기다, 의문시하다, 망설이다 **Zweifelst** du etwa an mir? 나를 의심합니까?
0934	Unterkunft ['ʊntɐ̯kʊnft] Ⓖ f - ü-e	휑 피난소, 피난처, 숙소, 숙박 Bei der Arbeit im Vorort wird eine **Unterkunft** kostenlos zur Verfügung gestellt. 교외에서 일할 때 숙박 시설은 무료로 제공됩니다.
0935	etwas ['ɛtvas] ⓡ ein Wenig, irgendetwas	휑 어떤 것, 어떤 일, 무엇, 일부분, 조금 Haben Sie **etwas** Neues von dem Sohn gehört? 아들의 새로운 소식에 대해 들은 것이 있습니까?
0936	Karriere [kaˈʁi̯eːʁə] Ⓖ f - n	휑 경력, 이력, 성공, 출세 Sie hat in ihrer **Karriere** einen großen Sprung gemacht. 그녀는 경력에 큰 도약을 했습니다.
0937	Senior [ze'ni̯oːʁɐn] Ⓖ m s en	휑 고령자, 노인 Die Einwohnerzahl der **Senioren** in Seoul nimmt ständig zu. 서울의 노인 인구수는 지속적으로 증가하고 있습니다.
0938	Gegenvorschlag ['geːgn̩foːɐ̯ʃlaːk] Ⓖ m (e)s ä-e	휑 반대 제안 Sie hatte nur wenig Zeit, auf diesen **Gegenvorschlag** zu reagieren. 그녀는 이 반론에 응답할 시간이 거의 없었다.
0939	original [oʁigiˈnaːl] ⓡ echt, ursprünglich	휑 원래의, 진짜인, 원본의, 고유의, 독창적인, 생방송의 Was passiert, wenn ich eine Datei in meinem **originalem** Ordner ändere? 원래 폴더에서 파일을 변경하면 어떻게 됩니까?

0940 Stimmung [ˈʃtɪmʊŋ]
ⓖ f - en

명 기분, 감정 상태, 분위기, 인상, 여론

Meine **Stimmung** ist eigentlich ziemlich gut.
사실 내 기분은 꽤 좋습니다.

0941 erkennen [ɛɐ̯ˈkɛnən]
⊞ bemerken, erfassen

동 알다, 인식하다, 식별하다, 깨닫다, 승인하다, 진단하다, 판결을 내리다

Keine Sorge! Du kannst ihn an den schwarzen Haaren **erkennen**.
걱정 마세요! 검은 머리로 그를 알아볼 수 있을 것입니다.

0942 erstellen [ɛɐ̯ˈʃtɛlən]
⊞ errichten, aufbauen

동 짓다, 세우다, 만들어 내다, 완성시키다, 준비하다, 마련하다

Der Mitarbeiter muss bis morgen eine Statistik über die Unfallrate **erstellen**.
그 직원은 내일까지 사고율 통계를 작성해야 합니다.

0943 Nachfrage [ˈnaːxˌfʁaːɡə]
ⓖ f - n

명 문의, 조회, 수요

Angebot und **Nachfrage** bestimmen den Preis.
수요와 공급이 가격을 결정합니다.

0944 Übertragung [ˌyːbɐˈtʁaːɡʊŋ]
ⓖ f - en

명 운반, 조달, 양도, 위탁, 인도, 전달, 전염, 중계 방송

Eine **Übertragung** dieses Rechts auf andere Personen ist nicht möglich.
이 권한을 다른 사람에게 양도할 수 없습니다.

0945 kippen [ˈkɪpən]
⊞ sich neigen, gießen

동 기울다, 기울이다, 비스듬하게 하다, 부어서 비우다

Der Lieferant **kippte** den Sand einfach auf den Bauplatz.
공급 업체는 모래를 공사장에 부었다.

0946 Investition [ɪnvɛstiˈtsi̯oːn]
ⓖ f - en

명 투자, 출자

Sie tätigen eine **Investition** in die langfristige Zukunft Ihres Unternehmens.
그들은 회사의 장기적인 미래에 투자하고 있습니다.

0947 was [vas]

대 무엇, 어째서, 어느 만큼, 얼마나

Ich weiß nicht, **was** ich sagen soll.
무슨 말을 해야 할지 모르겠습니다.

0948 Rücksendung [ˈʁʏkˌzɛndʊŋ]
ⓖ f - en

명 반송, 송환

Sie sind lediglich zur **Rücksendung** der Ware verpflichtet.
귀하는 상품을 반품해야 합니다.

0949 verbinden [fɛɐ̯ˈbɪndən]
⊞ anschließen, einigen

동 붕대로 감다, 묶다, 잇다, 결합하다, 연결하다, 연락하다, 의무를 지다

Wenn du den Drucker benutzen willst, muss der noch mit dem Rechner **verbunden** werden.
프린터를 사용하려면 여전히 컴퓨터에 연결되어 있어야 합니다.

0950 Schwierigkeit
['ʃviːʁɪçkaɪt]
ⓖ f - en

명 곤란, 난국, 어려움, 불쾌한 일

Die Deutsche Bank ist seit Jahren in **Schwierigkeiten** und es wird wahrscheinlich in der nächsten Zeit auch nicht deutlich besser werden.
Deutsche Bank 는 수년간 어려움을 겪었고 금방 더 나아지지 않을 것입니다.

0951 Mangel ['maŋl̩]
ⓖ m s ä-

명 결핍, 부족, 기근, 궁핍, 결점, 하자

Aus **Mangel** an sportlicher Betätigung ist meine Mutter krank geworden.
어머니는 운동 부족으로 아프다.

0952 Regulierung
[ʁeguˈliːʁʊŋ]
ⓖ f - en

명 규정, 조절, 정리, 결산, 청산

Wir unterstützen Maßnahmen zur **Regulierung** der Milchproduktion.
우리는 우유 생산 규제 조치를 지지합니다.

0953 Hunger ['hʊŋɐ]
ⓖ m s x

명 배고픔, 허기, 공복, 갈망, 열망, 기근

Fast sechs Millionen Kinder sterben jedes Jahr an **Hunger**.
매년 약 600 만 명의 아이들이 기아로 죽습니다.

0954 Frucht [fʁʊxt]
ⓖ f - ü-e

명 과일, 과실, 열매, 성과, 산물

In allen **Früchten** befinden sich Kerne.
모든 과일에는 씨가 있다.

0955 Stoßstange
['ʃtoːsˌʃtaŋə]
ⓖ f - n

명 자동차 범퍼, 완충 장치

Der Verkehr war sehr dicht. Die Autos standen **Stoßstange** an Stoßstange.
교통량이 매우 많았습니다. 차들은 꼬리에 꼬리를 물고 서 있었습니다.

0956 nachdenklich
['naːxˌdɛŋklɪç]
ⓡ besinnlich, sinnig

형 숙고하는, 사색적인, 신중한, 염려스러운

Im Herbst sehe ich oft **nachdenklich** aus dem Fenster.
가을에 나는 종종 창문을 사색하며 바라본다.

0957 Vorwahl ['foːɐ̯ˌvaːl]
ⓖ f - en

명 예비 선택, 예선, 시외 전화 국번

Das Kind kannte die **Vorwahl** von Mainz auswendig.
그 아이는 Mainz 의 지역 번호를 외웠습니다.

0958 Glück [glʏk]
ⓖ n (e)s x

명 행운, 운, 운수, 행복, 기쁨

Sie hat sich bei dem Unfall kaum verletzt. Sie hatte wirklich großes **Glück**.
그녀는 사고로 거의 다치지 않았습니다. 그녀는 정말 운이 좋았습니다.

0959 Grippe ['gʁɪpə]
ⓖ f - n

명 독감, 유행성 감기

Vor allem für ältere Menschen oder kleine Kinder kann eine **Grippe** gefährlich sein.
독감은 특히 노인이나 어린이에게 위험할 수 있습니다.

0960 biografisch
[bioˈɡʁaːfɪʃ]

형 전기의, 이력의, 일대기의

Der **biografische** Aspekt spielt eine wichtige Rolle.
전기적인 측면은 중요한 역할을 합니다.

0961 bei [baɪ]
유 anlässlich, gelegentlich

전 가까이, 곁에, ~할 때

Beim Trinken muss einer von uns die Kontrolle haben.
우리 중 하나는 술을 마실 때 자제해야 합니다.

0962 schützen [ˈʃʏtsn̩]
유 retten, bewahren

동 막다, 보호하다, 지키다, 방어하다

Was sollen wir jetzt machen, um die Umwelt zu **schützen**?
환경을 보호하기 위해 지금 무엇을 해야 합니까?

0963 Ausgabe [ˈaʊ̯sˌɡaːbə]
Ⓖ f - n

명 교부, 배달, 지출, 비용, 공고, 알림, 판

Mein Einkommen und meine **Ausgaben** sind nicht ausgeglichen.
나의 수입과 지출은 균형이 맞지 않습니다.

0964 Fähigkeit [ˈfɛːɪçkaɪ̯t]
Ⓖ f - en

명 능력, 소질, 재능

Ich glaube, dass ihr die **Fähigkeit** fehlt, diese Arbeit zu erledigen.
나는 그녀가 이 일을 할 수 있는 능력이 부족하다고 생각합니다.

0965 zu·geben [ˈtsuːˌɡeːbn̩]
유 gestehen, hinzufügen

동 부가하다, 첨가하다, 인정하다, 시인하다, 승인하다

Geben Sie also **zu**, dass Sie ein Problem haben?
문제가 있다고 인정합니까?

0966 Kurs [kʊʁs]
Ⓖ m es e

명 코스, 진로, 방향, 노선, 유통, 시세, 시가, 강좌, 강습

Der **Deutschkurs** findet heute in Haus 11 statt.
독일어 수업은 오늘 Haus 11 에서 진행됩니다.

0967 hart [haʁt]
유 schwer, mühevoll

형 굳은, 딱딱한, 견고한, 엄격한, 거친, 힘센, 완고한, 곤란한, 힘든

Es geht **hart** auf hart.
최악에 이르고 있다.

0968 Formulierung
[fɔʁmuˈliːʁʊŋ]
Ⓖ f - en

명 공식화, 표현, 작성

Die **Formulierung** eines guten Bewerbungsschreibens bereitet vielen Leuten Schwierigkeiten.
좋은 지원서를 작성하는 것은 많은 사람들에게 어렵다.

0969 Erkältung [ɛɡˈkɛltʊŋ]
Ⓖ f - en

명 감기

Dieses Medikament heilte mich von meiner **Erkältung**.
이 약은 나의 감기로부터 낫게 한다.

0970 verwalten [fɛɐ̯ˈvaltn̩]
ⓢ erledigen, führen

동 관리하기, 지배하다, 감독하다, 경영하다
Der Geschäftsführer **verwaltet** das Gut schon seit vielen Jahren für den Besitzer.
그 사장은 몇 년 동안 소유자의 자산을 관리해 왔습니다.

0971 klingeln [ˈklɪŋl̩n]
ⓢ schellen, läuten

동 초인종이 울리다, 따르릉 소리나다
Der Mann **klingelte** bei der Frau und sie öffnete ihm daraufhin die Tür.
그 남자는 초인종을 울렸고 그녀는 문을 열었습니다.

0972 ein·schreiben [ˈaɪ̯nˌʃʀaɪ̯bn̩]
ⓢ anmelden, aufnehmen

동 기입하다, 입력하다, 등록하다, 등기로 보내다
Morgen **schreibe** ich mich in einen Deutschkurs **ein**, um mein Deutsch zu verbessern.
내일 나는 독일어를 향상시키기 위해 독일어 코스에 등록할 것입니다.

0973 Zutat [ˈt͡suːtaːt]
ⓖ f - en

명 첨가물, 부가물, 양념, 원료, 재료, 성분
Ich muss noch heute Abend die **Zutaten** für die Suppe einkaufen.
나는 오늘 밤 수프 재료를 사야 합니다.

0974 Konsequenz [kɔnzeˈkvɛnt͡s]
ⓖ f - en

명 결론, 결과, 귀결, 성과
Wer viel trinkt und raucht, muss sich der **Konsequenzen** bewusst sein.
술을 많이 마시고 담배를 피우는 사람은 그 결과를 알고 있어야 합니다.

0975 exotisch [ɛˈksoːtɪʃ]
ⓢ ausländisch, fremdländisch

형 외국의, 외국산의, 이국풍의
An Karneval in Mainz sieht man manche **exotische** Verkleidung.
Mainz 의 카니발에서는 이국적인 변장을 볼 수 있습니다.

0976 mögen [ˈmøːɡən]
ⓢ gefallen, lieben

동 좋아하다, ~일 것이다, ~하고 싶다
Sie weiß noch nicht, dass ich sie **mag**.
그녀는 여전히 내가 그녀를 좋아하는지 모른다.

0977 ernsthaft [ˈɛʀnsthaft]
ⓢ echt, deutlich

형 진지한, 진심의, 본심의, 심각한
Sie scheint **ernsthaft** bemüht zu sein.
그녀는 진심으로 노력하는 것 같습니다.

0978 Phase [ˈfaːzə]
ⓖ f - n

명 단계, 국면, 시기, 형세, 형상, 위상
Entschuldigung, er hat gerade nur eine schlechte **Phase**.
죄송합니다. 그는 지금 조금 안 좋은 시기를 겪고 있습니다.

0979 zu·machen [ˈt͡suːˌmaxn̩]
ⓢ schließen, zuschlagen

동 잠그다, 닫다, 폐쇄하다, 막다
Würde es dir etwas ausmachen, das Fenster **zuzumachen**?
창문을 닫아도 됩니까?

0980 Bereich [bə'ʁaɪç]
ⓖ *m/n* *(e)s* *e*

ⓜ 구역, 지역, 범위, 영역, 분야

Das genannte Problem fällt nicht in den **Bereich** meiner Pflichten.
언급된 문제는 나의 의무 범위에 속하지 않습니다.

0981 bei·legen ['baɪˌleːgn̩]
ⓢ beifügen, zuschreiben

ⓥ 덧붙이다, 첨부하다, 부여하다, 조정하다

Dem Brief ist noch ein Foto **beigelegt**.
편지와 함께 사진이 동봉됩니다.

0982 Urlaub ['uːɐ̯laʊp]
ⓖ *m* *(e)s* *e*

ⓜ 휴가

Ist es für dich wichtig, dich im **Urlaub** auszuruhen?
휴가에 쉬는 (휴양하는) 것이 중요합니까?

0983 kontrollieren
[kɔntʁoˈliːʁən]

ⓢ durchsuchen,
beherrschen

ⓥ 검사하다, 감독하다, 통제하다, 제어하다

Heute wurde wieder mal die Geschwindigkeit der Fahrzeuge auf der
Bahnhofstraße **kontrolliert**.
오늘 Bahnhofstraße 에서 자동차 과속 검사가 다시 검사되었습니다.

0984 an·rechnen
['anˌʁɛçnən]

ⓢ bewerten,
veranschlagen

ⓥ 계산하다, 산정하다, 평가하다

Wir müssen auch Elektroautos bei den CO_2-Emissionen **anrechnen**.
우리는 또한 CO2 배출량에 전기 자동차를 계산에 넣어야 합니다.

0985 Bedarf [bə'daʁf]
ⓖ *m* *(e)s* *e*

ⓜ 필요, 부족, 결핍, 수요, 필수품

Bei **Bedarf** dürfen Sie uns gerne wieder anrufen.
필요한 경우 언제든지 다시 전화하십시오.

0986 überwachen
[ˌyːbɐ'vaxn̩]

ⓢ nachprüfen,
beobachten

ⓥ 감독하다, 감시하다

Die Temperatur im Gewächshaus sollte immer **überwacht** werden.
온실의 온도는 항상 모니터링 해야 합니다.

0987 Vorfahrt ['foːɐ̯faʁt]
ⓖ *f* *-* *en*

ⓜ 선행권, 우선 통행

Einem Feuerwehrwagen muss man immer die **Vorfahrt** lassen.
항상 소방차를 우선시해야 합니다.

0988 gehören [gə'høːʁən]
ⓢ haben, besitzen

ⓥ 소유이다, ~에 속하다, 적합하다, 상응하다, 필요하다

Seoul **gehört** zu Südkorea.
서울은 한국에 속합니다.

0989 knusprig ['knʊspʁɪç]
ⓢ knackig, kross

ⓐ 바삭한, 알맞게 바삭하게 구운

Er hat die Kartoffeln in Scheiben geschnitten und in Öl **knusprig**
frittiert.
그는 감자를 조각으로 자르고 기름에 바삭하게 튀겼습니다.

0990 öffnen ['œfnən]
동 열다, 풀다, 펴다, 공개하다, 개업하다, 절개하다
유 aufschlagen, aufmachen
Darf ich deinen Rücksack **öffnen**?
당신의 배낭을 열어도 됩니까?

0991 Stunde ['ʃtʊndə]
명 시, 시간
G f - n
Es ist nicht so schlecht, zwanzig Euro pro **Stunde** zu verdienen.
시간당 20 유로를 버는 것은 그렇게 나쁘지 않습니다.

0992 optimistisch [,ɔpti'mɪstɪʃ]
형 낙관적인, 낙천론의
유 hoffnungsvoll, positiv
Hinsichtlich deiner Reaktion bin ich etwas weniger **optimistisch**.
당신의 반응에 대해 나는 조금 덜 낙관적입니다.

0993 Steuererklärung ['ʃtɔɪɐʔɛɐˌklɛːʁʊŋ]
명 세무 신고, 소득세 신고
G f - en
Wenn du binnen diesem Jahr keine **Steuererklärung** abgibst, wird es sehr kompliziert.
올해 안에 세금 신고서를 제출하지 않으면 매우 복잡해질 것이다.

0994 Reportage [ʁepɔʁˈtaːʒə]
명 르포, 현장 보도, 잠입 취재
G f - n
In der **Reportage** wurden entsprechende schriftliche Erklärungen gezeigt.
관련된 서면 설명이 보고서에 표시되었습니다.

0995 zumindest [ʦuˈmɪndəst]
부 적어도, 어쨌든, 최소한
유 wenigstens, mindestens
Zumindest seine erste Klausur hatte er bestanden.
적어도 그는 첫 시험을 통과했다.

0996 warm [vaʁm]
형 따뜻한, 온화한, 안락한, 호의적인
유 herzlich, schwül
Es wurde ihm **warm** ums Herz, als er das hörte.
그는 그것을 듣고 마음이 따뜻해졌습니다.

0997 Abenteuer ['aːbn̩tɔɪ̯ɐ]
명 모험, 정사
G n s -
Mein Leben wird solch ein wunderbares **Abenteuer** sein.
내 인생은 멋진 모험이 될 것입니다.

0998 Kunst [kʊnst]
명 예술, 미술, 재주, 기술, 솜씨, 요령
G f - ü-e
Kunst geht nicht betteln.
재주는 구걸하게 하지 않는다. (재주가 있으면 어디 가도 먹고 산다.)

0999 nennen ['nɛnən]
동 이름짓다, 명명하다, ~라고 부르다
유 heißen, rufen
Nennen Sie bitte die Merkmale dieser Blume!
이 꽃의 특징을 말 해주세요!

1000 decken ['dɛkn̩]
동 덮다, 씌우다, 싸다, 감싸 주다, 지키다, 가리다, 포함하다, 보증하다
유 überziehen, bewahren
Meine Frau ist damit beschäftigt, den Tisch zu **decken**.
아내가 테이블을 덮는 중입니다.

1001 dienen [ˈdiːnən]
㊌ arbeiten, unterstützen

[동] 섬기다, 봉사하다, 근무하다, 고용되어 있다

In dieser Angelegenheit kann ich dir nicht **dienen**. Mach die Aufgaben am besten selbst.
나는 이 문제에 대해서는 당신을 도울 수 없습니다. 직접 작업을 수행하는 것이 가장 좋을 것입니다.

1002 Leistung [ˈlaɪstʊŋ]
Ⓖ f - en

[명] 행함, 실행, 성과, 업적, 능률, 성능

In diesem Bereich ist seine **Leistung** ausgezeichnet.
이 영역에서 그의 업적은 우수합니다.

1003 Entlassung [ɛntˈlasʊŋ]
Ⓖ f - en

[명] 떠나게 함, 해고, 해방, 해산, 제대

Nach der Operation wartet sie nun auf die **Entlassung**.
이제 그녀는 수술 후에 퇴원을 기다리고 있습니다.

1004 verwenden [fɛɐ̯ˈvɛndn̩]
㊌ benutzen, betätigen

[동] 사용하다, 이용하다, 쓰다

Meine deutsche Freundin **verwandet** ihre gesamte Energie darauf, Koreanisch zu lernen.
나의 독일 친구는 한국어를 배우는데 총력을 기울입니다.

1005 ein·zahlen [ˈaɪnˌt͡saːlən]
㊌ überweisen, transferieren

[동] 입금하다, 납입하다

Ich möchte morgen dieses Geld bei der Bank **einzahlen**.
내일 은행에 이 돈을 입금하고 싶습니다.

1006 portofrei [ˈpɔrtoˌfʁaɪ]
㊌ gebührenfrei, franko

[형] 우편료가 면제된, 우편료 무료의

Die Lieferung erfolgt **portofrei**.
배송비는 무료입니다.

1007 Einbruch [ˈaɪnˌbʁʊx]
Ⓖ m (e)s ü-e

[명] 출현, 내습, 진입, 침입, 함락, 함몰, 파괴, 파손

Der **Einbruch** der Aktienkurse in den USA war nicht vorhersehbar.
미국 주가의 하락은 예측할 수 없었습니다.

1008 trotz [tʁɔt͡s]
㊌ obgleich, obwohl

[전] ~에도 불구하고

Trotz des Regens gingen sie spazieren.
비가 옴에도 불구하고 그들은 산책하러 갔다.

1009 Mehrwertsteuer [ˈmeːɐ̯veːɐ̯tˌʃtɔɪɐ]
Ⓖ *f* - *en*

📓 부가 가치세

Ich wusste nicht, dass sich die **Mehrwertsteuer** von Tabakwaren von der von Lebensmitteln unterscheidet.
담배 제품에 대한 부가 가치세가 음식에 대한 부가 가치세와 다르다는 것을 몰랐습니다.

1010 Rahm [ʁaːm]
Ⓖ *m* *(e)s* *x*

📓 크림, 유지

Gestern habe ich eine spezielle Pasta mit frischem **Rahm** gegessen.
어제 나는 특별한 파스타를 신선한 크림과 함께 먹었다.

1011 gerade [gəˈʁaːdə]
Ⓥ direkt, eben

📓 정확히, 똑바로, 바로, 방금, 막, 겨우, 간신히, 특히
📗 직선의, 곧은, 정확한, 단도직입적인

Als er **gerade** weggehen wollte, kam seine Frau zurück.
그가 떠나려고 할 때 아내가 돌아왔다.

1012 Fortsetzung [ˈfɔʁtˌzɛt͡sʊŋ]
Ⓖ *f* - *en*

📓 계속, 속행, 연속

Die **Fortsetzung** der Geschichte wird folgen.
이야기가 계속 이어질 것입니다.

1013 Wunde [ˈvʊndə]
Ⓖ *f* - *n*

📓 상처, 부상, 고뇌, 근심, 약점, 피해

Die Narbe bleibt, auch wenn die **Wunde** verheilt.
상처가 치유되더라도 흉터는 남아 있습니다.

1014 backen [ˈbakn̩]
Ⓥ braten, rösten

📓 굽다, 오븐에 가열하다, 볶다

Ich **backe** diesen Kuchen schon seit einer Stunde.
나는 이 케이크를 한 시간 동안 굽고 있어요.

1015 zweiteilig [ˈt͡svaɪ̯ˌtaɪ̯lɪç]

📗 두 부분으로 나뉜, 둘로 갈라진

Meine Masterarbeit besteht aus einer **zweiteiligen** Struktur.
내 석사 논문은 두 부분으로 구성되어 있습니다.

1016 Abschnitt [ˈapˌʃnɪt]
Ⓖ *m* *(e)s* *e*

📓 절단, 단편, 단락, 부분, 장, 절

Im nächsten **Abschnitt** gehen wir auf dieses Problem noch näher ein.
다음 단락에서 이 문제에 대해 자세히 논하겠습니다.

1017 Taschengeld [ˈtaʃn̩ˌgɛlt]
Ⓖ *n* *(e)s* *er*

📓 용돈

Wie viel **Taschengeld** bekommst du im Monat?
한달에 용돈을 얼마나 받습니까?

1018 finanziell [ˌfinanˈt͡si̯ɛl]
Ⓥ geldlich, wirtschaftlich

📗 재정상의, 금융상의, 자금과 관련된

Sein Hunger hat ganz eindeutig eine **finanzielle** Ursache.
그의 굶주림은 분명히 재정적 원인에 있습니다.

1019 Lösung [ˈløːzʊŋ]
Ⓖ *f* - *en*

⒨ 해답, 풀이, 늦춤, 떼어놓음, 분리, 제거, 취소, 용해
Ich finde keine **Lösung** für dieses Problem.
나는 이 문제에 대한 해결책을 찾을 수 없습니다.

1020 Kredit [kʁeˈdiːt]
Ⓖ *m* *(e)s* *e*

⒨ 신용, 크레디트, 외상, 대부금, 신뢰, 명망
Herr Lim hat bei der Bank einen **Kredit** erhalten, um ein Restaurant zu eröffnen.
Lim 씨는 식당을 열기 위해서 은행으로부터 대출을 받았다.

1021 neugierig [ˈnɔɪˌgiːʁɪç]
Ⓨ wissensdurstig, wissbegierig

⒣ 호기심이 있는, 캐묻기 좋아하는, 기대에 찬
Mein Hund ist noch ein Welpe und deshalb ist er sehr **neugierig**.
내 개는 아직 강아지라서 매우 호기심이 많다.

1022 tun [tuːn]
Ⓨ machen, handeln

⒟ 하다, 행하다, 행동하다, 작용하다
Tu nicht so dumm!
너무 바보처럼 행동하지 마십시오!

1023 doof [doːf]
Ⓨ dumm, blöd

⒣ 어리석은, 멍청한, 지루한, 귀먹은
Sie ist gar nicht so **doof** wie ich dachte.
그녀는 내가 생각했던 것만큼 바보가 아닙니다.

1024 zwingen [ˈʦvɪŋən]
Ⓨ erpressen, nötigen

⒟ 강요하다, 강제로 시키다, 무리를 하다
Ich musste sie dazu **zwingen**, ihre Medikamente einzunehmen.
나는 그녀에게 약을 먹도록 강요했다.

1025 Erdgeschoss [ˈeːɐ̯tgəʃɔːs]
Ⓖ *n* *es* *e*

⒨ (한국) 1층, (독일) 0층, 로비층
Wenn man im **Erdgeschoss** wohnt, braucht man natürlich keinen Aufzug.
1 층에 사는 경우 당연히 엘리베이터가 필요하지 않습니다.

1026 Witz [vɪʦ]
Ⓖ *m* *es* *e*

⒨ 기지, 위트, 재담, 장난, 농담, 희롱
Hast du dein Handy für nur 50 Euro verkauft? Das ist doch ein **Witz**!
핸드폰을 50 유로에 팔았다고? 농담이지!

1027 erleichtern [ɛɐ̯ˈlaɪçtɐn]
Ⓨ entlasten, abnehmen

⒟ 안심시키다, 가볍게 하다, 편하게 하다, 쉽게 하다, 완화하다
Der Arzt möchte einem Kranken seine Schmerzen **erleichtern**.
의사는 환자의 통증을 완화하려고 합니다.

1028 Knochen [ˈknɔxn̩]
Ⓖ *m* *s* -

⒨ 뼈
Was ist passiert? Du bist nur noch Haut und **Knochen**.
무슨 일이야? 너는 뼈와 가죽만 남아있어.

1029 wahr [vaːɐ̯]
၉ wahrhaft, echt

혱 진실한, 참된, 정말인, 진짜의, 고유한, 본래의
Das darf doch nicht **wahr** sein!
그럴 리가 없어!

1030 treu [tʀɔɪ]
၉ loyal, zuverlässig

혱 충실한, 신의 있는, 충성스러운, 헌신적인, 신용할 수 있는
Das Glück ist mir **treu** geblieben.
행운의 여신은 끝까지 나를 버리지 않았다.

1031 klären ['klɛːʀən]
၉ lösen, regeln

동 깨끗하게 하다, 거르다, 정제하다, 명백하게 밝히다, 규명하다, 계몽하다
Es nützt nichts, zu **klären**, wer schuld daran ist.
누가 잘못했는지 명확히 따지는 것은 아무 도움이 안 된다.

1032 nähen ['nɛːən]
၉ schneidern, säumen

동 꿰매다, 봉합하다, 바느질하다
Du musst diese Wunde säubern und **nähen** lassen.
이 상처를 깨끗이 소독하고 꿰매야 합니다.

1033 Zeitverschwendung
['ʦaɪtfɛɐ̯ʃvɛndʊŋ]
Ⓖ f - en

명 시간 낭비
Es ist **Zeitverschwendung**, die Kontrolle zehnmal durchzuführen.
열 번이나 검사하는 것은 시간 낭비입니다.

1034 jemand ['jeːmant]
၉ eine Person,
irgendjemand

대 어떤 사람, 누군가
Hat **jemand** angerufen während ich weg war?
내가 없는 동안 누군가 전화했습니까?

1035 Strumpf [ʃtʀʊmpf]
Ⓖ m (e)s ü-e

명 긴 양말, 스타킹
Sie hat ein Loch im **Strumpf**.
그녀는 스타킹에 구멍이 있습니다.

1036 hämmern ['hɛmɐn]
၉ klopfen, pochen

동 망치로 치다, 망치로 때리다, 강타하다, 때리다, 두드리다
Er **hämmerte** einen Nagel in die Wand, um ein Bild aufzuhängen.
그는 벽에 못을 박아 그림을 걸었다.

1037 Honig ['hoːnɪç]
Ⓖ m s e

명 꿀, 벌꿀
Tee kann man sehr gut mit **Honig** süßen.
차는 꿀로 아주 달게 만들 수 있습니다.

1038 Tafel ['taːfl]
Ⓖ f - n

명 판, 석판, 안내판, 게시판, 칠판, 표, 목록
Komm vor und schreib die Lösung an die **Tafel**!
앞에 나와서 칠판에 해답을 적으세요!

1039 Drucker ['dʀʊkɐ]
Ⓖ m s -

명 프린터, 인쇄기, 인쇄업자
Mein **Drucker** signalisierte mir heute, dass seine Tintenpatrone leer ist.
오늘 프린터에서 잉크 카트리지가 비었다는 신호가 나왔다.

1040 Zufall [ˈt͡suːˌfal]
ⓖ m (e)s ä-e

명 우연, 우발적 사건, 발작

Du hast Schuld, ob es durch **Zufall** oder mit Absicht passiert ist.
우발적이든 고의적이든 당신의 잘못입니다.

1041 Neuigkeit [ˈnɔɪɪçkaɪt]
ⓖ f - en

명 새 소식, 뉴스, 새로운 사건

Es war wirklich eine überraschende **Neuigkeit**, dass er meine
Schwester geheiratet hat.
그가 내 동생과 결혼했다는 것은 정말 놀라운 소식이었습니다.

1042 nötig [ˈnøːtɪç]
ⓨ erforderlich, notwendig

형 필요한, 꼭 해야 할

Wir haben deine Hilfe dringend **nötig**.
우리는 당신의 도움이 절실히 필요합니다.

1043 ab·schreiben
[ˈapʃʁaɪbn̩]
ⓨ herausschreiben,
kopieren

동 베끼다, 복사하다, 표절하다, 커닝하다, 공제하다

Bitte **schreiben** Sie diese Sätze **ab**!
이 문장들을 베껴 쓰세요!

1044 kreativ [ˌkʁeaˈtiːf]
ⓨ innovativ, einfallsreich

형 창조적인, 창의적인

Unsere Firma zieht **kreativ** denkende Bewerber vor.
우리 회사는 창의적 사고의 지원자를 선호합니다.

1045 telefonieren
[teləfoˈniːʁən]
ⓨ anrufen, fernsprechen

동 전화 통화하다

Sei gefälligst still, ich **telefoniere** gerade!
제발 조용히 해, 나는 전화 중이야!

1046 kämpfen [ˈkɛmp͡fn̩]
ⓨ streiten,
sich messen mit

동 싸우다, 투쟁하다, 논쟁하다, 분투하다

Der Herausforderer und der Weltmeister **kämpfen** erneut um den
Titel.
도전자와 세계 챔피언이 타이틀을 위해 다시 싸웁니다.

1047 reduzieren
[ʁeduˈt͡siːʁən]
ⓨ abnehmen, ermäßigen

동 경감하다, 감소하다, 축소하다, 제한하다, 약분하다

Ich denke, dass wir im nächsten Jahr unsere Verluste **reduzieren**
können.
나는 우리가 내년에는 손실을 줄일 수 있다고 생각합니다.

1048 verraten [fɛɐ̯ˈʁaːtən]
ⓨ erzählen, mitteilen

동 배신하다, 배반하다, 누설하다, 발설하다, 드러내다

Wenn du meinem Gegner bei dieser Sache hilfst, dann **verrätst** du
mich!
이 문제에서 상대방을 도와주면 너는 나를 배신한 것이다.

1049 eröffnen [ɛɐ̯ˈʔœfnən]
ⓨ aufmachen, anfangen

동 개시하다, 시작하다, 개업하다, 개최하다, 털어놓다, 알리다

Ich möchte in diesem Jahr mein neues Geschäft in Deutschland
eröffnen.
올해 독일에서 새로운 사업을 시작하고 싶습니다.

1050	hängen [ˈhɛŋən] ⊕ baumeln, pendeln	图 걸다, 매달다, 매달려 있다 An dem Zweig **hängen** viele Früchte. 많은 과일들이 가지에 매달려 있다.

1051	Besuch [bəˈzuːx] Ⓖ m (e)s e	圐 방문, 문안, 출석, 방문객 Ich freue mich auf deinen morgigen **Besuch**. 나는 당신의 내일 방문을 기대합니다.

1052	beschreiben [bəˈʃʀaɪbn̩] ⊕ ausführen, erläutern	图 서술하다, 묘사하다, 그리다, 나타내다 Nach dem Unfall **beschrieb** das Opfer den Sachverhalt. 사고 후 피해자는 상황을 설명했습니다.

1053	Brötchen [ˈbʀøːtçən] Ⓖ n s -	圐 빵, 작은 빵 Ein leckeres **Brötchen** mit Käse liegt noch in der Auslage. 치즈가 들어간 맛있는 빵이 여전히 진열되어 있습니다.

1054	Flugbegleiter [ˈfluːkbəˌɡlaɪtɐ] Ⓖ m s -	圐 항공 승무원 Jeder **Flugbegleiter** wird für die Bewältigung gefahrvoller Situationen geschult. 모든 승무원은 위험한 상황을 극복하도록 훈련을 받습니다.

1055	Gewürz [ɡəˈvʏʀts] Ⓖ n es e	圐 양념, 조미료 In Korea gibt es verschiedene scharfe **Gewürze**. 한국에는 많은 매운 향신료가 있습니다.

1056	passieren [paˈsiːʀən] ⊕ geschehen, stattfinden	图 일어나다, 발생하다, 생기다, 통과하다, 통행하다 Ich weiß nicht, wie es **passiert** ist. 나는 어떻게 된 건지 모르겠습니다.

1057	Urkunde [ˈuːɐ̯kʊndə] Ⓖ f - n	圐 문서, 기록, 증서, 증명서, 원문, 정본 Ich schicke Ihnen in ein oder zwei Tagen die **Urkunde** zurück. 하루나 이틀 안에 인증서를 돌려 보내 드리겠습니다.

1058	Überweisung [ˌyːbɐˈvaɪzʊŋ] Ⓖ f - en	圐 계좌 이체, 송금, 이송 Soblad wir Ihre **Überweisung** erhalten haben, schicken wir Ihnen die Waren zu. 송금을 받으면 상품을 바로 보내드립니다.

1059	Gramm [ɡʀam] Ⓖ n s e	圐 그램 Das Rindfleisch wiegt genau 200 **Gramm**. 그 쇠고기의 무게는 정확히 200 그램입니다.

1060	passiv [ˈpasiːf] ⊕ inaktiv, tatenlos	圗 수동의, 수동적인, 소극적인, 결손의 Verhalte dich jetzt nicht mehr so **passiv**. 지금 너무 소극적으로 행동하지 마십시오.

1061 **gemeinsam** [gəˈmaɪ̯nzaːm]
유 allesamt, zusammen

형 공동의, 공통의, 공유의, 서로서로의
Das Buch entstand in **gemeinsamer** Arbeit der Autoren.
이 책은 공동 저자로 만들어졌습니다.

1062 **Migration** [miɡʁaˈt͡si̯oːn]
G *f - en*

명 이동, 이주, 이민
Die **Migration** ist eine Folge der Globalisierung.
이민은 세계화의 결과입니다.

1063 **förmlich** [ˈfœʁmlɪç]
유 formell, amtlich

형 유형의, 모양 좋은, 형식에 맞는, 공식적인, 형식을 갖춘, 합법적인
Die Verwaltungsbehörde hält ihren Beschluss **förmlich** schriftlich fest.
행정 당국은 그녀의 판결을 공식적인 서면으로 밝혔습니다.

1064 **endgültig** [ˈɛntɡʏltɪç]
유 abschließend, unwiderruflich

형 최종적인, 결정적인, 최후의
Die beiden haben sich **endgültig** getrennt.
두 사람은 마침내 헤어졌다.

1065 **Pflaster** [ˈp͡flastɐ]
G *n s -*

명 포장, 포장 도로, 반창고, 위로, 위안, 보상
Die Verletzung am Arm von Leon wird durch die Krankenschwester mit einem **Pflaster** versorgt.
간호사는 Leon 의 팔의 부상을 반창고를 이용하여 치료했습니다.

1066 **international** [ˌɪntɐnat͡si̯oˈnaːl]
유 global, weltweit

형 국제간의, 국제적인, 세계적인
Mein **internationaler** Führerschein gilt auch in Deutschland.
나의 국제 운전 면허증은 독일에서도 유효합니다.

1067 **eben** [ˈeːbn̩]
유 bestimmt, genau

형 평탄한, 고른, 균등한, 적당한, 서로 알맞은
부 바로, 막, 정확하게, 정말, 겨우, 가까스로
Ja, genau! Das wollte ich **eben** sagen.
네 맞아요! 내가 하고 싶은 말이었어요.

1068 **Flohmarkt** [ˈfloːˌmaʁkt]
G *m (e)s ä-e*

명 벼룩 시장
In München findet am Wochenende regelmäßig ein **Flohmarkt** statt.
벼룩 시장은 주말에 뮌헨에서 정기적으로 열린다.

1069 **ziemlich** [ˈt͡siːmlɪç]
유 sehr, beachtlich

형 상당한, 꽤 많은, 알맞은
부 꽤, 상당히, 매우, 거의
Aufgrund der langen Arbeit bin ich jetzt **ziemlich** müde.
오랜 작업 때문에 나는 지금 꽤 피곤하다.

1070 **Alltag** [ˈalˌtaːk]
G *m (e)s e*

명 평일, 일상
Smartphones haben unseren **Alltag** völlig verändert.
스마트폰은 우리의 일상 생활을 완전히 바꿔 놓았습니다.

1071 vor [foːɐ̯]
Ⓢ bevor, zuvor

전 ~앞에, 앞에서, ~전에, 이전에

Vor einer Stunde ist der Zug schon weggefahren.
기차는 한 시간 전에 이미 떠났습니다.

1072 überhaupt [ˌyːbɐˈhaʊpt]
Ⓢ absolut, gar

부 대개, 일반적으로, 대체로, 도대체, 결코

Was machst du hier? Du bist hier **überhaupt** nicht willkommen!
여기서 무엇을 하는 거야? 너는 여기에서 전혀 환영 받지 못해!

1073 schneien [ˈʃnaɪ̯ən]

동 눈이 오다

Auf dem Heimweg hat es angefangen zu **schneien**.
집으로 가는 길에 눈이 내리기 시작했습니다.

1074 Prozess [pʁoˈt͡sɛs]
Ⓖ m es e

명 진행, 계속, 경과, 과정, 처리, 프로세스

Findest du den **Prozess** wichtiger als das Ergebnis?
결과보다 과정이 더 중요하다고 생각해?

1075 an·schnallen [ˈanʃnalən]
Ⓢ festbinden, angurten

동 벨트를 매다, 죄다

Vor einer Autofahrt hat der Fahrer die Pflicht, kleine Kinder
anzuschnallen.
운전자는 차를 운전하기 전에 어린 아이에게 안전벨트를 착용해야 한다.

1076 Streit [ʃtʁaɪ̯t]
Ⓖ m (e)s e

명 말다툼, 논쟁, 싸움, 불화

Es kam zum **Streit** in der Ehe.
결혼 생활에 불화가 있었습니다.

1077 Kirche [ˈkɪʁçə]
Ⓖ f - n

명 교회, 교파, 성당, 예배당

Jeden Sonntag geht mein Bruder zur **Kirche**.
나의 형은 매주 일요일에 교회에 간다.

1078 übernehmen [yːbɐˈneːmən]
Ⓢ besetzen,
   überanstrengen

동 넘겨받다, 인계받다, 떠맡다, 지다, 인용하다

Die Terroristen **übernahmen** die Kontrolle über das Flugzeug.
그 테러리스트들이 비행기의 통제를 장악했다

1079 Quittung [ˈkvɪtʊŋ]
Ⓖ f - en

명 영수증, 수령증, 보답

Die **Quittungen** solltest du für spätere Garantieansprüche sorgfältig
aufbewahren.
너는 나중에 보증 청구를 위해 영수증을 꼼꼼하게 보관해야 한다.

1080 genießen [ɡəˈniːsn̩]
Ⓢ konsumieren,
   sich erfreuen

동 즐기다, 누리다, 얻다, 먹다, 마시다

Jeder will ein glückliches Leben **genießen**.
누구나 행복한 삶을 즐기고 싶어한다.

1081 dauern [ˈdaʊ̯ɐn]
ⓢ bestehen bleiben, Zeit kosten

동 계속되다, 지속되다, 존속하다, 오래가다, 견디다, 시간이 걸리다, 경과하다
Bis alle Schäden des Erdbebens beseitigt sind, wird es noch Jahre **dauern**.
지진으로 인한 모든 피해가 복구되기까지 수 년이 걸릴 것이다.

1082 wasserdicht [ˈvasɐˌdɪçt]
ⓢ wasserfest, wasserresistent

형 방수의, 물이 새지 않는, 내수성의
Diese billige Uhr, mit der man nicht schwimmen kann, ist nicht **wasserdicht**.
방수가 되지 않는 이 값싼 시계를 차고 수영을 할 수 없다.

1083 aus·nehmen [ˈaʊ̯sˌneːmən]
ⓢ ausschließen, ausschlachten

동 들어내다, 꺼내다, 제외하다, 예외로 하다
Man kann keine einzelne Person aus den Regeln **ausnehmen**.
규칙에서 한 사람도 제외시킬 수는 없습니다.

1084 anschließend [ˈanʃliːsn̩t]
ⓢ nachfolgend, dann

형 나중의, 뒤이어, 곧이어
Anschließend werden Wetternachrichten gesendet.
이어서 날씨가 방송됩니다.

1085 Frieden [ˈfʁiːdn̩]
Ⓖ m s -

명 평화, 평화 조약, 화목, 평안, 안정, 안녕
Alle Menschen wären glücklich, wenn **Frieden** herschte.
평화가 있다면 모든 사람이 행복 할 것입니다.

1086 verdrängen [fɛɐ̯ˈdʁɛŋən]
ⓢ wegschieben, entmachten

동 밀어내다, 내쫓다, 몰아내다, 배제하다
Ich wünschte, dass ich Sera aus meinen Erinnerungen **verdrängen** könnte.
내 기억에서 세라가 잊혀지길 소망했다.

1087 Verfügung [fɛɐ̯ˈfyːɡʊŋ]
Ⓖ f - en

명 법령, 규정, 처분, 조치
Es steht nicht so genug Platz zur **Verfügung**.
사용 가능한 자리가 충분하지 않습니다.

1088 Erholung [ɛɐ̯ˈhoːlʊŋ]
Ⓖ f - x

명 회복, 휴양, 기분 전환, 위안, 얻음, 획득
Nach den Anstrengungen der Arbeit bedurfte ich dringend einer längeren **Erholung**.
고된 노동 후에 나는 긴 휴식이 절실히 필요했다.

1089 Beutel [ˈbɔɪ̯tl̩]
Ⓖ m s -

명 작은 자루, 주머니, 돈지갑
Das Känguruh trägt sein Junges im **Beutel**.
캥거루는 새끼를 주머니에 담습니다.

1090 übrig [ˈyːbʁɪç]
ⓢ überzählig, nutzlos

형 남은, 여분의, 그 외의, 나머지의
Nach dem Einkaufen blieben mir nur 10 Euro **übrig**.
쇼핑 후에 10 유로 밖에 남지 않았어.

1091 Gegenstand
['ge:gnʃtant]
Ⓖ m (e)s ä-e

Ⓜ 사물, 물품, 객체, 대상, 표적, 주제, 테마, 사람
Räume bitte all deine **Gegenstände** aus meinem Zimmer!
내 방에서 너의 물건들을 모두 치워라!

1092 paar [paːɐ̯]
Ⓢ etliche, manche

Ⓗ 짝수의, 한 쌍의, 짝을 이룬
Vor ein **paar** Tagen habe ich das Buch verloren, das ich von der Bibliothek ausgeliehen habe.
도서관에서 빌린 책을 며칠 전에 잃어 버렸습니다.

1093 verbringen
[fɛɐ̯'bʀɪŋən]
Ⓢ aufwenden, bleiben

Ⓥ 시간을 보내다, 낭비하다, 탕진하다
Eigentlich wollte ich meinen Urlaub besonders schön **verbringen**, aber ich hatte kein Geld.
사실 특별히 좋은 휴가를 보내고 싶었지만 돈이 없었습니다.

1094 Kosmetik [kɔs'meːtɪk]
Ⓖ f - a

Ⓜ 미용, 화장, 미용법, 화장술, 장식, 미화
Kosmetik kann das Körperäußere verschönern und pflegen.
화장품은 사람의 외관을 아름답게 하고 잘 꾸밀 수 있습니다.

1095 feucht [fɔɪçt]
Ⓢ nass, dumpf

Ⓗ 축축한, 눅눅한, 젖은, 다습한
Der Keller in diesem Gebäude ist **feucht** und moderig.
이 건물의 지하실은 습기차고 곰팡이가 핀다.

1096 Salbe ['zalbə]
Ⓖ f - n

Ⓜ 연고, 고약
Der Arzt hat mir für meine Haut eine **Salbe** verschrieben.
의사는 내 피부를 위해 연고를 처방했습니다.

1097 sinken ['zɪŋkn̩]
Ⓢ fallen, abnehmen

Ⓥ 가라앉다, 침몰하다, 함몰하다, 떨어지다, 하락하다, 넘어지다, 누그러지다, 쇠퇴하다, 숙이다
Die Ratten verlassen das **sinkende** Schiff.
쥐들이 침몰하는 배에서 떠나고 있습니다.

1098 Publikum
['puːblikʊm]
Ⓖ n s -ka

Ⓜ 공중, 세상, 청중, 관객, 시청자, 방문객
Der Beifall des **Publikums** hallte durch die ganze Halle.
관중의 박수가 홀 전체에 울려 퍼졌다.

1099 Rathaus ['ʀaːtˌhaʊs]
Ⓖ n es ä-er

Ⓜ 시청
Fahren Sie vielleicht in Richtung **Rathaus**? Ich muss ins Rathaus, um einen neuen Reisepass zu beantragen.
혹시 시청 쪽으로 가세요? 나는 새 여권을 신청하기 위해 시청에 가야 합니다.

1100 überlegen
[ˌyːbɐ'leːgn̩]
Ⓢ nachdenken, abwägen

Ⓥ 숙고하다, 고려하다, 생각하다
Das muss ich mir nochmal **überlegen**, bevor ich entscheide.
나는 결정하기 전에 한번 더 생각해야 한다.

12

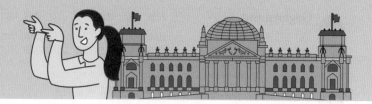

1101 fett [fɛt]
㊄ gehaltvoll, ölig

[형] 살찐, 뚱뚱한, 기름진, 지방이 많은, 비옥한

Fettes Fleisch schmeckt einfach besser.
기름진 고기가 더 맛있습니다.

1102 Mord [mɔʁt]
Ⓖ m (e)s e

[명] 살인, 살해

Er wurde wegen **Mordes** an zwei Polizisten angeklagt.
그는 두 명의 경찰관을 살해 한 혐의로 기소되었다.

1103 Artikel [ˌaʁˈtiːkl̩]
Ⓖ m s -

[명] 조항, 항목, 교리, 논설, 기사, 상품, 관사

"Der, die, das" und "ein, eine, ein" sind die deutschen **Artikel**.
"Der, die, das" 및 "ein, eine, ein"은 독일어 관사이다.

1104 bezahlen [bəˈtsaːlən]
㊄ ausgleichen, erstatten

[동] 지불하다, 대금을 치르다, 갚다, 지급하다

Wie viel hast du für dieses Ticket **bezahlt**?
이 티켓에 얼마를 지불 했어요?

1105 geschehen [ɡəˈʃeːən]
㊄ passieren, stattfinden

[동] 일어나다, 생기다, 벌어지다, 행해지다, 수행되다

Auf dem Heimweg **geschah** ein Autounfall.
집에 가는 길에 교통 사고가 발생했다.

1106 waschen [ˈvaʃn̩]
㊄ reinigen, putzen

[동] 빨다, 씻다, 빨래하다, 세척하다

Wasch dir die Hände, bevor du zum Essen gehst!
밥 먹으러 가기 전에 손을 씻으세요!

1107 Protest [pʁoˈtɛst]
Ⓖ m (e)s e

[명] 항의, 항변, 이의, 거절 증서

Aus **Protest** gegen eine Äußerung des Chefs traten die Mitarbeiter in den Fabrikstreik.
직원들은 사장의 표명에 항의하기 위해 공장 파업에 들어갔습니다.

1108 Virus [ˈviːʁʊs]
Ⓖ m/n - -ren

[명] 바이러스

Die automatischen Online-Updates von COMPUTERSCAN erkennen selbst neueste **Viren**.
COMPUTERSCAN의 자동 온라인 업데이트는 최신 바이러스도 탐지한다.

1109 ursprünglich
['uːɐ̯ʃpʁʏŋlɪç]
⊕ anfangs, original

형 최초의, 본원의, 본래의, 단순한, 자연적인, 원시적인
Ich wusst nicht, dass die Sache **ursprünglich** anders geplant war.
나는 그 일이 원래 다르게 계획된 건지 몰랐습니다.

1110 bisher [bɪsˈheːɐ̯]
⊕ bis jetzt, bislang

부 지금까지, 종래
Diese Politik hatte **bisher** nur sehr begrenzte Auswirkungen.
지금까지 이 정책은 아주 제한적인 영향만 미쳤습니다.

1111 sich entschließen
[ɛntˈʃliːsn̩]
⊕ beschließen,
eine Entscheidung
treffen

동 결심하다, 결정하다
Wir haben **uns entschlossen**, einige Monate miteinander zu verbringen.
우리는 몇 달 동안 함께 보내기로 결정했습니다.

1112 voraussichtlich
[foˈʁaʊ̯szɪçtlɪç]
⊕ geschätzt, vermutlich

형 예상할 수 있는, 예측할 수 있는, 가망이 있는
Voraussichtlich wird sie morgen in Mannheim ankommen.
그녀는 아마 내일 만하임에 도착할 것이다.

1113 Lokal [loˈkaːl]
Ⓖ n (e)s e

명 레스토랑, 음식점, 술집, 연회장, 장소, 공간
Ich konnte gestern meinem Freund nicht widerstehen und bin mit ihm ins **Lokal** gegangen.
나는 어제 남자 친구에게 발목을 잡혀서 할 수 없이 술집에 갔다.

1114 blind [blɪnt]
⊕ unsichtbar, verblendet

형 눈이 보이지 않는, 눈먼, 흐린, 막힌, 허위의, 맹목적인
Das Licht war so hell, dass ich fast **blind** wurde.
빛이 너무 밝아서 나는 거의 눈이 멀었습니다.

1115 stammen [ˈʃtamən]
⊕ herkommen,
entspringen

동 유래하다, 출신이다, 근거하다
Die Äpfel **stammen** aus Spanien.
사과는 스페인에서 왔다.

1116 Gelegenheit
[ɡəˈleːɡn̩haɪ̯t]
Ⓖ f - en

명 기회, 찬스, 경우, 계기, 때
Ich wäre sehr dankbar, würden Sie mir die **Gelegenheit** dazu ermöglichen.
그렇게 할 수 있는 기회를 주신다면 매우 감사하겠습니다.

1117 realisieren
[ʁealiˈziːʁən]
⊕ verwirklichen,
durchführen

동 실현하다, 인식하다, 현금화하다
Wir streben immer danach, unsere Träume zu **realisieren**.
우리는 꿈을 이루기 위해 항상 노력합니다.

1118 Verlegung
[fɛɐ̯ˈleːɡʊŋ]
Ⓖ f - en

명 연기, 이전, 이동, 잘못 놓음, 출판
Die Kritik an den Plänen zur **Verlegung** des Wirtschaftshafens wächst.
상업 항구 이전 계획에 대한 비판이 커지고 있다.

1119 Scheidung [ˈʃaɪdʊŋ]
Ⓖ f - en
명 이혼, 분리, 이별, 구별, 분해
Habt ihr schon einmal eine **Scheidung** erwogen?
너희는 이혼을 생각해 본 적 있니?

1120 lachen [ˈlaxn̩]
㊌ belächeln, kichern
동 웃다, 비웃다, 조롱하다
Ich **lache** immer, wenn jemand einen Witz erzählt.
나는 누군가가 농담을 할 때 항상 웃습니다.

1121 schwach [ˈʃvax]
㊌ gering, kaum
형 약한, 허약한, 빈약한, 묽은, 연한, 희미한, 미미한, 적은
Wieso siehst du so **schwach** aus?
왜 그렇게 힘 없어 보이니?

1122 wenn [vɛn]
㊌ falls, als
접 ~할 때에, ~할 때마다, ~일 경우에는, 만약 ~이라면
Wir würden gerne zusammen bleiben, **wenn** es dir recht ist.
당신이 괜찮다면 우리는 함께 있고 싶어요.

1123 Wirt [vɪʁt]
Ⓖ m (e)s e
명 집주인, 주인, 남편
Der **Wirt** hat schon wieder die Miete erhöht.
집주인이 임대료를 다시 인상했습니다.

1124 Religion [ʁeliˈɡi̯oːn]
Ⓖ f - en
명 신앙, 믿음, 종교, 종파
Religion kann Trost spenden, sie kann Ruhe und Harmonie stiften.
종교는 위로를 줄 수 있고, 평화와 조화를 가져올 수 있습니다.

1125 Vermutung
[fɛɐ̯ˈmuːtʊŋ]
Ⓖ f - en
명 예상, 추측, 추정, 상상
Mit ihrer **Vermutung** lag sie richtig.
그녀의 추측이 맞았습니다.

1126 kostenlos [ˈkɔstn̩loːs]
㊌ gratis, umsonst
형 무료의, 무상의
Der Verkäufer hat den Kunden **kostenlos** Bier verteilt.
판매자는 고객에게 무료 맥주를 돌렸습니다.

1127 intensiv [ɪntɛnˈziːf]
㊌ ausführlich, extrem
형 집중적인, 심도 있는, 집약적인, 강한, 효과적인, 내포적인
Die Polizei überwachte einen Verdächtigen **intensiv**.
경찰은 용의자를 집중적으로 감시했다.

1128 sehr [zeːɐ̯]
㊌ voll, äußerst
부 매우, 대단히, 아주
Ich freue mich **sehr** über das Geschenk.
나는 그 선물이 매우 기쁘다.

1129 Problem [pʁoˈbleːm]
Ⓖ n s e
명 문제, 어려움, 난점, 과제
Bereits habe ich das **Problem** gelöst.
나는 이미 그 문제를 해결했습니다.

1130 Schwein [ʃvaɪn]
G *n* (e)s e

명 돼지

Nein danke, ich bin Muslim, weshalb ich kein **Schwein** esse.
아니요, 저는 무슬림이라 돼지 고기를 먹지 않습니다.

1131 spannend [ˈʃpanənt]
유 aufregend, interessant

형 긴장감이 넘치는, 흥미진진한, 재미있는

Spannende Abenteuer erwarten Sie in unserem Europa-Park.
유로파 파크에서 흥미 진진한 모험이 여러분을 기다리고 있습니다.

1132 Klasse [ˈklasə]
G *f* - n

명 등급, 수준, 학급, 교실, 학년, 계급, 체급, 분류, 종, 형

Er ist in Mathematik der Beste in seiner **Klasse**.
그는 그의 반에서 수학 1등이다.

1133 Inserat [ɪnzeˈʁaːt]
G *n* (e)s e

명 광고

Jemand der ein **Inserat** aufgibt, ist ein Inserent.
광고를 게재하는 사람은 광고주입니다.

1134 Strafe [ˈʃtʁaːfə]
G *f* - n

명 벌, 형벌, 징계, 벌금, 과료

Wenn du erwischt wirst, musst du sicher eine hohe **Strafe** zahlen.
당신은 잡히면 확실히 많은 벌금을 내야 될 것입니다.

1135 suchen [ˈzuːxn̩]
유 ermitteln, verfolgen

동 찾다, 뒤지다, 수색하다, 구하다, 검색하다, 시도하다

Wo warst du? Ich habe dich schon überall **gesucht**!
어디 있었어? 나는 너를 사방 팔방으로 찾고 있었어!

1136 scannen [ˈskɛnən]
유 einscannen, mit dem Scanner erfassen

동 스캐너로 읽다, 스캔하다

Das Gerät kann **scannen** und kopieren.
이 장치는 스캔과 복사를 할 수 있습니다.

1137 froh [fʁoː]
유 glücklich, erfreulich

형 기뻐하는, 반가워하는, 쾌활한, 명랑한, 기쁜, 즐거운, 안심하는

Ich bin **froh**, dass ich dir helfen konnte.
당신을 도와 드릴 수 있어서 기쁩니다.

1138 Zelt [ʦɛlt]
G *n* (e)s e

명 천막, 텐트

Das **Zelt** wird diesem starken Wind nicht standhalten.
그 텐트는 이 강한 바람을 견딜 수 없습니다.

1139 weiter·geben [ˈvaɪtɐˌɡeːbn̩]
유 übergeben, übermitteln

동 전달하다, 넘겨주다

Geben Sie bitte die Information an alle Betroffenen **weiter**!
모든 관계자들에게 그 정보를 전달해 주세요!

1140 Zucker [ˈʦʊkɐ]
G *m* s -

명 설탕, 탄수화물, 당

Wissen Sie, warum es zurzeit viel Frage nach **Zucker** ist.
왜 요즘 설탕에 대한 의문이 많은지 아십니까?

1141 oft [ɔft]
㊦ häufig, mehrmals

㊦ 자주, 여러 번, 빈번히
Wie **oft** warst du schon in Korea?
얼마나 자주 한국에 몇 번 가보셨나요?

1142 Störung [ˈʃtøːʁʊŋ]
Ⓖ *f - en*

㊅ 방해, 교란, 중단, 장애, 고장
Der Drucker funktioniert nicht. Er hat eine **Störung**.
프린터가 작동하지 않습니다. 그것은 문제가 있습니다.

1143 Erklärung
[ɛɐ̯ˈklɛːʁʊŋ]
Ⓖ *f - en*

㊅ 설명, 해명, 선언, 성명, 공표, 진술
Eine Bedienungsanleitung enthält eine **Erklärung** der Funktion des Gerätes.
사용 설명서에는 그 장치의 기능에 대한 설명이 포함되어 있습니다.

1144 eng [ɛŋ]
㊦ knapp, intim

㊊ 좁은, 답답한, 밀집한, 빽빽한, 응축된, 친밀한, 국한된
Sie hat wohl zugenommen. Ihre Hose ist jetzt etwas **eng**.
그녀는 아마 살이 쪘을 거야. 이제 바지가 꽉 껴.

1145 zu·hören
[ˈtsuːˌhøːʁən]
㊦ vernehmen, horchen

㊌ 경청하다, 귀를 기울이다
Bitte **hören** Sie mir jetzt einmal **zu**!
지금 내 말을 한번만 들어주세요!

1146 Maus [maʊ̯s]
Ⓖ *f - ä-e*

㊅ 생쥐, 마우스
Der Elefant hat Angst vor der kleinen weißen **Maus**.
코끼리는 작은 흰 쥐를 두려워합니다.

1147 Ursache [ˈuːɐ̯ˌzaxə]
Ⓖ *f - n*

㊅ 원인, 이유, 동기, 근거
Die **Ursache** dieses Autounfalls ist noch unklar.
그 교통 사고의 원인은 아직 불분명합니다.

1148 nirgends [ˈnɪʁɡn̩ts]
㊦ an keiner Stelle,
nirgendwo

㊦ 어디에도 없다, 아무데서 ~하지 않다
Ich suche seit drei Stunden meine Brille, aber ich kann sie **nirgends** finden.
나는 3 시간 동안 안경을 찾고 있지만 어디서도 찾을 수 없습니다.

1149 schimpfen [ˈʃɪmp̩fn̩]
㊦ rügen, tadeln

㊌ 욕하다, 악담하다, 저주하다, 꾸짖다
Er war total schockiert, als er seinen Sohn **schimpfen** sah.
그는 아들이 욕하는 것을 보았을 때 완전히 충격 받았습니다.

1150 Berufserfahrung
[bəˈʁuːfsʔɛɐ̯ˌfaːʁʊŋ]
Ⓖ *f - en*

㊅ 직무 경험, 실무 경험
Weitere Angaben über seine bisherige Laufbahn und seine **Berufserfahrung** können Sie seinem Lebenslauf entnehmen.
그의 이전 경력 및 직무 경험에 대한 자세한 정보는 그의 이력서에서 찾을 수 있습니다.

1151 ab·hängen
['ap,hɛŋən]

图 abnehmen,
angewiesen sein

동 의존하다, 좌우되다, ~에 달려 있다

Unsere Reise **hängt** vom Wetter **ab**.
우리 여행은 날씨에 좌우된다.

1152 glücklich ['glʏklɪç]
图 froh, angenehm

형 행복한, 기뻐하는, 운이 좋은, 성공한, 유리한, 이로운, 적절한

Sie war so **glücklich**, als ich sie in meinen Armen hielt.
내가 그녀를 품에 안았을 때 그녀는 너무 기뻐했습니다.

1153 Beispiel ['baɪ̯ʃpiːl]
G n (e)s e

명 예, 보기, 예시, 선례, 모범, 본보기

Sie sucht noch nach einem treffenden **Beispiel** für das, was sie
eigentlich meint.
그녀는 여전히 그녀가 말하고자 하는 적절한 예를 찾고 있습니다.

1154 ergänzen [ɛɐ̯'gɛnt͡sn̩]
图 beifügen,
vervollständigen

동 보충하다, 보완하다, 완전하게 하다, 채우다

Ich muss noch etwas **ergänzen**, was ich gestern nicht erwähnt habe.
나는 어제 언급하지 않은 것을 추가해야 합니다.

1155 ein·steigen
['aɪ̯n,ʃtaɪ̯gn̩]

图 eintreten, anfangen

동 승차하다, 올라타다, 관여하다

Der Dieb ist durch das Fenster **eingestiegen**.
도둑이 창문으로 들어갔다.

1156 Bescheinigung
[bə'ʃaɪ̯nɪgʊŋ]

G f - en

명 증명서, 증서, 확인서

Die Gültigkeitsdauer der **Bescheinigung** beträgt höchstens zwei
Jahre.
그 인증서는 최대 2 년 동안 유효합니다.

1157 Buchstabe
['buːxʃtaːbə]

G m n(s) n

명 알파벳, 문자, 글자체, 서체

Der erste **Buchstabe** der Deutschen Sprachen ist standardmäßig
immer groß.
독일어의 첫 글자는 기본적으로 항상 대문자로 표시됩니다.

1158 sozial [zo'ʦɪ̯aːl]
图 gesellschaftlich,
wohltätig

형 사회의, 사회적인, 사회 봉사의, 공익의

Der Altenpfleger übt einen **sozialen** Beruf aus.
간병인은 사회적 직무를 수행합니다.

1159 Nerv [nɛʁf]
G m s/en en

명 신경

Dein hässliches Gesicht geht mir auf die **Nerven**.
당신의 못생긴 얼굴이 짜증납니다.

1160 gering [gə'ʁɪŋ]
图 klein, minimal

형 경미한, 적은, 모자라는, 약간의, 사소한, 하찮은, 낮은, 열등한

Die Wahrscheinlichkeit, dass es morgen schneit, ist **gering**.
내일 눈이 올 가능성은 희박합니다.

1161 klopfen [ˈklɔpfn̩]
圄 schlagen, trommeln

동 두드리다, 두들기다, 치다, 노크하다

Lass uns an die Tür **klopfen** und fragen, warum wir die Prüfung nicht bestanden haben.
문을 두드려서 왜 우리가 시험을 통과하지 못했는지 물어보자.

1162 umgehend [ˈʊmɡeːənt]
圄 sogleich, unmittelbar

형 즉시의, 지체없는

Danke für die **umgehende** Beantwortung meiner E-mail.
제 이메일에 즉시 답을 해주셔서 감사합니다.

1163 weiter·gehen [ˈvaɪtɐˌɡeːən]
圄 vorankommen, weiterlaufen

동 계속하여 가다, 진전하다, 계속되다

Ich möchte Sie bitten, noch einen Schritt **weiterzugehen**.
나는 당신에게 한 단계 더 나아가기를 요청합니다.

1164 teil·nehmen [ˈtaɪlˌneːmən]
圄 mitmachen, dabei sein

동 함께하다, 참가하다, 협력하다, 관계하다

Nur als Qualifizierter darf man an der Veranstaltung **teilnehmen**.
자격을 갖춘 사람만 행사에 참여할 수 있습니다.

1165 Auswurf [ˈaʊsvʊʁf]
Ⓖ m (e)s ü-e

명 내던지기, 분출, 폭발, 쓰레기

Dieser Mörder gehört zum **Auswurf** der Menschheit.
이 살인자는 인간 쓰레기에 속한다.

1166 vergrößern [fɛɐ̯ˈɡʁøːsən]
圄 erhöhen, erweitern

동 증대하다, 확대하다, 확장하다, 크게 하다

Ich möchte das Foto auf Postergröße **vergrößern** lassen.
사진을 포스터 크기로 확대하고 싶습니다.

1167 fest·kleben [ˈfɛstˌkleːbn̩]
圄 anhaften, anbringen

동 부착하다, 고착하다, 점착하다, 붙여서 고정시키다

Die Lampen waren an der Decke **festgeklebt**.
램프는 천장에 붙어있었습니다.

1168 auf·wachen [ˈaʊfˌvaxn̩]
圄 erwachen, wach werden

동 눈뜨다, 깨어나다, 정신이 들다

Wenn ich **aufwache**, bin ich immer noch ein bisschen schläfrig.
내가 깨어 났을 때 나는 여전히 조금 졸린다.

1169 täglich [ˈtɛːklɪç]
圄 alltäglich, jeden Tag

형 매일의, 일상의, 통상의
부 매일, 날마다

Aus sanitären Gründen sollten wir **täglich** die Unterwäsche wechseln.
위생적인 이유로 우리는 매일 속옷을 갈아 입어야 합니다.

1170 eisfrei [ˈaɪsfʁaɪ]

형 얼지 않는, 부동의

Die tropische Zone ist **eisfrei**.
열대 지역은 얼지 않습니다.

1171 offen [ˈɔfn̩]
ⓐ aufgeschlossen, frei

⟦형⟧ 열린, 열려 있는, 공공의, 공개의, 미해결의, 미지급의, 솔직한, 명백한, 노출된, 비어 있는
Durch ein **offenes** Fenster konnte der Dieb leicht in die Wohnung eindringen.
도둑은 열린 창문을 통해 쉽게 아파트에 침입 할 수 있었다.

1172 Zuverlässigkeit [ˈt͡suːfɛɐ̯ˌlɛsɪçkaɪt]
ⓖ f - x

⟦명⟧ 신뢰성, 확실성
Der Schwerpunkt liegt hierbei in den Bereichen **Zuverlässigkeit** und Benutzerfreundlichkeit.
여기서 초점은 신뢰성과 사용자 친화성에 있습니다.

1173 verabschieden [fɛɐ̯ˈʔapʃiːdn̩]
ⓐ Abschied nehmen, beschließen

⟦동⟧ 작별을 고하다, 해고하다, 퇴직시키다
Gestern habe ich meinen Freund am Bahnhof **verabschiedet**.
나는 어제 기차역에서 친구에게 작별 인사를 했습니다.

1174 fertig [ˈfɛɐ̯tɪç]
ⓐ abgeschlossen, müde

⟦형⟧ 완성된, 끝난, 숙련된, 능숙한, 녹초가 된, 지친, 준비가 된
Die Arbeit ist **fertig**! Jetzt habe ich Feierabend!
일이 끝났어요! 이제 난 퇴근!

1175 tauschen [ˈtaʊʃn̩]
ⓐ einhandeln, alternieren

⟦동⟧ 교환하다, 바꾸다, 교역하다
Die alte Schraube muss gegen eine neue Schraube **getauscht** werden.
낡은 나사는 새 나사로 교체 되어야 합니다.

1176 erhitzen [ɛɐ̯ˈhɪt͡sn̩]
ⓐ aufwärmen, beheizen

⟦동⟧ 가열하다, 뜨겁게 하다, 흥분시키다, 화나게 하다
Ein Herd ist ein Gerät, auf dem man die Gerichte **erhitzen** oder heiß machen kann.
스토브는 요리를 데우거나 뜨겁게 만드는 데 사용할 수 있는 장치입니다.

1177 diskutieren [dɪskuˈtiːʁən]
ⓐ debattieren, reden

⟦동⟧ 토론하다, 토의하다, 논의하다
Die Wissenschaftler **diskutieren** seine Theorie zum Verschwinden der Dinosaurier.
과학자들은 공룡의 멸종에 대한 이론을 논의합니다.

1178 viel [fiːl]
ⓐ ziemlich, enorm

⟦형⟧ 많은, 다량의, 다수의
⟦부⟧ 많이, 자주, 크게
Wie **viel** Geld willst du verdienen?
얼마나 많은 돈을 벌고 싶니?

1179 Telefonat [teləfoˈnaːt]
ⓖ n (e)s e

⟦명⟧ 전화 통화
Das **Telefonat** dauerte fast eine Stunde.
통화는 거의 한 시간 동안 지속되었습니다.

1180 Gesellschaft [ɡəˈzɛlʃaft]
ⓖ f - en

⟦명⟧ 사회, 단체, 결사, 협회, 회합, 동아리, 회사, 사교계, 교제
Werden Sie jemand, den die **Gesellschaft** benötigt!
사회가 필요로 하는 사람이 되세요!

1181 Talent [ta'lɛnt]
Ⓖ *n* *(e)s* *e*

몡 재능, 능력, 소질, 재능, 천부

Der Student kann sein musikalisches **Talent** in Deutschland entfalten.
그 학생은 독일에서 음악적 재능을 개발할 수 있습니다.

1182 bekannt [bə'kant]
㊨ berühmt, angesehen

휑 알려진, 이름난, 유명한, 친숙한

Der Tod Michael Jacksons ist über das Internet schnell **bekannt** geworden.
마이클 잭슨의 죽음은 인터넷에 빠르게 알려졌습니다.

1183 Bett [bɛt]
Ⓖ *n* *(e)s* *en*

몡 침대, 침구류, 잠자리

Es ist Zeit, ins **Bett** zu gehen.
잠자리에 들 시간입니다.

1184 Kraft [kʁaft]
Ⓖ *f* *-* *ä-e*

몡 힘, 능력, 체력, 기력, 효과, 작용, 효력

Wissen ist **Kraft**.
아는 것이 힘이다.

1185 außerdem ['aʊsɐdeːm]
㊨ auch, darüber hinaus

휜 그 밖에, 뿐만 아니라, 또한

Ich arbeite jetzt in Frankufrt und kann fließend Deutsch sprechen. **Außerdem** habe ich auch mein Masterstudium in Deutschland absolviert.
저는 현재 프랑크푸르트에서 일하고 있으며 독일어를 유창하게 구사할 수 있습니다. 독일에서 석사 학위도 마쳤습니다.

1186 Geburtstag [gə'buːɐ̯ts̩taːk]
Ⓖ *m* *(e)s* *e*

몡 생일

Alles Gute zum **Geburtstag**!
생일 축하 해요!

1187 Gebühr [gə'byːɐ̯]
Ⓖ *f* *-* *en*

몡 수수료, 사용료, 사례금, 의무, 책임

Die **Gebühr** für die Ausstellung eines Reisepasses beträgt 90 Euro.
여권 발급 수수료는 90 유로입니다.

1188 Mahnung ['maːnʊŋ]
Ⓖ *f* *-* *en*

몡 재촉, 독촉, 권고, 경고, 주의, 독촉장

Wenn die rechtzeitige Bezahlung des Bußgeldes ausbleibt, wird eine **Mahnung** verschickt.
벌금을 제때 지불하지 않으면 독촉장이 발송됩니다.

1189 Programm [pʁo'gʁam]
Ⓖ *n* *(e)s* *e*

몡 프로그램, 계획, 의도

Mein Computer funktioniert nicht. Hast du das neue **Programm** schon installiert?
내 컴퓨터가 작동하지 않습니다. 너는 이미 새 프로그램을 설치했니?

1190 Empfang [ɛm'pfaŋ]
Ⓖ *m* *(e)s* *ä-e*

몡 받음, 수취, 수령, 수신, 영수, 영접, 접수

Beim **Empfang** des Briefes wusste ich schon, was drinsteht.
편지를 받았을 때 나는 이미 그 내용을 알고 있었습니다.

1191 lustig [ˈlʊstɪç]
ⓢ froh, komisch

ⓗ 즐거운, 유쾌한, 기쁜, 우스운, 명랑한, 재미있는, 활발한
Was ist so **lustig**? Das finde ich gar nicht lustig.
뭐가 그렇게 재미있어? 나는 전혀 재미 없다고 생각해.

1192 wirtschaftlich [ˈvɪʁtʃaftlɪç]
ⓢ finanziell, ökonomisch

ⓗ 경제상의, 경영상의, 금전상의, 재정상의, 경제적인, 절약하는
Das Spielen im Internet bereitet Bürgern große **wirtschaftliche** Probleme.
인터넷 도박은 시민들에게 큰 경제적 문제를 야기합니다.

1193 Zeichentrickfilm [ˈʦaɪçn̩ˌtʁɪkfɪlm]
ⓖ m (e)s e

ⓜ 애니메이션, 만화 영화
Nachdem ich alle Hausaufgaben erledigt habe, kann ich mir **Zeichentrickfilme** anschauen.
나는 숙제를 다 마친 후에 만화를 볼 수 있습니다.

1194 Zettel [ˈʦɛtl̩]
ⓖ m s -

ⓜ 종이 쪽지, 광고, 삐라, 메모, 표, 티켓, 포스터, 전표
Ich ließ den **Zettel** auf dem Schreibtisch liegen.
나는 책상 위에 메모를 남겼다.

1195 träumen [ˈtʁɔɪ̯mən]
ⓢ erhoffen, schlafen

ⓥ 꿈꾸다, 꿈에서 보다, 동경하다
Gestern Nacht habe ich etwas Seltsames **geträumt**.
어젯밤 나는 이상한 꿈을 꾸었습니다.

1196 unentschieden [ˈʊnʔɛntˌʃiːdn̩]
ⓢ ungeklärt, entschlusslos

ⓗ 결정하지 않은, 미결의, 미정의, 무승부의
Die Partie Deutschland gegen Südkorea endete **unentschieden** 2:2.
독일과 한국의 경기는 2–2 무승부로 끝났습니다.

1197 total [toˈtaːl]
ⓢ absolut, völlig

ⓗ 완전한, 전체의, 모든, 총계의
Nach dem neunstündigen Marsch war ich **total** erschöpft.
9 시간의 행군 후에 나는 완전히 지쳤다.

1198 Hügel [ˈhyːgl̩]
ⓖ m s -

ⓜ 언덕, 구릉, 작은 산, 묘
Durch die vielen **Hügel** ist das Radfahren ganz schön anstrengend.
많은 언덕을 자전거로 타는 것은 상당히 힘들다.

1199 spät [ʃpɛːt]
ⓢ überfällig, nachts

ⓗ 늦은, 뒤의, 나중의, 말기의
Besser **spät** als nie.
안하는 것보다 늦게 하는 것이 낫다.

1200 ein·halten [ˈaɪ̯nˌhaltn̩]
ⓢ befolgen, beharren

ⓥ 지키다, 엄수하다, 이행하다, 중지하다, 그치다
Autofahrer muss den Sicherheitsabstand **einhalten**, damit kein Unfall passiert.
운전자는 사고를 피하기 위해서 안전 거리를 유지해야 합니다.

1201	mehrmals ['meːɐ̯maːls] ㊌ oftmals, wiederholt	🔤 여러 번, 수차례 Sie hat ihre Freunde **mehrmals** gebeten, ihr Geld zu leihen. 그녀는 친구들에게 돈을 빌려달라고 여러 번 요청했습니다.
1202	Museum [muˈzeːʊm] Ⓖ n s -een	🔤 박물관, 미술관 Ich denke, dass ein Besuch des **Museums** sich immer lohnt. 박물관은 항상 방문 할 가치가 있다고 생각합니다.
1203	hin·weisen ['hɪnˌvaɪ̯zn̩] ㊌ anzeigen, hindeuten	🔤 가리키다, 지시하다, 참조하다, 언급하다 Das Schild **weist** auf eine Fußgängerzone **hin**. 그 표지판은 보행자 구역을 나타냅니다.
1204	beherrschen [bəˈhɛʁʃn̩] ㊌ führen, bewältigen	🔤 지배하다, 통치하다, 통달해 있다, 억제하다 Wenn man viele Fremdsprachen **beherrscht**, könnte man einen guten Job kriegen. 외국어를 많이 할 수 있으면 좋은 직업을 얻을 수 있습니다.
1205	auf·stehen ['aʊ̯fˌʃteːən] ㊌ wach werden, aufkommen	🔤 열려 있다, 서 있다, 일어서다, 기상하다, 나타나다, 생겨나다, 떠오르다 Morgen muss ich um 6 Uhr **aufstehen**, weil ich morgen früh einen Termin habe. 내일 아침 약속이 있어서 내일 오전 6시에 일어나야 합니다.
1206	Lage ['laːɡə] Ⓖ f - n	🔤 위치, 장소, 지위, 자세, 상태, 상황, 형세, 국면, 층 Versetz dich mal in meine **Lage**! 내 입장에서 생각해 보세요!
1207	Abrechnung ['apˌʁɛçnʊŋ] Ⓖ f - en	🔤 공제, 할인, 청산 Die **Abrechnung** war sehr genau, so dass man die Kosten nachvollziehen konnte. 그 정산은 매우 정확해서 그 비용을 이해할 수 있었다.
1208	Ufer ['uːfɐ] Ⓖ n s -	🔤 물가, 강가, 해안, 호숫가, 백사장 Sie ging das **Ufer** lang, bevor die Sonne aufging. 그녀는 해가 뜨기 전에 둑을 따라 걸었다.

1209 alternativ
[ˌaltɛʁnaˈtiːf]
윈 abwechselnd, andere

형 양자택일, 선택적인, 대안의
Wir testeten neue Technologien für **alternative** Energie.
우리는 대체 에너지를 위한 새로운 기술을 테스트 했습니다.

1210 Strom [ʃtʁoːm]
Ⓖ m (e)s ö-e

명 강, 대하, 조류, 물결, 전류, 전기
Der **Strom** ist unterbrochen, weil wir die Stromgebühren nicht bezahlt haben.
전기 요금을 내지 않았기 때문에 전기가 끊겼습니다.

1211 Zuschlag [ˈtsuːʃlaːk]
Ⓖ m (e)s ä-e

명 낙찰, 할증료, 가산금, 수당, 수주
Der **Zuschlag** durch erhöhte Transportkosten wird laufend angepasst.
운송 비용 증가로 인한 추가 요금은 현재 조정되고 있습니다.

1212 aus·stellen
[ˈaʊsʃtɛlən]
윈 postieren, ausfüllen

동 출품하다, 전시하다, 세우다, 끄다, 발행하다
Sie möchte viele berühmte Gemälde in der Galerie **ausstellen**.
그녀는 갤러리에 많은 유명한 그림을 전시하고 싶습니다.

1213 voraus [foˈʁaʊs]
윈 voran, vorwärts

부 앞서, 먼저, 미리
Meine Schwester war ihren Mitschülern immer weit **voraus**.
제 여동생은 항상 반 친구들보다 훨씬 앞서 있었습니다.

1214 zahlreich [ˈtsaːlˌʁaɪç]
윈 unzählbar, umfangreich

형 다수의, 수많은
Unternehmen müssen oft Software für **zahlreiche** Benutzer im Netzwerk aktualisieren.
회사는 종종 네트워크의 수많은 사용자를 위해 소프트웨어를 업데이트해야 합니다.

1215 fällig [ˈfɛlɪç]
윈 erforderlich, zu begleichen

형 만기의, 지급 기한이 된, 예정된, 기대되는
Die Zinsen sind am Ende des Monats **fällig**.
이자는 월말에 마감됩니다.

1216 Marinade
[maʁiˈnaːdə]
Ⓖ f - n

명 마리네이드 소스, 절임 소스
Wenn man das Fleisch schon abends in die **Marinade** legt, ist es am nächsten Tag noch würziger.
저녁에 고기를 절여 넣으면 다음날 양념이 더 잘 밴다.

1217 werfen [ˈvɛʁfn̩]
윈 schlagen, ausstoßen

동 던지다, 투척하다, 팽개치다
Er kann den Ball ziemlich weit **werfen**.
그는 공을 꽤 멀리 던질 수 있습니다.

1218 leisten [ˈlaɪstn̩]
윈 ausführen, ausrichten

동 해내다, 수행하다, 성취하다, 다하다
Da du sehr gute Arbeit **geleistet** hast, gibt es in diesem Monat eine Sonderzulage.
일을 아주 잘 하셨으니 이번 달에는 특별 수당이 있어요.

1219 schieben [ˈʃiːbn̩]
劳 zwängen, pressen

图 밀다, 밀치다, 떼밀다, 미루다, 연기하다
Hilf mir mal, das Auto von der Straße zu **schieben**.
이 차를 도로에서 밀어 내도록 도와주세요.

1220 laktosefrei [lakˈtoːzəˌfʁaɪ]

图 무젖당, 무유당, 락토제 없는
Diese Milch ist nicht **laktosefrei**.
이 우유는 유당이 없습니다.

1221 umsonst [ʊmˈzɔnst]
劳 gratis, kostenlos

图 무료로, 공짜로, 무보수로, 헛되이, 무의미하게
Wenn Sie mit Kindern einen Bus nehmen, dürfen Kinder **umsonst** mitfahren.
당신이 아이들과 함께 버스를 타면 아이들은 무료로 탈 수 있습니다.

1222 gelingen [ɡəˈlɪŋən]
劳 erreichen, schaffen

图 성공하다, 성취하다
Wie schön wäre das Leben, wenn es **gelingen** würde!
성공한다면 얼마나 멋진 삶이겠습니까!

1223 fair [fɛːɐ̯]
劳 gerecht, anständig

图 공평한, 공정한, 정정당당한, 예의 바른
Eigentlich find ich den Kampf nicht **fair**.
사실, 나는 그 싸움이 공정하다고 생각하지 않습니다.

1224 tot [toːt]
劳 gestorben, unbelebt

图 죽은, 활기가 없는, 둔한, 무감각한
Endlich wurde der Täter **tot** aufgefunden.
범인은 결국 죽은 채로 발견되었습니다.

1225 Bilanz [biˈlant͡s]
G f - en

图 결산, 청산, 대차 대조표, 성과, 수확, 총계
Die Entwicklung der **Bilanz** verläuft positiv, denn die Firma macht weniger Ausgaben als Einnahmen.
회사가 수입보다 지출이 적기 때문에 결산은 흑자 입니다.

1226 Zahn [t͡saːn]
G m (e)s ä-e

图 이, 치아
Der Zahnarzt hat mir gesagt, dass dieser **Zahn** heraus muss.
치과 의사는 이 치아를 빼야 한다고 말했습니다.

1227 hell [hɛl]
劳 hellicht, klar

图 밝은, 맑은, 투명한, 청명한, 명백한
Sie steht im **hellen** Sonnenlicht.
그녀는 밝은 햇빛 아래 서 있습니다.

1228 Abteilung [ˈaptaɪlʊŋ]
G f - en

图 나누기, 구분, 분류, 분야, 편, 장, 절, 부, 과
Wo ist die **Abteilung** für Herrenkleidung?
남성복 매장은 어디에 있습니까?

1229 sich eignen [ˈaɪɡnən]
劳 in Frage kommen, taugen

图 적당하다, 적합하다, 어울리다
Dieses Buch **eignet sich** nicht für Anfänger.
이 책은 초보자에게 적합하지 않습니다.

1230	**Mal** [maːl] Ⓖ n (e)s e	똉 때, 번, 회 Das habe ich dir schon zum fünften **Mal** gesagt. 그것은 나는 당신에게 이미 다섯 번이나 말했습니다.
1231	**gern** [gɛʁn] Ⓢ freudig, bereitwilig	똉 기꺼이, 쾌히, 즐겨, 흔연히 Ich hätte **gern** eine Tasse Kaffe ohne Milch. 우유 없는 커피 한 잔 주세요.
1232	**U-Bahn** [ˈuːˌbaːn] Ⓖ f - en	똉 지하철 Können Sie mir sagen, wann die nächste **U-Bahn** kommt? Ich muss von der S-Bahn in die U-Bahn umsteigen. 다음 지하철이 언제 올지 알려 주실래요? 나는 S-Bahn에서 지하철로 갈아타야 합니다.
1233	**Wörterbuch** [ˈvœʁtɐˌbuːx] Ⓖ n (e)s ü-er	똉 사전 Er schlägt das Wort in einem englischen **Wörterbuch** nach. 그는 그 단어를 영어 사전에서 찾습니다.
1234	**trennen** [ˈtʁɛnən] Ⓢ schneiden, zerlegen	똉 분리하다, 분해하다, 떼어놓다, 나누다 Mancher glaubt nicht, dass es notwendig ist, den Müll zu **trennen**. 여러 사람들이 쓰레기 분리 수거를 할 필요가 없다고 생각합니다.
1235	**verlieren** [fɛɐ̯ˈliːʁən] Ⓢ verschwinden, verlegen	똉 잃다, 분실하다, 상실하다, 손해를 보다, 패하다, 지다 Ich habe meinen Hausschlüssel **verloren**. 집 열쇠를 분실했습니다.
1236	**reinigen** [ˈʁaɪ̯nɪɡn̩] Ⓢ putzen, sauber machen	똉 깨끗하게 하다, 청소하다, 세탁하다, 씻다, 닦다, 소독하다 Meine Mutter hat meine Schuhe **reinigen** lassen. 어머니는 신발을 닦았습니다.
1237	**Nachbar** [ˈnaxˌbaːɐ̯] Ⓖ m n/s n	똉 이웃, 이웃 사람, 옆방 사람 Ein guter **Nachbar** ist besser als ein ferner Freund. 좋은 이웃은 먼 친구보다 낫습니다.
1238	**Europäische Union** [ɔɪ̯ʁoˈpɛːɪʃə ʔuˈni̯oːn] Ⓖ f - x	똉 유럽 연합 (EU) EU steht als Abkürzung für **Europäische Union**. EU는 Europäische Union 의 약자입니다.
1239	**König** [ˈkøːnɪç] Ⓖ m (e)s e	똉 왕, 국왕, 킹 Denken Sie, dass der Kunde **König** ist? 고객이 왕이라고 생각하십니까?
1240	**Heim** [haɪ̯m] Ⓖ n (e)s e	똉 주거, 집, 고향, 본국, 집회소, 회관 Manche alten Leute gehen freiwillig in ein **Heim**, wenn sie sich selbst nicht mehr versorgen können. 일부 노인들은 더 이상 스스로를 부양할 수 없을 때 자발적으로 요양소에 갑니다.

1241 Bühne ['by:nə]
Ⓖ f - n

명 연단, 단, 무대, 극장, 발판
Der berühmte Schauspieler betritt die **Bühne**.
유명한 배우가 무대에 오른다.

1242 hinterlassen [ˌhɪntɐ'lasn̩]
Ⓢ übergeben, zurücklassen

동 남기다, 뒤에 남기다, 유산으로 남기다
Mein Vater hat kein Erbe **hinterlassen**.
아버지는 유산을 남기지 않았습니다.

1243 sich vergnügen [fɛɐ̯'gny:gn̩]
Ⓢ genießen, sich amüsieren

동 즐기다, 흥겨워하다, 즐거운 시간을 보내다
Gestern Abend haben wir **uns** beim Sehen eines Films im Fernsehen **vergnügt**.
지난 밤 우리는 텔레비전에서 영화를 보는 것을 즐겼습니다.

1244 schrecklich ['ʃʁɛklɪç]
Ⓢ furchtbar, abscheulich

형 무서운, 섬뜩한, 끔찍한, 역겨운, 지독한
Er war so **schrecklich** erschöpft, dass er nicht mehr weitergehen konnte.
그는 너무 지쳐서 더 이상 갈 수 없었습니다.

1245 dort [dɔʁt]
Ⓢ da, ebendort

부 거기에, 저기에, 그곳에서
Was kann **dort** bloß passiert sein?
거기 무슨 일이 일어났어요?

1246 Schokolade [ʃoko'la:də]
Ⓖ f - n

명 초콜릿
Ich gehe morgen eine heiße **Schokolade** trinken.
내일 핫 초콜릿을 마시러 갈 거예요.

1247 ebenso ['e:bənzo:]
Ⓢ auch, genauso

부 아주 똑같이, 똑같은 정도로
Peter hat **ebenso** kein Geld wie ich.
피터는 나처럼 돈이 없습니다.

1248 weiblich ['vaɪplɪç]
Ⓢ feminin, frauenhaft

형 여성의, 여자의, 암컷의, 여성적인
Nur 20% aller Minister gehören dem **weiblichen** Geschlecht an.
모든 장관의 20 % 만이 여성입니다.

1249 aus·reichen ['aʊ̯sˌʁaɪçn̩]
Ⓢ genügen, zulangen

동 넉넉하다, 족하다
Mein Gehalt **reicht** nicht mal **aus**, um meine Lebenshaltungskosten zu decken.
내 월급이 생활비를 감당하기에 충분하지 않습니다.

1250 interkulturell [ˌɪntɐkʊltuˈʁɛl]
Ⓢ multikulturell, kulturell vielseitig

형 문화 간의
Willkommen auf der Seite des KD-Instituts für sprachliche und **interkulturelle** Kommunikation in Seoul.
서울 KD 언어 및 이문화 커뮤니케이션 연구소 홈페이지에 오신 것을 환영합니다.

1251 Ziel [tsiːl]
G n (e)s e

명 목적, 목표, 지점, 과녁, 표적, 결승점, 끝

Unser gemeinsames **Ziel** ist die Verbesserung der Lebensqualität.
우리의 공통 목표는 삶의 질을 향상시키는 것입니다.

1252 Grafik [ˈgʁaːfɪk]
G f - en

명 그래픽

Die folgende **Grafik** zeigt die Unterschiede zwischen Universität und Hochschule.
다음 그래픽은 Universität 과 Hochschule 의 차이점을 보여줍니다.

1253 Richtung [ˈʁɪçtʊŋ]
G f - en

명 방향, 방위, 진로, 경향, 성향, 쪽

Du solltest weiter in diese **Richtung** denken, wenn du dein Problem lösen möchtest.
문제를 해결하려면 이 방향으로 계속 생각해야 합니다.

1254 klebrig [ˈkleːbʁɪç]
유 kleisterig, schmierig

형 끈적끈적한, 점착성의

Deine Finger sind **klebrig** von Schweiß.
당신의 손가락이 땀에 끈적합니다.

1255 vor·lesen [ˈfoːɐ̯ˌleːzn̩]
유 aufsagen, vortragen

동 읽어주다, 낭독하다

Die Mutter **liest** ihren Kindern jeden Abend eine Geschichte **vor**.
어머니는 매일 저녁 아이들에게 이야기를 읽어줍니다.

1256 schmerzhaft [ˈʃmɛʁtshaft]
유 qualvoll, schmerzlich

형 고통을 주는, 아픈, 비통한

Das Lecken an der Batterie bringt sehr **schmerzhafte** Verletzungen mit sich.
배터리가 누출되면 매우 고통스러운 부상을 입을 수 있습니다.

1257 entnehmen [ɛntˈneːmən]
유 ableiten, herausziehen

동 집어내다, 끌어내다, 덜다, 떼어내다, 추론하다

Wenn du welche brauchst, kannst du gerne Kugelschreiber aus dem Karton dort vorne **entnehmen**.
필요한 경우 당신은 저 앞에 있는 상자에서 볼펜을 꺼내 사용할 수 있습니다.

1258 um·ziehen [ˈʊmˌtsiːən]
유 umsiedeln, weggehen

동 이사하다, 이주하다, 우회하다, 갈아 입히다

Frau Jung **zieht** nächste Woche in eine andere Stadt **um**.
정 여사는 다음 주에 다른 도시로 이사를 갑니다.

1259 datieren [daˈtiːʁən]
유 mit einem Datum versehen, ansetzen

동 날짜를 기입하다, ~에서 유래하다

Das Werk lässt sich nur schwer **datieren**.
그 작품의 생성 연대는 정하기 어렵습니다.

1260 Freizeit [ˈfʁaɪ̯ˌtsaɪt]
G f - en

명 휴가, 여가, 자유 시간, 휴식 시간

Was machst du in der **Freizeit**?
여가 시간에 무엇을 합니까?

1261 hübsch [hʏpʃ]
㊀ reizvoll, schön

형 예쁜, 귀여운, 매력적인, 아름다운, 마음에 드는
Meine Schwester ist nett und **hübsch**.
나의 언니는 착하고 예쁘다.

1262 Snack [snɛk]
Ⓖ *m s s*

명 스낵, 간식
Als **Snack** esse ich mehrere Kekse.
나는 간식으로 여러 쿠키들을 먹습니다.

1263 Hagel [ˈhaːgl̩]
Ⓖ *m s x*

명 우박, 싸라기눈
Der **Hagel** erschlug das Getreide.
우박이 곡식을 때려 부수었다.

1264 bunt [bʊnt]
㊀ farbig, vielfältig

형 다채로운, 가지각색의, 색칠한, 다양한, 혼잡한, 혼합된
Der Herbst kommt gleich, weil die Blätter sich **bunt** färben.
단풍이 다채롭게 물들었기 때문에 가을이 다가왔습니다.

1265 Kreis [kʁaɪ̯s]
Ⓖ *m es e*

명 원, 원형, 동그라미, 궤도, 주기, 범위, 영역, 무리
Markieren Sie bitte die richtige Antwort mit einem **Kreis**!
정답은 동그라미로 표시해 주세요!

1266 sammeln [ˈzaml̩n]
㊀ ernten, einigen

동 모으다, 수집하다, 쌓다, 저축하다, 집합하다
Ich **sammle** Briefmarken.
나는 우표를 수집한다.

1267 Betrag [bəˈtʁaːk]
Ⓖ *m (e)s ä-e*

명 액수, 금액
Aus dem Gewicht kann man dann den **Betrag** an Gold errechnen.
금의 금액은 무게에서 계산할 수 있습니다.

1268 Voraussetzung
[foˈʁaʊ̯szɛt͡sʊŋ]
Ⓖ *f - en*

명 전제, 조건, 가정, 추측, 짐작, 가설
Wir unterschreiben den Vertrag unter der **Voraussetzung**, dass Sie die Preise um 3 % senken.
우리는 가격을 3 % 낮추는 조건으로 계약을 체결합니다.

1269 durchlässig
[ˈdʊʁçˌlɛsɪç]
㊀ porös, leck

형 통과시키는, 투과시키는, 새기 쉬운, 침투성의
Wenn man einen **durchlässigen** Kaffeefilter verwendet, kann man einen Kaffee einfach trinken.
투과성 커피 필터를 사용하면 커피를 쉽게 마실 수 있습니다.

1270 ausgezeichnet
[ˈaʊ̯sɡəˌt͡saɪ̯çnət]
㊀ brillant, großartig

형 뛰어난, 우수한, 탁월한
Da ihre Noten **ausgezeichnet** sind, konnte sie ein Stipendium bekommen.
그녀의 성적이 우수해서 장학금을 받을 수 있었습니다.

1271 betreuen [bəˈtʁɔɪ̯ən]
ⓢ sorgen, pflegen

동 돌보다, 모시다, 보살피다, 담당하다, 지도하다
Man kann Kinder nur im Sommer **betreuen** lassen.
아이들은 여름에만 보살핌을 받을 수 있습니다.

1272 Realität [ˌʁealiˈtɛːt]
Ⓖ f - en

명 현실, 실재, 현실성, 사실
In der virtuellen **Realität** ist es eben doch nicht ganz so real, nur scheinbar real.
가상 현실에서는 진짜 실제가 아니라 겉보기에만 실제처럼 보인다.

1273 überein·stimmen [yːbɐˈʔaɪ̯nˌʃtɪmən]
ⓢ akzeptieren, zustimmen

동 일치하다, 동감이다, 호응하다, 조화하다
Der Film **stimmte** mit dem Buch **überein**.
그 영화는 책과 일치했습니다.

1274 Industrie [ɪndʊsˈtʁiː]
Ⓖ f - n

명 산업, 공업
Die **Industrie** Deutschlands ist führend auf dem Gebiet des Fahrzeugbaus.
독일의 산업은 차량 제조 분야의 선두 주자입니다.

1275 Unterschrift [ˈʊntɐʃʁɪft]
Ⓖ f - en

명 서명
Der Vertrag ist ohne **Unterschrift** ungültig.
서명이 없으면 계약은 유효하지 않습니다.

1276 Zentrum [ˈʦɛntʁʊm]
Ⓖ n s -ren

명 중심, 중앙, 초점, 중심가, 센터
Die Hauptstadt ist das **Zentrum** des Landes.
수도는 국가의 중심입니다.

1277 Amt [amt]
Ⓖ n (e)s ä-er

명 관공서, 관청, 공직, 관직, 직무, 공무, 본분
Der Bundespräsident bekleidet das höchste **Amt** in Deutschland.
연방 대통령은 독일에서 가장 높은 직책을 맡고 있습니다.

1278 Schuld [ʃʊlt]
Ⓖ f - en

명 죄, 과실, 잘못, 책임, 채무, 빚, 부채
Die **Schuld** des Angeklagten muss eindeutig bewiesen werden.
피고인의 유죄가 분명하게 입증되어야 합니다.

1279 Platz [plaʦ]
Ⓖ m es ä-e

명 장소, 곳, 부지, 공간, 자리, 좌석, 지위, 광장, 지역, 순위
Seit einem Monat ist er auf dem ersten **Platz** in ihrer Klasse.
그는 한 달 동안 그녀의 수업에서 1 등을 차지했습니다.

1280 flach [flax]
ⓢ eben, glatt

형 평평한, 평탄한, 경사가 완만한, 얕은
Dieser See ist im Uferbereich sehr **flach**.
이 호수는 매우 얕습니다.

1281 wirklich [ˈvɪʁklɪç]
유 tatsächlich, wahrhaftig

형 정말의, 진짜의, 활동적인, 효력 있는, 현실의, 사실의, 실제의, 진정한
부 정말로, 실제로, 참으로
Ich weiß **wirklich** nicht, was er meint.
나는 그가 무엇을 말하는지 정말로 모르겠다.

1282 Anzahl [ˈantsaːl]
ⓖ f - en

명 어떤 수, 수량, 수효, 약간의 수
Bei einer **Anzahl** von mindestens fünf Leuten findet die Veranstaltung statt.
그 행사는 최소 5 명 이상일 경우 진행됩니다.

1283 sich vor·bereiten [ˈfoːɐ̯bəˌʁaɪtən]
유 bereitstellen, anrichten

동 준비하다, 대비하다, 각오하다, 조짐이 뚜렷해지다, 발생하다
Hast du **dich** gut auf die heutige Prüfung **vorbereitet**?
오늘 시험 준비를 잘 하셨나요?

1284 sodass [zoˈdas]
유 damit, dass

접 그리하여, 그런 까닭에
Sie hat sich verletzt, **sodass** sie keinen Sport machen kann.
그녀는 다쳐서 운동을 할 수 없습니다.

1285 Mitglied [ˈmɪtˌgliːt]
ⓖ n (e)s er

명 구성원, 회원, 조합원, 위원
Die Gewerkschaften haben viele **Mitglieder**.
노조에는 많은 회원들이 있습니다.

1286 Moderation [modeʁaˈʦi̯oːn]
ⓖ f - en

명 완화, 제한, 경감, 조절, 프로그램의 진행, 사회
Die **Moderation** einer Gruppensitzung wird von einem Moderator geführt.
그룹 회의의 진행은 사회자가 주도합니다.

1287 tippen [ˈtɪpn̩]
유 annehmen, klopfen

동 가볍게 건드리다, 치다, 두드리다
Da **tippte** ihr jemand von hinten auf die Schulter.
누군가 뒤에서 그녀 어깨를 두드렸다.

1288 unterbrechen [ˌʊntɐˈbʁɛçn̩]
유 stören, behindern

동 중단하다, 차단하다, 방해하다, 끊다
Mitten im Telefonat wurde die Verbindung **unterbrochen**.
통화 도중에 연결이 중단 되었습니다.

1289 Gesicht [gəˈzɪçt]
ⓖ n (e)s er

명 얼굴, 안면, 표정, 용모, 인상, 모습, 상
Sie wäscht sich das **Gesicht** und putzt sich die Zähne.
그녀는 세수하고 이를 닦습니다.

1290 schwingen [ˈʃvɪŋən]
유 schaukeln, pendeln

동 휘두르다, 흔들다, 흔들리다, 진동하다
Die Glocken **schwingen** hin und her.
종들이 앞뒤로 흔들립니다.

1291 kompliziert
[kɔmpliˈʦiːɐ̯t]
ⓡ schwierig, verwickelt

형 복잡한, 어려운, 번거로운

Die Einsteinsche Relativitätstheorie ist mir zu **kompliziert**.
아인슈타인의 상대성 이론은 나에게 너무 복잡합니다.

1292 auf·schreiben
[ˈaʊ̯fˌʃʁaɪ̯bn̩]
ⓡ aufzeichnen, eintragen

동 기입하다, 기록하다, 처방전을 쓰다

Ich muss mir deine Handynummer **aufschreiben**, sonst vergesse ich sie.
당신의 휴대폰 번호를 적어 두지 않으면 잊어 버릴 것입니다.

1293 Käse [ˈkɛːzə]
Ⓖ m   s   -

명 치즈

Dieser **Käse** ist alt und schimmlig. Ich würde gerne den Restaurantmanager sprechen.
이 치즈는 오래되고 곰팡이가 났습니다. 레스토랑 매니저와 얘기하고 싶습니다.

1294 Krimi [ˈkʁimi]
Ⓖ m   s   s

명 범죄물, 추리물

Wir waren heute im Kino und haben uns einen spannenden **Krimi** angesehen.
오늘 우리는 영화관에 가서 흥미 진진한 범죄 스릴러를 보았습니다.

1295 beantragen
[bəˈʔantʁaːgn̩]
ⓡ verlangen, anfordern

동 신청하다, 청구하다, 제안하다

Ich möchte in diesem Semester einmal ein Stipendium **beantragen**.
나는 이번 학기에 한번 장학금을 신청하고 싶습니다.

1296 kalkulieren
[kalkuˈliːʁən]
ⓡ ermessen, abschätzen

동 계산하다, 견적하다, 평가하다, 추정하다

Ich versuchte alle Daten zu **kalkulieren**, aber eine Variable war schwer zu ermitteln.
나는 모든 데이터를 계산하려고 했지만 하나의 변수를 계산하기가 어려웠습니다.

1297 Stoff [ʃtɔf]
Ⓖ m   (e)s   e

명 원료, 재료, 소재, 물질, 실질, 요소, 성분, 직물, 천, 옷감

Dieser **Stoff** ist für den Menschen schädlich.
이 물질은 인체에 해롭습니다.

1298 anfangs [ˈanfaŋs]
ⓡ erst, ursprünglich

부 처음에, 처음은, 원래

Mein deutscher Freund hat sich **anfangs** nicht gut an die koreanische Kultur anpassen können.
독일인 친구는 처음에는 한국 문화에 잘 적응하지 못했습니다.

1299 Steuer [ˈʃtɔɪ̯ɐ]
Ⓖ n   s   -

명 세금, 조세

Wenn Sie bis nächste Woche die **Steuer** nicht bezahlen, dann müssen Sie auch noch die Verzugsgebühren bezahlen.
다음 주까지 세금을 내지 않으면 연체료도 내야 합니다.

1300 fast [fast]
ⓡ beinahe, nahezu

부 거의, 대략

Fast acht Jahre lang wohne ich mit meiner Freundin in Wiesbaden.
나는 거의 8 년 동안 여자 친구와 비스바덴에서 살고 있습니다.

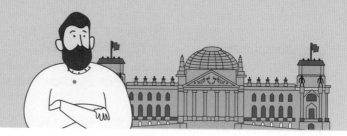

1301 leer [leːɐ̯]
유 inhaltslos, kahl
형 텅 빈, 공허한, 속이 빈, 내용이 없는, 허무한
Ich habe Hunger, aber der Kühlschrank ist total **leer**.
나는 배고프지만 냉장고가 완전히 비어 있습니다.

1302 Arbeitserlaubnis [ˈaʁbaɪ̯t͡sʔɛɐ̯ˌlaʊ̯pnɪs]
ⓖ f - se
명 노동 허가
Ohne **Arbeitserlaubnis** dürfen Ausländer in Deutschland nicht arbeiten.
외국인은 노동 허가 없이 독일에서 일할 수 없습니다.

1303 greifen [ˈgʁaɪ̯fn̩]
유 erwischen, fassen
동 잡다, 쥐다, 붙잡다, 체포하다, 손을 내밀다
Trotz intensiver Ermittlungen konnte die Polizei den Täter nicht **greifen**.
집중적인 조사에도 불구하고 경찰은 범인을 잡을 수 없었다.

1304 verbieten [fɛɐ̯ˈbiːtn̩]
유 abstellen, verweigern
동 금하다, 금지하다
Bei der Untersuchung **verbietet** mein Professor mir zu sprechen.
교수님이 나에게 연구 중에 말하는 것을 금지시켰습니다.

1305 sauber [ˈzaʊ̯bɐ]
유 frisch, ordentlich
형 깨끗한, 맑은, 정연한, 고결한, 깔끔한
Können Sie bitte den Tisch **sauber** machen?
테이블을 닦아 주시겠습니까?

1306 beschränken [bəˈʃʁɛŋkn̩]
유 begrenzen, einschränken
동 제한하다, 국한하다, 한정하다
Er muss seine Rede auf 20 Minuten **beschränken**.
그는 연설을 20 분으로 제한해야 한다.

1307 nützlich [ˈnʏt͡slɪç]
유 brauchbar, förderlich
형 유익한, 유용한, 쓸모 있는
Vielen Dank! Deine Hilfe war mir sehr **nützlich**.
감사합니다! 당신의 도움은 저에게 매우 유용했습니다.

1308 erfinden [ɛɐ̯ˈfɪndn̩]
유 entdecken, entwickeln
동 생각해 내다, 고안하다, 발명하다, 창작하다, 날조하다
Thomas Edison hat die Glühbirne **erfunden**.
Thomas Edison 은 전구를 발명했습니다.

1309 sich irren [ˈɪʁən]
ⓢ sich verkalkulieren, sich verrechnen

圄 잘못 생각하다, 틀리다, 혼동하다

Wenn du glaubst, dass ich diesen Vertrag unterschreibe, **irrst** du **dich**.
내가 이 계약서에 서명 할 거라고 생각한다면 당신은 틀렸습니다.

1310 mit·teilen [ˈmɪtˌtaɪlən]
ⓢ berichten, übermitteln

圄 전하다, 알리다, 통지하다, 털어놓다

Ich muss euch etwas sehr Wichtiges **mitteilen**.
나는 너희에게 말할 매우 중요한 것이 있어.

1311 vereinbar [fɛɐ̯ˈʔaɪnbaːɐ̯]
ⓢ verträglich, entsprechend

圄 결합할 수 있는, 서로 일치하는, 조화하는

Dies wäre jedoch nicht **vereinbar** mit meiner Persönlichkeit.
그렇지만 이것은 내 성격과 맞지 않을 것이다.

1312 Mentalität [mɛntaliˈtɛːt]
Ⓖ f - en

圄 정신 상태, 성향, 심성

Was machst du da? Ich kann deine **Mentalität** nicht nachvollziehen.
너 거기서 뭐해? 나는 너의 심리를 이해할 수 없어.

1313 Demokratie [demokʁaˈtiː]
Ⓖ f - n

圄 민주주의, 민주 정치

Die Politik in Südkorea hat **Demokratie**, aber in Nordkorea Diktatur.
남한의 정치는 민주주의를 가지고 있지만 북한의 독재 정권입니다.

1314 Messer [ˈmɛsɐ]
Ⓖ n s -

圄 칼, 나이프, 메스

Der Löffel, die Gabel und das **Messer** sind ein Besteck.
숟가락, 포크 및 나이프는 식기 세트입니다.

1315 Schulter [ˈʃʊltɐ]
Ⓖ f - n

圄 어깨

Die Lehrerin legte dem Schüler die Hand auf die **Schulter**.
선생님은 학생의 어깨에 손을 얹었습니다.

1316 beglaubigen [bəˈɡlaʊbɪɡn̩]
ⓢ bestätigen, verifizieren

圄 인증하다, 공증하다, 증명하다

Du musst diese Dokumente **beglaubigen** lassen, bevor du sie der Universität per Post zuschicken.
이 문서를 우편으로 대학에 제출하기 전에 공증을 받아야 합니다.

1317 bedenklich [bəˈdɛŋklɪç]
ⓢ besorgt, misstrauisch

圄 걱정스러운, 주저하는, 의심스러운, 미심쩍은

Die Ärztin erklärte die Krankheit für nicht mehr **bedenklich**.
의사는 이 질병은 더 이상 문제가 되지 않는다고 설명했습니다.

1318 Gurke [ˈɡʊʁkə]
Ⓖ f - n

圄 오이

Normalerweise essen Koreaner eine Pizza mit einer sauren **Gurke**.
보통 한국인들은 피자를 피클과 함께 먹습니다.

1319 erschrecken
[ɛɐ̯ˈʃʁɛkn̩]
⊕ in Panik geraten, aufzucken

동 두려워하게 하다, 놀라게 하다, 놀라다, 경악하다, 무서워하다
Die Katze **erschrak** durch das kleine Geräusch.
고양이는 작은 소리에 깜짝 놀랐습니다.

1320 Mehl [meːl]
Ⓖ n (e)s e

명 가루, 곡식 가루, 분말, 밀가루
Zum Brotbacken benötigt man **Mehl**.
빵을 구우려면 밀가루가 필요합니다.

1321 Situation
[zituaˈt͜si̯oːn]
Ⓖ f - en

명 상황, 사태, 사정, 형편, 경우
Keine Sorge. Du hast alles gut gemacht. In dieser **Situation** hätte ich genauso gehandelt.
걱정 하지 마세요. 당신은 모든 것을 잘했습니다. 이 상황에서 나도 똑같이 했을 것 입니다.

1322 einerseits [ˈaɪ̯nɐzaɪ̯ts]

부 한편에서는, 일면으로는
Einerseits machte es Spaß, andererseits Angst.
한편으로는 재미 있고 다른 한편으로는 무서웠습니다.

1323 Zeuge [ˈt͜sɔɪ̯ɡə]
Ⓖ m n n

명 목격자, 증인
Haben Sie **Zeugen**, die diese Aussage bestätigen können?
이 진술을 입증할 수 있는 증인이 있습니까?

1324 an·machen
[ˈanˌmaxn̩]
⊕ anzünden, flirten

동 스위치를 넣다, 불을 피우다, 부착하다, 설치하다, 유혹하다
Warum hast kein Licht **angemacht**?
왜 불을 안 켰어?

1325 Anstoß [ˈanʃtoːs]
Ⓖ m es ö-e

명 원동력, 자극, 부딪침, 충격, 습격, 돌격, 장애, 반감
Das Weinglas bricht schon beim leichtesten **Anstoß**.
와인 잔은 약간의 충격에도 깨집니다.

1326 erfüllen [ɛɐ̯ˈfʏlən]
⊕ verwirklichen, ausfüllen

동 채우다, 성취하다, 이행하다, 실현하다, 달성하다
Ich strebe danach, meine Träume zu **erfüllen**.
나는 꿈을 이루기 위해 노력합니다.

1327 um·tauschen
[ˈʊmˌtaʊ̯ʃn̩]
⊕ eintauschen, einwechseln

동 교환하다, 환전하다, 교역하다
Ich würde gerne diese Hose **umtauschen**, die ich gestern gekauft habe.
어제 산 이 바지를 교환하고 싶어요.

1328 wahnsinnig
[ˈvaːnˌzɪnɪç]
⊕ unvernünftig, unsinnig

형 정신 착란의, 정신 나간, 광기의, 미친, 무모한
Es war ein wirklich **wahnsinniger** Plan.
그것은 정말 미친 계획이었습니다.

1329 naschen [ˈnaʃn̩]
㈜ kosten, essen

동 군것질하다, 단것을 먹다, 집어먹다

Bienen **naschen** den Blumennektar und wandeln ihn in Honig.
꿀벌은 꽃의 화밀을 섭취하여 꿀로 바꿉니다.

1330 vergessen [fɛɐ̯ˈgɛsn̩]
㈜ entfallen, verlegen

동 잊다, 망각하다, 모르고 놓고 오다

Hast du **vergessen**, mich anzurufen?
나에게 전화하는 걸 잊었니?

1331 besichtigen [bəˈzɪçtɪgn̩]
㈜ ansehen, betrachten

동 관람하다, 구경하다, 검열하다, 검사하다

Wenn Sie Zeit haben, dann **besichtigen** Sie auch die Altstadt in Mainz.
시간이 있으면 마인츠의 구 시가지를 방문 할 수도 있습니다.

1332 Entgelt [ɛntˈgɛlt]
Ⓖ n (e)s e

명 보상, 보수

Die Arbeiter forderten ein höheres **Entgelt**.
노동자들은 더 높은 임금을 요구했습니다.

1333 Kultur [kʊlˈtuːɐ̯]
Ⓖ f - en

명 문화, 문명, 개화, 교양, 경작, 재배, 개간

Ich brauchte mehr Zeit, mich an der anderen **Kultur** anzupassen.
나는 다른 문화에 적응하는 데 더 많은 시간이 필요했습니다.

1334 Gebrauchtwagen [ɡəˈbʁaʊ̯xtˌvaːgn̩]
Ⓖ m s -/ä-

명 중고차

Mein Onkel handelt in **Gebrauchtwagen**.
삼촌은 중고차를 판매합니다.

1335 Backpulver [ˈbakpʊlvɐ]
Ⓖ n s -

명 베이킹 파우더

Zum Backen dieses Kuchens braucht man **Backpulver** und Butter.
이 케이크를 구우려면 베이킹 파우더와 버터가 필요합니다.

1336 schaffen [ˈʃafn̩]
㈜ bewältigen, vollbringen

동 창조하다, 창출하다, 창설하다, 만들다, 이룩하다

Am Anfang **schuf** Gott Himmel und Erde.
태초에 하나님께서는 천지를 창조하셨습니다.

1337 Opfer [ˈɔpfɐ]
Ⓖ n s -

명 제물, 희생물, 희생, 희생자

Vier Fußgänger fielen einem Unfall zum **Opfer**.
4 명의 보행자가 사고를 당했습니다.

1338 auf·drehen [ˈaʊ̯fˌdʁeːən]
㈜ öffnen, aufmachen

동 돌려 열다, 풀다, 켜다, 작동시키다

Darf ich jetzt den Wasserhahn **aufdrehen**?
지금 수도꼭지를 틀어도 됩니까?

1339 Blick [blɪk]
Ⓖ m (e)s e

명 봄, 일견, 눈길, 시선, 눈초리, 조망, 시야, 지각력

Der Leiter hatte den richtigen **Blick** für die in das Team passenden Leute.
그 지도자는 팀에 적합한 사람들을 보는 안목을 가졌습니다.

1340 Verein [fɛɐ̯ˈʔaɪn]
G *m* *(e)s* *e*

명 결합, 단결, 연합, 동맹, 단체, 협회, 조합
Viele Leute in Deutschland sind Mitglieder in **Fußballvereinen**.
독일의 많은 사람들이 축구 클럽의 회원입니다.

1341 Mantel [ˈmantl̩]
G *m* *s* *ä-*

명 외투, 코트, 망토, 덧옷
Ich brauche für den Winter einen neuen **Mantel**.
나는 겨울용 새 코트가 필요합니다.

1342 aufregend [ˈaʊf̩ˌʀeːɡn̩t]
유 dramatisch, spannend

형 자극적인, 선동적인, 긴장감 있는
Das Fußballspiel war so **aufregend**, dass man feuchte Hände bekam.
그 축구 경기는 손에 땀을 쥐게 하는 경기였습니다.

1343 Holz [hɔlt͡s]
G *n* *es* *ö-er*

명 목재, 장작, 땔감, 나무
Dieses alte Haus ist aus **Holz**.
이 낡은 집은 나무로 만들어졌습니다.

1344 nervös [nɛʀˈvøːs]
유 angespannt, reizbar

형 신경성의, 신경계의, 신경과민의
Beruhige dich, sei doch nicht so **nervös**!
진정하세요, 너무 긴장하지 마세요!

1345 Durchsage [ˈdʊʀçˌzaːɡə]
G *f* *-* *n*

명 안내 방송, 전달, 보도, 공고
Die **Durchsage** machte mich darauf aufmerksam, dass der Zug Verspätung von 20 Minuten hatte.
안내 방송을 통해 기차가 20 분 늦었다는 것을 알게 되었습니다.

1346 Entwicklung [ɛntˈvɪklʊŋ]
G *f* *-* *en*

명 전개, 발전, 발달, 개발, 발생
Ich glaube, dass Musik gut für die psychische **Entwicklung** der Kinder ist.
음악은 아이들의 심리적 발달에 좋다고 생각합니다.

1347 zusammen·stellen [t͡suˈzamənˌʃtɛlən]
유 arrangieren, gruppieren

동 통합하다, 총괄하다, 조립하다, 구성하다, 함께 놓다, 나란히 세우다, 모으다
Wir müssen die Stühle und Tische **zusammenstellen**, damit wir sie sichern können.
우리는 의자와 테이블을 보전하기 위해서 함께 놓아야 합니다.

1348 Geruch [ɡəˈʀʊx]
G *m* *(e)s* *ü-e*

명 냄새, 향기, 후각, 명성
Ein Hund hat einen feineren **Geruch** als Menschen.
개는 인간보다 더 예민한 후각을 가졌다.

1349 spüren [ˈʃpyːʀən]
유 empfinden, fühlen

동 감지하다, 느끼다, 알아채다, 추적하다
Hast du letzte Nacht ein Erdbeben **gespürt**?
어젯밤에 지진을 느꼈습니까?

1350	Partner ['paʁtnɐ]	명 상대, 짝, 파트너, 관계자, 반려, 동업자
	G m s -	Sie hat einen **Partner** fürs Leben gefunden und ihn geheiratet.
		그녀는 평생 파트너를 찾았고 그와 결혼했습니다.

1351	sich freuen ['fʁɔɪən]	동 기뻐하다, 반기다, 고대하다
	유 beglücken, jubeln	Ich **freue mich** darüber, dass Sie mich gestern zum Essen eingeladen haben.
		어제 저녁 식사에 저를 초대해 주셔서 기쁩니다.

1352	typisch ['tyːpɪʃ]	형 전형적인, 대표적인, 독특한
	유 klassisch, bezeichnend	Ich heiße nach wie vor Jonas und bin auch stolz auf diesen **typisch** deutschen Namen.
		제 이름은 여전히 Jonas 이며 이 전형적인 독일 이름이 자랑스럽습니다.

1353	verschwenden [fɛɐ̯'ʃvɛndn̩]	동 낭비하다, 허비하다, 탕진하다
	유 vergeuden, verbrauchen	Er **verschwendete** sein Geld, indem er immer mehr Kleidungen kaufte.
		그는 점점 더 많은 옷을 사는데 돈을 낭비했습니다.

1354	bedienen [bə'diːnən]	동 모시다, 시중들다, 접대하다, 다루다, 조작하다
	유 zulangen, versorgen	Kann niemand diese Maschine **bedienen**?
		아무도 이 기계를 다룰 수 없습니까?

1355	schlagen ['ʃlaːgn̩]	동 치다, 두들기다, 때리다
	유 prügeln, hauen	Sie war so wütend, dass sie ihren Freund ins Gesicht **schlug**.
		그녀는 너무 화가 나서 남자 친구의 얼굴을 때렸다.

1356	seltsam ['zɛltzaːm]	형 독특한, 특이한, 기이한, 이상한
	유 außergewöhnlich, bizarr	Ich denke, dass diese Milch wohl schlecht geworden ist. Sie schmeckt **seltsam**.
		이 우유가 상한 것 같아요. 맛이 이상해요.

1357	Verbindung [fɛɐ̯'bɪndʊŋ]	명 결합, 연결, 접속, 화합, 연락, 관계, 합동, 단체
	G f - en	Ich sehe keine **Verbindung** zwischen den beiden Morden.
		두 살인 사이의 연관성은 보이지 않습니다.

1358	schädlich ['ʃɛːtlɪç]	형 유해한, 해로운, 위험한, 악성의, 불리한
	유 abträglich, gefährlich	Alkohol und Rauchen sind doch für die Gesundheit des Menschen **schädlich**.
		알코올과 흡연은 인체 건강에 해롭습니다.

1359	Menü [me'nyː]	명 메뉴, 식단, 정식
	G n s s	Das **Menü** in diesem Restaurant ist sehr abwechslungsreich.
		이 레스토랑의 메뉴는 매우 다양합니다.

1360 Wert [veːɐ̯t]
Ⓖ *m* *(e)s* *e*

몡 가치, 값, 가격, 평가, 존중

"v > 5" heißt, dass die Variable v einen **Wert** hat, der größer als 5 ist.
v > 5 는 변수 v 가 5 보다 큰 값이라는 것을 의미합니다.

1361 Hilfsmittel
['hɪlfsˌmɪtl̩]
Ⓖ *n* *s* -

몡 보조 수단, 구조책, 방책, 참고서, 보조금

Gewalt war das **Hilfsmittel**, um die Gefangenen gefügig zu machen.
폭력은 죄수들을 순응하게 만드는 수단이었습니다.

1362 unterstützen
[ˌʊntɐˈʃtʏt͡sn̩]
㊌ helfen, befürworten

동 지지하다, 후원하다, 지원하다, 보조하다

Wir haben einen Verein gegründet, um das Projekt zu **unterstützen**.
우리는 그 프로젝트를 지원하기 위해 협회를 설립했습니다.

1363 Eindruck [ˈaɪ̯nˌdʁʊk]
Ⓖ *m* *(e)s* *ü-e*

몡 압축, 압착, 눌린 자국, 흔적, 인상, 감명

Der Kuss hat bei ihr sicherlich **Eindruck** hinterlassen.
그 키스는 그녀에게 확실한 인상을 남겼습니다.

1364 Gericht [ɡəˈʁɪçt]
Ⓖ *n* *(e)s* *e*

몡 법관, 재판관, 재판, 판결, 심판, 법정, 사법 기구, 음식, 요리

Das **Gericht** hat entschieden, dass Frau Jäger eine hohe Strafe zahlen muss.
법원은 Frau Jäger 에게 높은 벌금을 내야 한다고 결정했습니다.

1365 Hafen [ˈhaːfn̩]
Ⓖ *m* *s* *ä-*

몡 항구, 항만, 피난처

Das Schiff fährt von einem **Hafen** zum anderen.
배는 항구에서 다른 항구로 이동합니다.

1366 ab·drehen
[ˈapˌdʁeːən]
㊌ abschalten,
ausmachen

동 돌려 잠그다, 돌려 끄다, 돌리다, 피하다, 끊다

Bitte vergiss dich nicht nach dem Duschen, Wasser **abzudrehen**!
샤워 후에 물을 잠그는 것을 잊지 마세요!

1367 klar [klaːɐ̯]
㊌ nüchtern, exakt

혱 밝은, 맑은, 투명한, 깨끗한, 깔끔한, 청명한, 명백한, 명확한, 원활한

Er antwortete mit **klarer** Stimme.
그는 명확한 목소리로 대답했다.

1368 Steckdose
[ˈʃtɛkˌdoːzə]
Ⓖ *f* - *n*

몡 전기 콘센트, 소켓

Es gibt zu viele Stecker in einer **Steckdose**.
하나의 콘센트에 너무 많은 플러그가 있습니다.

1369 Parfüm [paʁˈfyːm]
Ⓖ *n* *s* *s*

몡 향수, 향료

Ich glaube, das Mädchen duftet nach **Parfüm**.
내 생각에는 그 소녀에게 향수 냄새가 나는 것 같아요.

1370 vor·bereiten
['foːɐ̯bəˌʁaɪtən]
유 bereit machen, anrichten

동 준비하다, 대비하다, 채비하다, 채비를 갖추게 하다
Wir müssen uns noch auf die morgige Prüfung **vorbereiten**.
우리는 여전히 내일 시험을 준비해야 합니다.

1371 schädigen ['ʃɛːdɪɡn̩]
유 beeinträchtigen, anhaben

동 해를 끼치다, 해치다, 손해를 주다, 손상하다
Rauchen **schädigt** Zähne und Zahnfleisch.
흡연은 치아와 잇몸을 손상 시킵니다.

1372 auf·räumen
['aʊfˌʁɔɪmən]
유 beseitigen, wegräumen

동 치우다, 제거하다, 청소하다, 정리하다
Lass mein Zimmer so wie es ist. Ich will es nach der Arbeit **aufräumen**.
내 방을 그대로 두십시오. 퇴근 후 치우고 싶어요.

1373 um·drehen
['ʊmˌdʁeːən]
유 umklappen, umwenden

동 돌리다, 회전시키다, 비틀다, 반대 방향으로 향하게 하다, 엎다
Um die Rückseite des Fotos sehen zu können, müssen Sie es **umdrehen**.
사진의 뒷면을 보려면 뒤집어야 합니다.

1374 zerlegen [ʦɛɐ̯ˈleːɡn̩]
유 aufbrechen, zerteilen

동 분해하다, 해체하다, 나누다, 분석하다
Vor dem Umzug würde ich den Schrank in seine Einzelteile **zerlegen** und danach in der neuen Wohnung wieder aufbauen.
이사하기 전에 옷장을 개별 부품으로 분해한 다음 새 아파트에서 다시 조립할 것입니다.

1375 Prüfung ['pʁyːfʊŋ]
G f - en

명 시험, 고사, 검사, 조사, 테스트, 시련, 고난
Nächste Woche habe ich meine mündliche **Prüfung**.
다음 주에 구술 시험을 볼 것 입니다.

1376 Diebstahl ['diːpʃtaːl]
G m (e)s ä-e

명 도둑질, 절도, 도난
Herr Lukas wurde wegen **Diebstahls** zu einer Geldstrafe verurteilt.
Lukas 씨는 절도죄로 벌금형을 선고 받았습니다.

1377 glatt [glat]
유 rutschig, flach

형 미끄러운, 매끄러운, 평탄한, 원활한
Sei vorsichtig. Es schneit und die Straße ist **glatt**!
조심하세요, 눈이 내리고 도로가 미끄럽습니다!

1378 Geschenk [ɡəˈʃɛŋk]
G n (e)s e

명 선물, 증여물
Sie hat das **Geschenk** in schönes Geschenkpapier eingepackt.
그녀는 선물을 예쁜 포장지로 포장했습니다.

1379 Fleisch [flaɪʃ]
G n (e)s x

명 고기, 육류, 살, 육신
Könnten Sie das **Fleisch** möglichst dünn schneiden?
고기를 가능한 얇게 자를 수 있습니까?

1380 Bestellung [bəˈʃtɛlʊŋ]
Ⓖ f - en

명 주문, 예약, 주문품, 위임, 임명
Darf ich Ihre **Bestellung** aufnehmen?
주문 도와드려도 될까요?

1381 hören [ˈhøːʁən]
유 horchen, folgen

동 들리다, 듣다, 청취하다
Ich habe **gehört**, dass du nächste Woche nach Korea zurückfliegst.
당신이 다음 주에 한국으로 돌아간다고 들었습니다.

1382 malen [ˈmaːlən]
유 zeichnen, abbilden

동 그리다, 칠하다, 채색하다
Eigentlich wollte sie das Bild eines Hundes **malen**.
사실 그녀는 개 그림을 그리고 싶었습니다.

1383 wach [vax]
유 munter, aufgeweckt

형 깨어 있는, 각성한
Bist du überhaupt **wach**?
정신 차렸습니까?

1384 inklusive [ɪnkluˈziːvə]
유 einschließlich, samt

부 포함하여
전 ~을 포함하여, ~을 넣어
Ist das Frühstücksbüffet im Preis **inklusive**?
조식 뷔페가 가격에 포함되어 있습니까?

1385 freiwillig [ˈfʁaɪ̯vɪlɪç]

형 자유 의지의, 자발적인
Insbesondere in der Weihnachtszeit gibt es viele **freiwillige** Spenden.
특히 크리스마스 시즌에는 자발적인 기부가 많습니다.

1386 Signatur [zɪgnaˈtuːɐ̯]
Ⓖ f - en

명 서명, 사인, 기호, 부호, 징표
Sie hing ihre digitale **Signatur** an die E-Mail an, um deren Echtheit zu bestätigen.
그녀는 디지털 서명을 이메일에 추가하여 진짜임을 확인했습니다.

1387 Broschüre [bʁoˈʃyːʁə]
Ⓖ f - n

명 소책자, 팜플렛
Die neue **Broschüre** zum Thema: "Kochen" ist jetzt erhältlich!
"요리"라는 주제의 새 브로셔가 출시되었습니다!

1388 bestellen [bəˈʃtɛlən]
유 anfordern, rufen

동 주문하다, 예약하다, 약속하다, 임명하다
Ich habe mir schon eine Pizza telefonisch **bestellt**.
나는 이미 전화로 피자를 주문했습니다.

1389 Keller [ˈkɛlɐ]
Ⓖ m s -

명 지하실, 지하 창고
Über diese Treppen kannst du nach unten in den **Keller** gehen.
이 계단을 사용하여 지하실로 내려갈 수 있습니다.

1390 senden ['zɛndn̩]
ⓈYN abschicken, einwerfen

Ⓥ 보내다, 부치다, 발송하다, 파견하다, 발신하다
Sobald Sie das erledigt haben, **senden** Sie uns bitte Ihr Feedback!
끝나면 피드백을 보내주세요!

1391 Anprobe ['an,pʁoːbə]
Ⓖ f - n

Ⓝ 입어 보기, 신어 보기
Die **Anprobe** muss zeigen, ob das Hemd mir wirklich passt.
피팅은 셔츠가 정말 나에게 맞는지 보여준다.

1392 Toilette [to̯aˈlɛtə]
Ⓖ f - n

Ⓝ 화장실, 변소
Ich muss mal schnell auf die **Toilette**.
빨리 화장실에 가야 해요.

1393 beraten [bəˈʁaːtn̩]
ⓈYN diskutieren, reden

Ⓥ 충고하다, 조언하다, 합의하다
Meine Ärztin **berät** mich dabei, wie man gesund bleibt.
의사는 건강을 유지하는 방법에 대해 조언합니다.

1394 sich kümmern
['kʏmɐn]
ⓈYN sorgen, betreuen

Ⓥ 신경을 쓰다, 근심하다, 걱정하다, 돌보다
Mein Großvater ist ziemlich krank. Deswegen **kümmere** ich **mich** um ihn.
우리 할아버지는 꽤 아프다. 그것이 내가 그를 돌보는 이유입니다.

1395 fließen ['fliːsn̩]
ⓈYN laufen, strömen

Ⓥ 흐르다, 유동하다, 유창하다, 경과하다
Durch das Kabel **fließt** elektrischer Strom.
전류는 케이블을 통해 흐릅니다.

1396 erklären [ɛɐ̯ˈklɛːʁən]
ⓈYN erläutern, deuten

Ⓥ 설명하다, 해명하다, 해석하다, 명백히 하다, 밝히다
Kannst du mir das nochmal **erklären**? Ich verstehe eigentlich gar nichts.
다시 설명해 주시겠어요. 나는 정말로 아무것도 이해하지 못 하겠어요.

1397 unterstreichen
[ˌʊntɐˈʃtʁaɪ̯çn̩]
ⓈYN behaupten, markieren

Ⓥ 밑줄을 긋다, 강조하다
Meine Lehrerin hat die Fehler mit Rotstift **unterstrichen**.
선생님은 빨간색 연필로 틀린 것에 밑줄을 쳤습니다.

1398 Schalter ['ʃaltɐ]
Ⓖ m s -

Ⓝ 창구, 개찰구, 매표소, 개폐기, 스위치
Der **Schalter** für die Beleuchtung ist neben der Haustür.
조명 스위치는 정문 옆에 있습니다.

1399 Kneipe ['knaɪ̯pə]
Ⓖ f - n

Ⓝ 간이주점, 주점, 술집
Wir treffen uns am Abend in der **Kneipe** und trinken Bier.
우리는 저녁에 술집에서 만나 맥주를 마실 것입니다.

1400 besetzen [bəˈzɛt͡sn̩]
ⓈYN belegen, einnehmen

Ⓥ 차지하다, 점령하다, 점거하다
Entschuldigen Sie, aber dieser Platz ist schon **besetzt**.
죄송합니다. 이 자리는 이미 사용 중입니다.

1401 entscheiden
[ɛntˈʃaɪdn̩]
㈌ beschließen, bestimmen

⑧ 결정하다, 결정적인 작용을 하다, 판결을 내리다
Ich habe **entschieden**, ab heute nicht mehr zu rauchen.
오늘부터 담배를 끊기로 결정했습니다.

1402 Statistik [ʃtaˈtɪstɪk]
Ⓖ f - en

⑲ 통계, 통계학
Laut **Statistik** erreicht die Arbeitslosenquote 5 Prozent in Deutschland.
통계에 따르면 독일의 실업률은 5 %에 이릅니다.

1403 bekömmlich
[bəˈkœmlɪç]
㈌ verdaulich, verträglich

㊅ 몸에 좋은, 소화가 잘되는
Fette Speisen sind schwer **bekömmlich**.
기름진 음식은 소화하기 어렵습니다.

1404 sich weigern
[ˈvaɪɡɐn]
㈌ ablehnen, abweisen

⑧ 거절하다, 거부하다
Tim **weigerte sich**, das angebotene Geld anzunehmen.
팀은 제안된 돈을 거부했습니다.

1405 Temperatur
[tɛmpəʁaˈtuːɐ̯]
Ⓖ f - en

⑲ 온도, 기온, 체온
Die heutige **Temperatur** ist um fünf Grad gesunken.
오늘 기온이 5 도 떨어졌습니다.

1406 Diät [diˈɛːt]
Ⓖ f - en

⑲ 다이어트, 식이 요법
Die junge Frau hat zwei Monate lang **Diät** gehalten und 5 kg abgenommen.
그 젊은 여성은 두 달 동안 다이어트를 하고 5 kg가 빠졌습니다.

1407 trainieren
[tʁɛˈniːʁən]
㈌ üben, durchtrainieren

⑧ 연습하다, 훈련시키다
Ich **trainiere** meine Muskeln jeden Tag im Fitnessstudio, um gesünder zu werden.
나는 더 건강해지기 위해 매일 체육관에서 근육을 단련한다.

1408 loben [ˈloːbn̩]
㈌ empfehlen, preisen

⑧ 칭찬하다, 찬양하다, 장려하다
Die Lehrerin hat mich **gelobt**, weil ich diese Aufgabe sehr schnell und gut gelöst habe.
선생님은 내가 문제를 아주 빠르고 잘 풀었다고 칭찬해 주셨습니다.

1409 Rangliste [ˈʁaŋˌlɪstə]
G *f* - *n*

명 순위표, 랭킹 리스트

Sie wird in der **Rangliste** an vierter Stelle geführt.
그녀는 랭킹 4 위를 차지하고 있습니다.

1410 da [daː]
유 weil, zumal

접 ~때문에, ~이니까
부 여기에, 저기에, 그때, 그런 경우에

Ich vermisse sie sehr, **da** ich sie liebe.
나는 그녀를 사랑하기 때문에 그녀를 매우 그리워합니다.

1411 Atmung [ˈaːtmʊŋ]
G *f* - *x*

명 호흡, 숨

Ihre **Atmung** und Herzfrequenz werden beträchtlich verlangsamt.
호흡과 심박수가 헌저히 느려집니다.

1412 Pfanne [ˈp͡fanə]
G *f* - *n*

명 프라이팬, 가마, 냄비

Geben Sie anfangs Öl in die **Pfanne**!
우선 팬에 기름을 넣으세요!

1413 bemerken [bəˈmɛʁkn̩]
유 erkennen, feststellen

동 깨닫다, 인지하다, 기입하다, 기호를 붙이다, 진술하다

Sie **bemerkte** die Veränderung gar nicht.
그녀는 그 변화를 전혀 알아차리지 못했습니다.

1414 Dienstleistung [ˈdiːnstˌlaɪstʊŋ]
G *f* - *en*

명 근무, 직무 수행, 봉사, 서비스

Der Sektor der **Dienstleistungen** wird immer bedeutender.
서비스 분야는 점점 더 중요해지고 있습니다.

1415 verzichten [fɛɐ̯ˈt͡sɪçtn̩]
유 aufgeben, entsagen

동 포기하다, 단념하다, 기권하다, 양보하다

Kannst du einen Monat lang auf das Rauchen **verzichten**?
한 달 동안 담배를 끊을 수 있습니까?

1416 Kontakt [kɔnˈtakt]
G *m* *(e)s* *e*

명 접촉, 관계, 교제, 연락

Wir haben uns vor zwei Wochen getrennt. Ich habe alle **Kontakte** zu ihr abgebrochen.
우리는 2 주 전에 헤어졌습니다. 나는 그녀와의 모든 연결을 끊었다.

1417 Ausfahrt [ˈaʊ̯sˌfaːɐ̯t]
G *f* - *en*

명 출발, 발차, 출항, 출구, 드라이브

Der Zug steht zur **Ausfahrt** bereit.
기차가 떠날 준비가 되었습니다.

1418 fristlos [ˈfʁɪstloːs]
유 sofort, umgehend

형 즉각의, 즉시의, 무기한의, 유예없는

Sie wurde **fristlos** entlassen.
그녀는 즉시 해고 되었다.

1419 Besserung [ˈbɛsəʁʊŋ]
G *f* - *en*

명 개선, 개량, 개심, 호전, 회복

Ich wünsche Ihnen eine gute **Besserung**.
빨리 낫기를 바랍니다.

1420 verhaften [fɛɐ̯ˈhaftn̩]
㋡ ergreifen, fangen

동 체포하다, 구인하다, 구속하다, 구금하다
Die Polizei **verhaftet** den Dieb vor der Bank.
경찰은 은행 앞에서 도둑을 체포합니다.

1421 Flasche [ˈflaʃə]
Ⓖ f - n

명 병, 젖병
Ich trinke fast jeden Abend eine **Flasche** Pilsner.
나는 거의 매일 저녁 필스너 한 병을 마신다.

1422 abwärts [ˈapvɛɐ̯ts]
㋡ unterwärts, nieder

부 아래쪽으로, 아래로
Mit unserer Firma geht es immer mehr **abwärts**.
우리 회사는 점점 더 내리막 길을 가고 있습니다.

1423 statt [ʃtat]
㋡ anstatt, anstelle

전 ~대신에
접 ~하는 대신에
Sie bleibt lieber zu Hause, **statt** dass sie sich uns anschließt.
그녀는 우리와 함께 하지 않고 집에 있는 것을 더 선호합니다.

1424 aus·richten [ˈaʊ̯sˌʁɪçtn̩]
㋡ formieren, bewirken

동 달성하다, 정돈하다, 정렬하다, 똑바로 하다, 이행하다, 개최하다, 거행하다
Du musst die Antenne auf den Satelliten **ausrichten**.
안테나가 위성을 향하도록 해야 합니다.

1425 stechen [ˈʃtɛçn̩]
㋡ aufspießen, durchbohren

동 찌르다, 쏘다, 뚫다, 뾰족하다
Da sitzt eine Wespe! Sei vorsichtig, damit sie dich nicht **sticht**!
거기 말벌이 앉아 있어요! 쏘이지 않도록 조심하세요!

1426 Teppich [ˈtɛpɪç]
Ⓖ m s e

명 양탄자, 융단, 카펫
Meine Mutter breitet den schönen **Teppich** über den Fußboden.
어머니는 바닥에 아름다운 카펫을 깔아 놓으셨습니다.

1427 versäumen [fɛɐ̯ˈzɔɪ̯mən]
㋡ verpassen, verschlafen

동 놓치다, 잃다, 잡지 못하다, 결석하다
Beeile dich, sonst wirst du den Zug **versäumen**!
당신은 서두르지 않으면 기차를 놓칠 것 입니다!

1428 sich befinden [bəˈfɪndn̩]
㋡ bleiben, sich fühlen

동 있다, ~한 상태에 있다
Die Brücke **befindet sich** im Bau.
다리가 건설 중입니다.

1429 merkwürdig [ˈmɛʁkˌvʏʁdɪç]
㋡ erstaunlich, komisch

형 기억할 만한, 주의할 만한, 눈에 띄는, 놀랄 만한, 기묘한
Das kann zwar **merkwürdig** klingen, aber es ist trotzdem wahr.
이상하게 들릴지 모르지만 그래도 사실입니다.

1430	aus·wandern [ˈaʊ̯sˌvandɐn] ⊕ aussiedeln, ausziehen	동 이주하다, 이민가다 Er **wanderte** nach Deutschland **aus**, um ein besseres Leben zu finden. 그는 더 나은 삶을 찾기 위해 독일로 이주했습니다.
1431	erhalten [ɛɐ̯ˈhaltn̩] ⊕ bekommen, empfangen	동 보존하다, 유지하다, 얻다, 받다 Ich **erhalte** Informationen aus verschiedenen Quellen. 나는 다양한 출처에서 정보를 얻습니다.
1432	übertreiben [yːbɐˈtʁaɪ̯bn̩] ⊕ übersteigern, überziehen	동 과장하다, 허풍떨다, 과시하다, 과도하게 하다, 지나치게 하다 Wir wissen schon, dass du deine Arbeit liebst, aber **übertreib** es lieber nicht. 우리는 당신이 일을 좋아한다는 것을 이미 알고 있지만 무리하지는 마세요.
1433	gespannt [ɡəˈʃpant] ⊕ aufmerksam, gereizt	형 기대에 부푼, 호기심에 찬, 관심이 있는, 긴장된 Um ehrlich zu sein, bin ich sehr **gespannt** auf deine Schwester. 솔직히 말해서 나는 너의 동생에 호기심이 있다.
1434	Konservendose [kɔnˈzɛʁvn̩ˌdoːzə] Ⓖ *f* - *n*	명 통조림 Er bewahrt die Ananasstückchen in einer **Konservendose** auf. 그는 파인애플 조각을 통조림에 보관합니다.
1435	kopieren [koˈpiːʁən] ⊕ imitieren, nachahmen	동 복사하다, 복제하다, 모방하다, 베끼다 Kannst du mir dieses Blatt **kopieren**? 이 종이를 복사 해줄래?
1436	Sorge [ˈzɔʁɡə] Ⓖ *f* - *n*	명 근심, 걱정, 불안, 우려, 배려, 보호, 관심 Mach dir keine **Sorgen**! Du musst dich nicht um alles kümmern. 걱정 하지마! 너가 모든 것을 돌볼 필요는 없어.
1437	versorgen [fɛɐ̯ˈzɔʁɡn̩] ⊕ betreuen, verpflegen	동 제공하다, 공급하다, 돌봐주다, 부양하다 Das Rote Kreuz **versorgte** das Krankenhaus mit Blut. 적십자는 병원에 혈액을 공급했습니다.
1438	zu·schauen [ˈʦuːˌʃaʊ̯ən] ⊕ ansehen, beobachten	동 바라보다, 구경하다, 관전하다 Er **schaute zu**, wie die Frauen schwammen. 그는 여자들이 어떻게 수영하는지 보았다.
1439	klappen [ˈklapn̩] ⊕ gelingen, funktionieren	동 알맞다, 일치하다, 작동하다, 쾅 소리가 나다, 접다 Heute habe ich ein schreckliches Unglück. Alles will mir gar nicht **klappen**. 오늘은 완전 불행한 날이다. 모든 것이 되는 일이 없다.

1440 **sogenannt** ['zo:gə,nant] ④ benannt, eigentlich	휑 이른바, 소위 Wir befinden uns in der **sogenannten** Altstadt. 우리는 이른바 구 시가지에 있습니다.
1441 **Zoll** [ʦɔl] ⑤ m (e)s ö-e	명 관세, 세관 Sein Päckchen wurde beim **Zoll** aufgehalten. 그의 소포는 세관에 묶여있습니다.
1442 **klassisch** ['klasɪʃ] ④ altertümlich, herkömmlich	휑 전형적인, 모범적인, 고전적인, 고전주의적인 Dein Kostüm sieht so **klassisch** aus. 당신의 의상은 너무 고전적으로 보입니다.
1443 **leiten** ['laɪtn̩] ④ führen, herrschen	동 이끌다, 안내하다, 관리하다, 지배하다, 전도하다 Er hat gezeigt, dass er in der Lage ist, ein Unternehmen zu **leiten**. 그는 회사를 운영할 수 있는 능력을 보여주었습니다.
1444 **Nebel** ['ne:bl̩] ⑤ m s -	명 안개, 운무, 연무, 연막, 몽롱, 불분명 Der **Nebel** breitete sich über die Stadt aus. 안개가 도시 전체에 퍼졌습니다.
1445 **bald** [balt] gleich, zügig	부 곧, 금방, 빨리, 거의 Ich komme so **bald** wie möglich zurück! 가능한 빨리 돌아 올게요!
1446 **sich erkundigen** [ɛɐ̯'kʊndɪɡn̩] ④ befragen, nachfragen	동 묻다, 문의하다 Ich **erkundige mich** nach unseren Reservierungen für das Hotel! 우리 호텔 예약을 문의 중입니다!
1447 **klagen** ['kla:ɡn̩] ④ jammern, schimpfen	동 불평하다, 불만을 털어놓다, 호소하다, 비탄하다, 슬퍼하다, 탄식하다 Die Arbeiter **klagen** über ihre Arbeitsbedingungen. 노동자들은 근무 조건에 대해 불평합니다.
1448 **Hähnchen** ['hɛːnçən] ⑤ n s -	명 수평아리, 닭, 닭고기 Morgen braten wir ein **Hähnchen** am Spieß. 내일 우리는 닭꼬치를 구울 것입니다.
1449 **organisieren** [ɔʁɡaniˈziːʁən] ④ vereinigen, arrangieren	동 계획하다, 준비하다, 구성하다, 조직하다, 체계화하다 Sie hat eine Reise nach London **organisiert**. 그녀는 런던 여행을 계획했습니다.
1450 **begleiten** [bəˈɡlaɪtn̩] ④ bringen, mitgehen	동 동행하다, 동반하다, 안내하다, 바래다 주다, 덧붙이다 Die Eltern **begleiten** ihre Kinder zur Schule. 그 부모는 자녀를 학교에 바래다줍니다.

1451 **Bewohner** [bəˈvoːnɐ]
G *m* *s* -

⠇명⠇ 주민, 거주민

Der **Bewohner** kann wegen des Lärmes nicht schlafen.
주민들은 소음 때문에 잠을 잘 수 없습니다.

1452 **ab·decken** [ˈapˌdɛkn̩]
⊞ abnehmen, abziehen

⠇동⠇ 덮개를 벗기다, 뚜껑을 벗기다, 갚다, 청산하다

Der starke Wind **deckt** alle Dächer der Häuser in der Stadt **ab**.
강한 바람이 도시의 모든 집의 지붕을 벗겼습니다.

1453 **Zunge** [ˈt͡sʊŋə]
G *f* - *n*

⠇명⠇ 혀, 혓바닥

Beim Essen habe ich mich auf die **Zunge** gebissen.
먹을 때 혀를 깨물었어요.

1454 **sorgen** [ˈzɔʁɡn̩]
⊞ pflegen, betreuen

⠇동⠇ 근심하다, 염려하다, 돌보다, 보살피다, 배려하다

Mein Bruder **sorgt** zu Hause für die Kinder.
오빠가 집에서 아이들을 돌봅니다.

1455 **Kabel** [ˈkaːbl̩]
G *n* *s* -

⠇명⠇ 케이블, 밧줄, 전선

Mit Wireless-Geräten können Sie Dateien problemlos herunterladen, ohne **Kabel** anzuschließen.
무선 장치를 사용하면 케이블을 연결하지 않고도 파일을 쉽게 다운로드 할 수 있습니다.

1456 **Verstoß** [fɛɐ̯ˈʃtoːs]
G *m* *es* *ö-e*

⠇명⠇ 위반, 저촉

Wenn ein **Verstoß** festgestellt wird, ergreifen die zuständigen Behörden.
위반 사항이 밝혀지면 관련 당국이 조치를 취합니다.

1457 **wertvoll** [ˈveːɐ̯tˌfɔl]
⊞ bedeutend, vortrefflich

⠇형⠇ 가치가 큰, 귀중한, 값비싼, 유용한

Dieses alte Buch ist für mich sehr **wertvoll**.
이 오래된 책은 나에게 매우 가치 있습니다.

1458 **still** [ʃtɪl]
⊞ leise, ruhig

⠇형⠇ 고요한, 조용한, 한적한, 평온한, 얌전한

Er war schon immer ein **stilles** Kind in der Schule.
그는 항상 학교에서 조용한 아이였습니다.

1459 **betrügen** [bəˈtʁyːɡn̩]
⊞ täuschen, hintergehen

⠇동⠇ 속이다, 기만하다, 배반하다

Hast du schon einmal während einer Prüfung **betrogen**?
시험 보면서 컨닝을 한 적이 있습니까?

1460 **Umzug** [ˈʊmˌt͡suːk]
G *m* *(e)s* *ü-e*

⠇명⠇ 이사, 이주, 행진

Der **Umzug** war gestern wirklich anstrengend.
어제 이사는 정말 힘들었습니다.

1461 **günstig** [ˈɡʏnstɪç]
⊞ billig, freundlich

⠇형⠇ 값싼, 호의있는, 친절한, 유익한

Diese Eier sind heute besonders **günstig**.
이 계란은 오늘 특히 저렴합니다.

1462 enttäuschen
[ɛntˈtɔʏʃn]
ⓢ frustrieren,
sich nicht bewähren

ⓢ 실망시키다, 낙담시키다, 환멸을 느끼게 하다
Was hast du denn da gemacht? Sicherlich hast du mich **enttäuscht**.
거기서 도대체 무엇을 했습니까? 확실히 당신은 나를 실망시켰습니다.

1463 Geschlecht [gəˈʃlɛçt]
ⓖ n (e)s er

ⓝ 성, 성별
Nur 10% aller Bürger gehören dem männlichen **Geschlecht** an.
모든 주민의 10 % 만이 남성입니다.

1464 passen [ˈpasn]
ⓢ geeignet sein,
harmonieren

ⓢ 알맞다, 적합하다, 어울리다, 맞추다
Welcher Typ **passt** am besten zu dir?
어떤 타입이 너에게 가장 잘 어울릴까?

1465 Geschmack [gəˈʃmak]
ⓖ m (e)s ä-e/ä-er

ⓝ 미각, 맛, 취향, 기호
Jeder Mensch hat einen anderen **Geschmack**.
사람마다 취향이 다릅니다.

1466 Muskel [ˈmʊskl]
ⓖ m s n

ⓝ 근, 근육
Gestern habe ich meine **Muskeln** im Fitnessstudio zu viel trainiert.
Jetzt habe ich Muskelkater.
어제 나는 체육관에서 근육 운동을 너무 많이 했습니다. 지금 근육통이 있습니다.

1467 intelligent
[ɪntɛliˈgɛnt]
ⓢ einfallsreich, genial

ⓗ 지적인, 똑똑한, 총명한, 이지적인
Ich denke, dass der Professor sehr **intelligent** ist.
나는 그 교수가 매우 똑똑하다고 생각합니다.

1468 Treppe [ˈtʁɛpə]
ⓖ f - n

ⓝ 계단, 단
Sei vorsichtig, wenn du die **Treppe** runtergehst!
계단을 내려갈 때 조심하세요!

1469 pflegen [ˈpfleːgn]
ⓢ betreuen,
sich kümmern

ⓢ 돌보다, 부양하다, 간호하다, 장려하다, 관리하다
Meine Frau **pflegte** seit zehn Jahren ihre kranke Schwester.
제 아내는 10 년 동안 아픈 여동생을 돌봤습니다.

1470 Anwendung
[ˈanvɛndʊŋ]
ⓖ f - en

ⓝ 사용, 이용, 적용, 응용
Automatische Roboter finden in dieser Fabrik keine **Anwendung**.
이 공장에서는 자동 로봇을 사용하지 않습니다.

1471 Absicht [ˈapzɪçt]
ⓖ f - en

ⓝ 의도, 의향
Sie hat meine **Absicht** auf den ersten Blick gemerkt.
그녀는 내 의도를 첫 눈에 알아차렸다.

1472 Gedanke [gəˈdaŋkə]
ⓖ m ns n

ⓝ 생각, 사고, 상념, 계획, 이념, 사상, 관념, 회상, 기억, 의견, 견해
Mir fliegt ein **Gedanke** durch den Kopf.
어떤 생각이 내 뇌리를 스쳐 지나간다.

1473 Zeitschrift [ˈʦaɪtʃʁɪft]
ⓖ *f - en*
명 잡지, 정기 간행물
An einem Kiosk kann man unterschiedliche **Zeitschriften** kaufen.
매점에서 다양한 잡지를 구입할 수 있습니다.

1474 an·liefern [ˈanˌliːfɐn]
ⓤ zustellen, bringen
동 배달하다, 인도하다
Die bestellten Waren wurden noch nicht **angeliefert**.
주문한 상품이 아직 배송되지 않았습니다.

1475 zusätzlich
[ˈtsuːˌzɛtslɪç]
ⓤ außerdem,
darüber hinaus
형 추가의, 부가의, 보충의
Kleine Haustiere sind im Hotel ohne **zusätzliche** Kosten willkommen.
추가 비용 없이 작은 애완 동물을 동반하실 수 있습니다.

1476 berichten [bəˈʁɪçtən]
ⓤ erzählen, informieren
동 보고하다, 통지하다
Der Reporter **berichtet** über die Verhältnisse in Nordkorea.
기자는 북한 상황을 보도한다.

1477 miteinander
[ˈmɪtʔaɪˌnandɐ]
ⓤ gegenseitig,
gemeinsam
부 서로, 함께, 같이
Wir wollen das Problem **miteinander** besprechen.
우리는 그 문제를 서로 논의하고 싶습니다.

1478 Speck [ʃpɛk]
ⓖ *m (e)s e*
명 베이컨, 돼지의 비계살
Fast jeden Morgen frühstücke ich einen **Speck** und ein Spiegelei.
나는 거의 매일 아침으로 베이컨과 달걀 프라이를 먹습니다.

1479 Nachnahme
[ˈnaːxˌnaːmə]
ⓖ *f - n*
명 수취인 부담, 착불, 대금 상환
Darf ich Ihnen den Brief per **Nachnahme** schicken?
수취인 부담으로 편지를 보내도 됩니까?

1480 unternehmen
[ʊntɐˈneːmən]
ⓤ ausrichten, durchführen
동 감행하다, 착수하다, 꾀하다, 벌이다
Wir haben einen Familienurlaub nach Spanien **unternommen**.
우리는 스페인으로 가족 휴가를 계획했다.

1481 populär [popuˈlɛːɐ̯]
ⓤ attraktiv, beliebt
형 대중적인, 인기 있는, 평판이 좋은, 평이한
Der K-Pop in Deutschland wird ja sowieso immer **populärer**.
어쨌든 독일에서 K-Pop 은 점점 더 인기를 얻고 있습니다.

1482 ohne [ˈoːnə]
ⓤ ausschließlich, außer
전 ~없이, ~하지 않고
Ich kann **ohne** dich nicht leben.
난 당신 없이 살 수 없다.

1483 mischen [ˈmɪʃn̩]
ⓤ anrühren,
durchmengen
동 섞다, 혼합하다, 융합시키다
Mische keine Energiegetränke mit Alkohol!
에너지 드링크를 술과 섞지 마십시오!

1484 Fortschritt [ˈfɔʁtʃʁɪt]
ⓖ *m* *(e)s* *e*

명 진보, 진전, 발달, 향상, 증진, 성장

Durch den **Fortschritt** der Naturwissenschaft kann man zurzeit bequem leben als früher.
과학의 발전으로 이제 이전보다 편안하게 살 수 있습니다.

1485 Ergänzung [ɛʁˈɡɛntsʊŋ]
ⓖ *f* *-* *en*

명 보충, 보완, 부록, 보충물

Dieses Gerät ist die ideale **Ergänzung** für Ihren Computer.
이 장치는 컴퓨터를 위한 이상적인 추가 장치입니다.

1486 überprüfen [ˌyːbɐˈpʁyːfən]
㊌ inspizieren, kontrollieren

동 검사하다, 점검하다, 검토하다

Er **überprüfte**, ob die Maschine defekt war.
그는 기계에 결함이 있는지 검사했습니다.

1487 prüfen [ˈpʁyːfən]
㊌ testen, erproben

동 시험해 보다, 시험하다, 시련을 내리다

Prüf doch mal den Luftdruck auf dem rechten Hinterreifen!
오른쪽 뒤 타이어의 공기압을 점검하십시오!

1488 informieren [ɪnfɔʁˈmiːʁən]
㊌ aufklären, mitteilen

동 정보를 제공하다, 알리다, 보고하다

Der Arzt **informierte** seinen Patienten über den Namen seiner Krankheit.
의사는 환자에게 질병의 이름을 알렸습니다.

1489 quer [kveːɐ̯]
㊌ schief, schräg

형 가로의, 가로지른, 비스듬한, 엇갈린, 비틀린, 비뚤어진
부 가로로, 비스듬히, 엇갈리게

Das Auto steht **quer** auf der Straße.
차는 길 건너편에 있습니다.

1490 offenbar [ˈɔfn̩baːɐ̯]
㊌ greifbar, wahrscheinlich

형 공공연한, 분명한, 명료한, 알려진
부 아마, 보아하니

Entschuldigung. Ich habe mich **offenbar** geirrt.
죄송합니다. 내가 분명히 착각했습니다.

1491 Presse [ˈpʁɛsə]
ⓖ *f* *-* *n*

명 압박, 압착, 압착기, 프레스, 출판계, 언론계, 출판물, 신문, 잡지

Die **Presse** berichtete über den Vorfall.
언론은 사건에 대해 보도했습니다.

1492 Ablauf [ˈaplaʊ̯f]
ⓖ *m* *(e)s* *ä-e*

명 경과, 진행, 만료, 만기, 유출, 흘러감, 유출구, 배수관, 출발

Nach **Ablauf** der Frist muss das Geld bezahlt sein.
기한이 지나면 돈을 지불해야 합니다.

1493 offiziell [ɔfiˈt͡si̯ɛl]
㊌ amtlich, formell

형 직무상의, 공식적인, 공식의, 정식의

Offiziell sind die beiden noch verheiratet, aber sie wohnen schon längst getrennt.
공식적으로 두 사람은 아직 결혼했지만 그들은 오랫동안 따로 살고 있습니다.

1494 Strand [ʃtʁant]
Ⓖ *m (e)s ä-e*

⬜명 해변, 해안, 백사장, 바닷가

Viele Kinder tummeln sich im Sommer am **Strand**.
많은 아이들이 여름에 해변에서 뛰어 논다.

1495 Werktag ['vɛʁk‚taːk]
Ⓖ *m (e)s e*

⬜명 평일, 근무일

Die Frist der Abgabe läuft in vier **Werktagen** ab.
제출 기한은 영업일 기준으로 4 일 후에 만료됩니다.

1496 reisen ['ʁaɪzn̩]
⬚ abfahren, besuchen

⬜동 여행하다, 여행을 떠나다

Da ich gering Geld habe, **reise** ich mit dem Bus.
나는 돈이 적기 때문에 버스로 여행을 합니다.

1497 bieten ['biːtn̩]
⬚ geben, zeigen

⬜동 제공하다, 내놓다, 팔려고 내놓다, 부당한 요구를 하다

Ich benötige ein großes Auto, aber dieser Wagen **bietet** nur vier
Leuten Platz.
나는 큰 차가 필요하지만 이 차는 4 명만 앉을 수 있습니다.

1498 langfristig
['laŋ‚fʁɪstɪç]

⬚ anhaltend, dauerhaft

⬜형 장기간의, 장기에 걸친

Die Straße ist wegen Bauarbeiten **langfristig** gesperrt.
공사로 인해 도로가 오랫동안 폐쇄되었습니다.

1499 aus·geben ['aʊs‚geːbn̩]
⬚ verteilen, anbieten

⬜동 지출하다, 지급하다, 교부하다, 분배하다, 송달하다, 발행하다, 알리다

Meine Frau **gibt** zu viel Geld **aus**.
제 아내는 돈을 너무 많이 씁니다.

1500 Allergie [‚alɛʁ'giː]
Ⓖ *f - n*

⬜명 알레르기

Ich hasse den Frühling, weil ich Pollen- und Staub-**Allergien** habe.
나는 꽃가루와 먼지 알레르기가 있어서 봄이 싫다.

1501 sich bemühen
[bə'myːən]
⊕ streben, sich anstrengen

동 애쓰다, 노력하다, 수고하다
Mein Freund **bemühte sich** mehr als ich um gute Noten.
내 친구는 좋은 성적을 얻기 위해 나보다 열심히 노력했습니다.

1502 an·kündigen
['an,kʏndɪgṇ]
⊕ ansagen, anzeigen

동 통지하다, 알리다, 광고하다
Der Polizeipräsident **kündigte an**, die Ergebnisse der Untersuchung bekannt zu geben.
경찰서장은 수사 결과를 발표하겠다고 밝혔다.

1503 melden ['mɛldṇ]
⊕ berichten, mitteilen

동 보고하다, 통지하다, 알리다, 말하다, 진술하다, 신고하다
Sie hat den Unfall ihrer Versicherung **gemeldet**.
그녀는 보험 회사에 사고를 보고했습니다.

1504 korrigieren
[kɔʁi'giːʁɐn]
⊕ verändern, verbessern

동 고치다, 수정하다, 바로잡다, 교정하다
Können Sie bitte meine deutschen Sätze **korrigieren**?
제 독일어 문장을 수정해 주시겠습니까?

1505 Deckel ['dɛkḷ]
G m s -

명 뚜껑, 덮개
Jeder Topf findet seinen **Deckel**.
모든 냄비에는 맞는 뚜껑이 있습니다. (짚신도 제 짝이 있다.)

1506 schief [ʃiːf]
⊕ schräg, nicht gerade

형 비스듬한, 기울어진, 굽은, 비틀린, 애매한, 왜곡된, 잘못된
Der Turm von Pisa ist ungefähr um sechs Grad **schief**.
피사 탑은 약 6도 정도 기울어져 있습니다.

1507 politisch [po'liːtɪʃ]
⊕ gesellschaftlich, taktisch

형 정치의, 정치적인, 정치학의, 정책상의
Der Krieg gegen Drogen ist kein wirtschaftlicher Krieg, sondern ein **politischer** Krieg.
마약과의 전쟁은 경제 전쟁이 아니라 정치적 전쟁입니다.

1508 ob [ɔp]

접 ~인지 아닌지, ~이든 간에
Sie wollte wissen, **ob** ich einen Hund besitze.
그녀는 내가 개를 소유하고 있는지 알고 싶어했습니다.

1509 wahrscheinlich
[va:ɐ̯ˈʃaɪnlɪç]
Ⓢ vermutlich, voraussichtlich

형 있을 법한, 그럴듯한
부 아마, 다분히, 십중팔구는
Du kannst die Prüfung **wahrscheinlich** bestehen.
너는 틀림없이 시험에 합격 할 수 있어.

1510 scheinen [ˈʃaɪnən]
Ⓢ anstrahlen, aussehen

동 빛나다, 비치다, ~처럼 보이다, 여겨지다
Die Nachmittagssonne **scheint** direkt in mein Zimmer.
오후의 햇빛이 내 방으로 바로 비칩니다.

1511 übergeben
[yːbɐˈgeːbn̩]
Ⓢ zuteilen, überlassen

동 넘겨주다, 양도하다, 맡기다, 위임하다
Nachdem ich ihr das Paket **übergeben** hatte, öffnete sie es sofort.
내가 그녀에게 소포를 건네주자 마자 그녀는 바로 그것을 열었다.

1512 quietschen [ˈkviːtʃn̩]
Ⓢ knautschen, schreien

동 날카로운 소리를 내다, 끼익 소리를 내다
Die Wände sind dünn und die Betten **quietschen**.
벽은 얇고 침대는 삐걱거립니다.

1513 Transport
[tʁansˈpɔʁt]
Ⓖ m (e)s e

명 운송, 수송, 운반
Der **Transport** von Frachten ist momentan schwierig.
화물 운송은 현재 어렵습니다.

1514 Roman [ʁoˈmaːn]
Ⓖ m s e

명 소설, 장편 소설
Sie schreibt an einem **Roman**.
그녀는 소설을 쓰고 있습니다.

1515 Zusammenhang
[t͡suˈzamənhaŋ]
Ⓖ m (e)s ä-e

명 연결, 관계, 관련, 맥락
Dort können Fragen im **Zusammenhang** mit dem Studium gestellt werden.
당신의 연구와 관련된 질문은 그곳에서 할 수 있습니다.

1516 aus·liefern
[ˈaʊsˌliːfɐn]
Ⓢ bringen, zustellen

동 넘기다, 인도하다, 공급하다
Der Bote **liefert** die bestellte Ware **aus**.
그 배달원은 주문한 상품을 배달합니다.

1517 Urteil [ˈuːɐ̯ˌtaɪl]
Ⓖ n s e

명 판단, 평가, 선고, 판정, 심판
Das **Urteil** lautete auf zehn Jahre Gefängnis.
판결은 10 년 징역형이었다.

1518 begegnen
[bəˈgeːgnən]
Ⓢ treffen, auftreten

동 만나다, 마주치다, 일치하다, 발생하다, 대응하다
Sie **begegnete** einem Freund auf der Straße.
그녀는 거리에서 친구를 만났습니다.

1519 abonnieren
[abɔˈniːʁən]
Ⓢ anfordern, anschaffen

동 정기 구독하다, 정기권을 구입하다
Welche Zeitschriften hast du **abonniert**?
당신은 어떤 잡지를 구독합니까?

1520	**mutig** ['muːtɪç]	형 용감한, 대담한
	유 gewagt, wacker	Ein guter Soldat ist meistens **mutig**.
		훌륭한 군인은 보통 용감합니다.

1521	**Formalität** [fɔʁmaliˈtɛːt]	명 형식, 정식, 관례, 형식 준수, 형식 규정, 절차, 허례
	Ⓖ f - en	Ich habe alle für das Visum erforderlichen **Formalitäten** erledigt.
		비자에 필요한 모든 절차를 완료했습니다.

1522	**Gegenteil** ['geːɡn̩taɪl]	명 반대, 역, 적, 상대방
	Ⓖ n (e)s e	"Schnell" ist das **Gegenteil** von "langsam".
		느린은 "빠른"의 반대말입니다.

1523	**Konferenz** [ˌkɔnfeˈʁɛnts]	명 논의, 협의, 상의, 회담, 회의
	Ⓖ f - en	Unsere Firma sollte nächstes Jahr eine internationale **Konferenz** in Prag durchführen.
		우리 회사는 내년에 프라하에서 국제 회의를 개최해야 합니다.

1524	**Empfänger** [ɛmˈp͡fɛŋɐ]	명 수취인, 수령자, 수신인
	Ⓖ m s -	Einschreibebriefe müssen dem **Empfänger** direkt ausgehändigt werden.
		등기 편지는 수령인에게 직접 전달되어야 합니다.

1525	**Abwicklung** ['apvɪklʊŋ]	명 풀기, 처리, 정리, 전개, 청산
	Ⓖ f - en	Wir garantieren für unseren Kunden eine schnelle und unkomplizierte **Abwicklung** zu fairen Konditionen.
		우리는 고객에게 공정한 조건으로 빠르고 복잡하지 않은 해결을 보장합니다.

1526	**einschließlich** ['aɪnʃliːslɪç]	부 ~을 포함하여, 넣어
	유 eingeschlossen, inbegriffen	전 ~을 포함하여, 넣어
		Die Waren kostet insgesamt 200 Euro **einschließlich** Versandkosten.
		상품은 배송비를 포함하여 총 200 유로입니다.

1527	**benutzen** [bəˈnʊt͡sn̩]	동 이용하다, 사용하다, 활용하다, 쓰다
	유 verwenden, gebrauchen	Können Sie mir bitte sagen, wie man es **benutzen** soll?
		사용 방법을 알려주시겠습니까?

1528	**Öl** [øːl]	명 기름, 오일, 윤활유
	Ⓖ n (e)s e	Man muss **Öl** in einer Pfanne erhitzen, um Pommes zu fritieren.
		감자 튀김을 튀기려면 팬에 기름을 데워야 합니다.

1529	**Zins** [t͡sɪns]	명 이자, 금리, 이윤, 이익
	Ⓖ m es en	Der **Zins** der Bank ist auf mehr als 8 Prozent gestiegen.
		은행의 이자율은 8 % 이상 올랐습니다.

1530 Umleitung
['ʊmˌlaɪtʊŋ]

Ⓖ f - en

명 우회, 우회로

Es wird eine **Umleitung** des Flusses geplant, um mehr Dörfer mit Trinkwasser zu versorgen.
더 많은 마을에 식수를 공급하기 위해 강을 우회 시킬 계획입니다.

1531 Ruhe ['ʁuːə]

Ⓖ f - x

명 휴지, 고요, 정적, 평화, 평온, 안심, 안정, 휴양

Im Land herrschten daraufhin 20 Jahre **Ruhe** und Frieden.
그 후 이 나라는 20 년 동안 평화롭고 고요했습니다.

1532 Gebirge [gə'bɪʁgə]

Ⓖ n s -

명 산맥, 산악 지대, 산간 지역

Im **Gebirge** kann das Wetter schnell umschlagen.
산에서는 날씨가 빠르게 변할 수 있습니다.

1533 Pech [pɛç]

Ⓖ n (e)s e

명 불운, 곤경, 불행한 사건, 역청, 피치

Er hatte viel **Pech** in seinem Leben. Seine Frau und sein Kind sind bei einem Autounfall gestorben.
그는 삶에서 많은 불운을 겪었습니다. 그의 아내와 아이는 교통 사고로 사망했습니다.

1534 Tüte ['tyːtə]

Ⓖ f - n

명 봉지, 자루

Können sie das für mich in eine **Tüte** packen?
이거 봉지에 넣어 주실래요?

1535 sich verlaufen
[fɛɐ̯'laʊfn̩]

Ⓥ fehlgehen, ablaufen

동 길을 잃다, 흩어지다

Warum hast du **dich** im Wald **verlaufen**? Der Wald ist nicht so groß.
왜 숲에서 길을 잃었습니까? 그 숲은 그렇게 크지 않습니다.

1536 erforderlich
[ɛɐ̯'fɔʁdɐlɪç]

Ⓥ nötig, notwendig

형 필요한, 필수의

Für diese Arbeit sind keine besonderen Fertigkeiten **erforderlich**.
이 작업에는 특별한 능력이 필요하지 않습니다.

1537 Mandel ['mandl̩]

Ⓖ f - n

명 아몬드, 편도나무

Wenn ich keine Zeit zum frühstücken habe, esse ich ein paar **Mandeln**.
아침을 먹을 시간이 없을 때는 아몬드 몇 개를 먹습니다.

1538 ausschließlich
['aʊsʃliːslɪç]

Ⓥ besonders, exklusiv

형 독점적인, 배타적인
부 ~을 제외하고, 독점적으로, 오직

Ich lerne täglich Deutsch **ausschließlich** des Sonntags.
나는 일요일을 제외하고 매일 독일어를 배웁니다.

1539 Wasserhahn
['vasɐˌhaːn]

Ⓖ m (e)s ä-e

명 수도꼭지

Dreh mal nach dem Duschen den **Wasserhahn** zu!
샤워 후에 수도 꼭지를 잠그세요!

1540 perfekt [pɛʁˈfɛkt]
유 fehlerfrei, vollkommen

형 완벽한, 완성된, 확정된, 흠없는

Ich beneide ihn, weil seine Aussprache des Englischen **perfekt** ist. Es gibt daran nichts zu korrigieren.
나는 그의 영어 발음이 완벽해서 부럽습니다. 고칠 것이 없습니다.

1541 Gehalt [gəˈhalt]
G *m (e)s e*

명 내용, 진가, 성분, 함유량, 내용물, 부피, 용량

Der **Gehalt** an Alkohol in Bier beträgt ca. 13%.
맥주의 알코올 함량은 약 13 %입니다.

1542 Summe [ˈzʊmə]
G *f - n*

명 합, 총계, 합계, 총액, 금액

Die **Summe** von 3 und 6 ist 9.
3 과 6 의 합은 9 입니다.

1543 Pfand [pf̩ant]
G *n (e)s ä-er*

명 저당, 담보, 보증금, 예치금, 전당

Nimm die Flaschen mit. Vom **Pfand** kannst du dir ein Eis kaufen.
병을 가지고 가십시오. 당신은 보증금으로 아이스크림을 살 수 있습니다.

1544 Ausgang [ˈaʊ̯sˌɡaŋ]
G *m (e)s ä-e*

명 출구, 수출, 출하, 외출, 말기, 결말, 출발점, 시작

Wir kehrten an den **Ausgang** unseres Gesprächs zurück.
우리는 대화의 출발점으로 돌아왔습니다.

1545 rennen [ˈʁɛnən]
유 sprinten, gehen

동 달리다, 뛰다, 질주하다

Der Arzt **rannte** schnell zu seinem Patienten.
의사는 재빨리 환자에게 달려갔습니다.

1546 aus·lösen [ˈaʊ̯sˌløːzn̩]
유 starten,bewirken

동 작동시키다, 발생시키다, 불러일으키다

Ich dachte, es könnte einige alte Probleme **auslösen**.
나는 그것이 몇몇 오래된 문제를 일으킬 것이라고 생각했습니다.

1547 unterschreiben [ˌʊntɐˈʃʁaɪ̯bn̩]
유 bestätigen, unterzeichnen

동 서명하다, 서명하여 동의하다

Unterschreibt bitte unten auf dem Papier!
종이 아래에 서명하세요!

1548 Spur [ʃpuːɐ̯]
G *f - en*

명 발자국, 실마리, 증거, 단서, 흔적, 자취, 차선

Die **Spuren** waren im Schnee gut sichtbar.
눈 속에서 발자국이 선명하게 보입니다.

1549 Metzgerei [mɛt͡sɡəˈʁaɪ̯]
G *f - en*

명 정육점

Die **Metzgerei** bietet täglich ein frisches Fleisch.
정육점에서는 매일 신선한 고기를 제공합니다.

1550 Gesetz [gəˈzɛt͡s]
G *n es e*

명 법, 법률, 규정, 율법, 법칙, 규범

Ich studiere Jura, aber ich muss nicht jedes **Gesetz** auswedig lernen.
저는 법을 공부하지만 모든 법을 외울 필요는 없습니다.

1551 Energieversch-
wendung
[enɛʁˈgiːfɛɐ̯ʃvɛndʊŋ]
Ⓖ f - en

명 에너지 낭비

Wir werden aufgeklärt, wie sehr die **Energieverschwendung** zur Klimakatastrophe beiträgt.
우리는 에너지 낭비가 기후 재해에 얼마나 많은 영향을 미치는지 알게 될 것입니다.

1552 Halle [ˈhalə]
Ⓖ f - n

명 홀, 강당, 로비

Die Veranstaltung findet in der großen **Halle** im zweiten Stock statt.
이벤트는 2 층의 큰 홀에서 열립니다.

1553 Stempel [ˈʃtɛmpl̩]
Ⓖ m s -

명 스탬프, 도장, 날인, 소인

Der Brief trägt einen **Stempel** der Post.
편지에는 우체국 소인이 찍혀 있습니다.

1554 auf·hören
[ˈaʊ̯fˌhøːʁən]
⊞ abbrechen, enden

동 끝나다, 그치다, 중지하다, 끝내다

Ab diesem Moment **höre** ich **auf** zu rauchen.
이 순간부터 나는 담배를 끊는다.

1555 Wein [vaɪ̯n]
Ⓖ m (e)s e

명 와인, 포도주

In Deutschland wird seit der Römerzeit **Wein** angebaut.
로마 시대부터 독일에서 와인이 재배되었습니다.

1556 Anfang [ˈanˌfaŋ]
Ⓖ m (e)s ä-e

명 처음, 시작, 최초, 발단, 개시

Warum machst du kein Licht auf? - Als ich zu **Anfang** war, war es nicht dunkel.
왜 불을 켜지 않았어? – 처음에는 어둡지 않았어.

1557 selbstbewusst
[ˈzɛlpstbəˌvʊst]
⊞ sicher, stolz

형 자각한, 당당한, 자부심이 있는, 자의식을 지닌, 자의식이 강한

Vor jedem tritt sie immer **selbstbewusst** auf.
그녀는 항상 모든 사람 앞에서 자신감 있게 행동한다.

1558 Tropfen [ˈtʁɔpfn̩]
Ⓖ m s -

명 방울, 물방울

Drei Tage lang konnte sie keinen **Tropfen** Wasser trinken.
그녀는 3 일 동안 물 한 방울도 마실 수 없었습니다.

1559 nett [nɛt]
⊞ freundlich, angenehm

형 호감을 주는, 친절한, 상냥한, 편안한, 안락한, 귀여운

Jetzt kann ich alles verstehen. Danke für Ihre **nette** Erklärung.
이제 모든 것을 이해할 수 있습니다. 당신의 친절한 설명에 감사 드립니다.

1560 Zertifikat
[fsɛʁtifiˈkaːt]
Ⓖ n (e)s e

명 증명서, 수료증, 자격증

Wenn du die deutsche Prüfung bestehst, stellt das Goethe-Institut das "**Zertifikat** Deutsch" aus.
독일어 시험에 합격하면 괴테 어학원에서 "ZD(독일어 자격증)"을 발행합니다.

1561 Begründung
[bəˈɡʀʏndʊŋ]
Ⓖ f - en

圆 설립, 창시, 논거, 논증, 이유, 근거

Warum hast du das gemacht? Gib mir doch bitte eine **Begründung**!
왜 그런 짓을 했습니까? 이유를 알려주세요!

1562 Verhältnis
[fɛɐ̯ˈhɛltnɪs]
Ⓖ n ses se

圆 관계, 사이, 상태, 상황, 사정, 비율, 비례

Wusstest du nicht, dass die beiden ein **Verhältnis** miteinander haben?
두 사람이 사귀고 있다는 것을 몰랐습니까?

1563 Administration
[atmɪnɪstʁaˈʦi̯oːn]
Ⓖ f - en

圆 관리, 관할, 행정, 관청, 관리국

Um Genaueres zu erfahren, müssen Sie sich an die **Administration** wenden.
자세한 내용은 행정부에 문의해야 합니다.

1564 riechen [ˈʁiːçn̩]
Ⓨ schnüffeln, duften

圄 냄새를 풍기다, 냄새가 나다, 냄새를 맡다, 감지하다, 알아채다

Meine Oma **roch** viel zu stark nach Parfüm.
할머니는 향수 냄새가 너무 심하게 납니다.

1565 Reparatur
[ʁepaʁaˈtuːɐ̯]
Ⓖ f - en

圆 수선, 수리, 회복, 복구

Dieses Auto hat dringend eine **Reparatur** nötig!
이 차는 수리가 꼭 필요합니다!

1566 sich unterhalten
[ˌʊntɐˈhaltn̩]
Ⓨ kommunizieren, quatschen

圄 환담하다, 즐겁게 대화하다, 담소를 나누다

Gestern haben wir **uns** prächtig **unterhalten**.
우리는 어제 멋진 대화를 나눴습니다.

1567 füttern [ˈfʏtɐn]
Ⓨ verpflegen, abspeisen

圄 먹이를 주다, 사료를 주다

Hast du heute Morgen den Hund **gefüttert**?
오늘 아침에 개에게 먹이를 주셨나요?

1568 Idee [iˈdeː]
Ⓖ f - n

圆 아이디어, 관념, 사고, 생각, 이념, 사상

Ich habe eine sehr gute **Idee**, die die Arbeit an unserem Projekt erleichtern kann.
우리의 프로젝트 작업을 더 쉽게 할 수 있는 아주 좋은 아이디어가 있습니다.

1569 Aufnahme
[ˈaʊ̯fˌnaːmə]
Ⓖ f - n

圆 흡수, 섭취, 시작, 개시, 수용, 접수, 입회, 가입, 영접, 조달, 작성, 촬영, 녹화, 성공, 번영

Hast du bei der **Aufnahme** erwartet, dass so ein schönes Foto herauskommt?
촬영 중에 이렇게 아름다운 사진이 나올 줄 예상했나요?

1570 Passagier [ˌpasaˈʒiːɐ̯]
Ⓖ m s e

圆 여행자, 승객

Jeder **Passagier** muss vor Beginn der Reise eine Fahrkarte lösen.
모든 승객은 여행 시작 전에 표를 끊어야 합니다.

1571 Reform [ʁeˈfɔʁm]
Ⓖ f - en

⟮명⟯ 개혁, 혁신, 개조, 개량

Ich glaube, dass die **Reform** der Bewusstseinsstruktur dringend nötig ist.
의식 구조의 개혁이 필요하다고 생각합니다.

1572 Mülltrennung ['mʏlˌtʁɛnʊŋ]
Ⓖ f - x

⟮명⟯ 분리 수거

Wir befolgen im ganzen Haus gewissenhaft die Richtlinien der **Mülltrennung**.
우리는 집 전체의 분리 수거 지침을 양심적으로 따릅니다.

1573 Müll [mʏl]
Ⓖ m (e)s x

⟮명⟯ 쓰레기, 폐기물

Bitte werfen Sie **Müll** in den Mülleimer!
쓰레기통에 쓰레기를 버리십시오!

1574 ständig ['ʃtɛndɪk]
⊜ beständig, konstant

⟮형⟯ 지속적인, 고정된, 끊임없는, 영속적인

Wegen der Erkältung läuft mir **ständig** die Nase.
감기 때문에 항상 콧물이 납니다.

1575 wenigstens ['veːnɪçstn̩s]
⊜ mindestens, immerhin

⟮부⟯ 적어도, 최소한

Wenn du an diesem Spiel teilnehmen willst, musst du **wenigstens** 200 Euro haben.
이 게임에 참여하려면 최소 200 유로가 있어야 합니다.

1576 Aufbau ['aʊ̯fˌbaʊ̯]
Ⓖ m (e)s ten

⟮명⟯ 건축, 건설, 창설, 설립, 구축, 수립, 구성, 구조

Der **Aufbau** dieses Romans ist wirklich unklar.
이 소설의 구성은 정말 애매모호 합니다.

1577 faulenzen ['faʊ̯lɛnt͡sən]
⊜ bummeln, chillen

⟮동⟯ 게으름을 피우다, 빈둥거리다

Wenn man im Sommer einen Tag **faulenzt**, hungert man im Winter zehn Tage lang.
여름에 하루 게으르면 겨울에는 열흘 동안 굶는다.

1578 Mädchen ['mɛːtçən]
Ⓖ n s -

⟮명⟯ 소녀, 여자 아이

Das **Mädchen** möchte mit den Puppen spielen.
그 소녀는 인형을 가지고 놀고 싶어합니다.

1579 Bearbeitung [bəˈʔaʁbaɪ̯tʊŋ]
Ⓖ f - en

⟮명⟯ 검토, 가공, 경작, 개정, 편집

Zur **Bearbeitung** des Manuskripts verwendete sie ein einfaches Programm wie MS-Word.
그녀는 MS-Word 와 같은 간단한 프로그램을 사용하여 원고를 편집했습니다.

1580 fühlen ['fyːlən]
⊜ spüren, ahnen

⟮동⟯ 느끼다, 체감하다, 감지하다

Sie **fühlt** sich durch die vielen Anrufe bedroht.
그녀는 많은 전화에 위협을 느낍니다.

1581 Aussicht ['aʊsˌzɪçt]
ⓖ f - en

명 조망, 전망, 희망, 가망, 경치

Die **Aussichten** der Wirtschaft in Frankreich haben sich wieder verbessert.
프랑스 경제에 대한 전망은 다시 좋아졌습니다.

1582 hupen ['huːpn̩]
유 tuten, ein Signal geben

동 경적을 울리다

Nachts ist es in Deutschland verboten zu **hupen**.
독일에서는 밤에 경적을 울리는 것이 금지되어 있습니다.

1583 Landschaft ['lantʃaft]
ⓖ f - en

명 풍경, 경치, 주변 경관, 지역, 지대

An der Weinstraße in Rüdesheim gibt es schöne **Landschaften** zu bewundern.
Rüdesheim 의 Weinstraße 에는 감탄할 아름다운 풍경이 있습니다.

1584 mild [mɪlt]
유 lind, zart

형 온화한, 온순한, 상냥한, 부드러운, 관대한, 친절한, 순한, 고운

Die Speise ist nicht scharf gewürzt, sondern nur **mild**.
그 음식은 매운 것이 아니라 부드럽습니다.

1585 Kalb [kalp]
ⓖ n (e)s ä-er

명 송아지, 송아지 고기

Das **Kalb** springt munter auf der Weide herum.
송아지는 목초지에서 즐겁게 뛰어 다닌다.

1586 wechseln ['vɛksl̩n]
유 austauschen, ersetzen

동 교환하다, 바꾸다, 고치다, 변경하다, 대체하다, 환전하다, 바뀌다, 변하다

Der Winter kommt schon. Morgen muss ich wirklich die Reifen meines Autos **wechseln**.
겨울이 오고 있어. 내일 나는 정말로 내 차의 타이어를 교체해야 한다.

1587 Einnahme ['aɪnˌnaːmə]
ⓖ f - n

명 수입, 소득, 접수, 영수, 징수, 섭취, 복용

Mancher tut sich schwer mit der **Einnahme** von Medikamenten.
어떤 사람들은 약을 복용하는 것을 어려워합니다.

1588 Einleitung ['aɪnlaɪtʊŋ]
ⓖ f - en

명 입문, 서문, 서론, 머리말, 발단, 개시, 착수

Das Orchester hat gerade mit der **Einleitung** des Stücks begonnen.
오케스트라가 방금 작품의 서곡을 시작했습니다.

1589 Gift [gɪft]
ⓖ n (e)s e

명 독, 독약, 독물

Hamlets Vater wurde vom eigenen Bruder mit **Gift** ermordet.
햄릿의 아버지는 동생에게 독살을 당했습니다.

1590 Lippe ['lɪpə]
ⓖ f - n

명 입술, 입

Gib mir einen Kuss, Schätzchen, solange du noch **Lippen** hast.
입술을 가지고 있는 한 나에게 키스를 해주세요, 여보.

1591 übersetzen
[ˌyːbɐˈzɛt͡sn̩]
ⓈⓇ dolmetschen, übertragen

⑧ 번역하다, 통역하다, 옮기다, 변형하다
Herr Peter hat den koreanischen Artikel ins Deutsche **übersetzt**.
피터 씨는 한국어 기사를 독일어로 번역했습니다.

1592 sauer [ˈzaʊ̯ɐ]
ⓈⓇ ärgerlich, stichig

⑧ 신, 시큼한, 식초에 절인, 산을 함유한, 산성의, 싫은 불쾌한, 성가신
Verschwinde! Du machst mir mein Leben **sauer**.
나가! 너는 내 생활을 괴롭게 만들어!

1593 schießen [ˈʃiːsn̩]
ⓈⓇ werfen, stoßen

⑧ 쏘다, 사격하다, 발포하다, 사살하다, 공을 차다, 슛하다
Der Jäger hat auf einen Fuchs **geschossen**.
사냥꾼은 여우를 쐈다.

1594 veröffentlichen
[fɛɐ̯ˈʔœfn̩tlɪçn̩]
ⓈⓇ publizieren, verlegen

⑧ 출판하다, 발행하다, 공고하다, 발표하다, 널리 알리다
2021 möchte ich ein deutsches Lehrbuch **veröffentlichen**, mit dem Koreaner die deutsche Prüfungen sicher bestehen können.
나는 2021 년에는 한국인이 확실하게 독일어 시험에 합격할 수 있는 독일어 책을 발간하고 싶습니다.

1595 Anzeige [ˈanˌt͡saɪɡə]
Ⓖ f - n

ⓜ 공고, 고시, 게시, 광고, 고발, 고소
Die koreanische Firma Samsung wirbt mit einer ganzseitigen **Anzeige** im Lokalblatt.
한국 기업 삼성은 지역 신문에 전면 광고를 게재하고 있다.

1596 Vorwurf [ˈfoːɐ̯vʊʁf]
Ⓖ m (e)s ü-e

ⓜ 비난, 질책, 주제, 제목, 소재
Der **Vorwurf** wird auf dich selbst zurückfallen.
그 비난은 당신에게 돌아갈 것입니다.

1597 Kalkulation
[kalkulaˈt͡si̯oːn]
Ⓖ f - en

ⓜ 산정, 산출, 견적, 계산, 어림
Nach meiner **Kalkulation** haben wir noch ca. 3 km zu laufen.
내 계산에 따르면 우리는 여전히 약 3km 를 걸어야 합니다.

1598 gewährleisten
[ɡəˈvɛːɐ̯ˌlaɪstn̩]
ⓈⓇ garantieren, sichern

⑧ 보증하다, 보장하다
Im Allgemeinen müssen Verkäufer Verbrauchern gegenüber zwei Jahre Garantie **gewährleisten**.
일반적으로 판매자는 소비자에게 2 년 보증을 제공해야 합니다.

1599 besiegen [bəˈziːɡn̩]
ⓈⓇ gewinnen, erledigen

⑧ 정복하다, 극복하다, 이겨 내다, 이기다
Du kannst deinen Feind nicht ohne meine Hilfe **besiegen**.
당신은 내 도움 없이는 적을 물리칠 수 없습니다.

1600 vorwärts [ˈfoːɐ̯vɛʁt͡s]
ⓈⓇ los, voran

ⓑ 앞으로, 앞쪽을 향하여, 전진하여
Geht es mit deiner Masterarbeit **vorwärts**?
석사 논문은 잘 진행되고 있습니까?

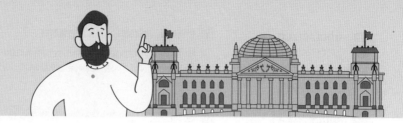

1601 Pille [ˈpɪlə]
Ⓖ *f - n*

명 알약, 환약

Ich sollte eine **Pille** einnehmen, weil ich jetzt eine hartnäckige Erkältung habe.
나는 지금 지독한 감기에 걸렸기 때문에 약을 먹어야 합니다.

1602 Komödie [koˈmøːdi̯ə]
Ⓖ *f - n*

명 희극, 웃기는 사건

Wenn ich Filme gucke, dann am liebsten **Komödien**.
영화를 볼 때는 코미디를 선호합니다.

1603 Kostüm [kɔsˈtyːm]
Ⓖ *n s e*

명 가장, 코스튬, 복장, 의상

Während des Kanivals in Mainz tragen viele Leute ein komisches **Kostüm**.
마인츠의 축제 기간 동안 많은 사람들이 이상한 의상을 입습니다.

1604 Sauberkeit [ˈzaʊ̯bɐkaɪ̯t]
Ⓖ *f - en*

명 깨끗함, 청결, 정확, 단정

Unser Hotel bietet unserem Gast ein hohes Maß an **Sauberkeit** und Hygiene.
저희 호텔은 고객에게 높은 수준의 청결과 위생을 제공합니다.

1605 verständlich [fɛɐ̯ˈʃtɛntlɪç]
Ⓤ deutlich, begreiflich

형 이해할 수 있는, 알기 쉬운, 당연한, 잘 들리는

Es ist **verständlich**, dass du so denkst.
당신이 그렇게 생각한다는 것은 이해할 만합니다.

1606 Verstärkung [fɛɐ̯ˈʃtɛʁkʊŋ]
Ⓖ *f - en*

명 강화, 보강, 증폭, 증원, 증원군

Durch den Abbau von Zöllen kam es zu einer **Verstärkung** des internationalen Handels.
관세 철폐는 국제 무역을 증가 시켰습니다.

1607 Kantine [kanˈtiːnə]
Ⓖ *f - n*

명 매점, 구내 식당

Morgens ging ich in die **Kantine** zum Essen.
아침에 나는 구내 식당에 가서 식사를 했다.

1608 Lamm [lam]
Ⓖ *n (e)s ä-er*

명 새끼 양, 어린 양

Ihre Persönlichkeit ist so sanft wie ein **Lamm**.
당신의 성격은 양처럼 온화합니다.

1609 Kreuz [kʁɔɪʦ]
G n es e

몡 십자가, 교차, 교차로

Das **Kreuz** ist das Zeichen des Christentums.
십자가는 기독교의 상징입니다.

1610 einseitig [ˈaɪnˌzaɪtɪç]
德 eindimensional, eintönig

형 한쪽의, 일면의, 일반적인, 편파적인, 치우친, 배타적인

Ihre Liebe zu ihm war leider **einseitig**.
불행히도 그에 대한 그녀의 사랑은 일방적이었습니다.

1611 Telefon [ˈteːləfoːn]
G n s e

몡 전화기, 전화

Entschuldigen Sie bitte! Kann ich Ihr **Telefon** für ein Gespräch
benutzen?
실례합니다! 당신의 전화를 사용해도 되나요?

1612 Apparat [apaˈʁaːt]
G m (e)s e

몡 기계, 기구, 장치, 기관

Mit diesem **Apparat** misst man die Stromstärke.
이 장치는 전류의 강도를 측정하는데 사용됩니다.

1613 moralisch [moˈʁaːlɪʃ]
德 ethisch, sittlich

형 도덕의, 도덕적인, 교훈적인, 윤리적인

Sein Verhalten war nicht immer sehr **moralisch**.
그의 행동은 항상 도덕적이지 않았습니다.

1614 E-Mail [ˈiːmeɪl]
G f - s

몡 전자 우편, 이메일

Wo warst du denn? Hast du gestern meine **E-Mail** nicht gelesen?
어디 있었어? 어제 내 이메일을 읽지 않았어?

1615 traumhaft
[tʁaʊmhaft]
德 fantastisch, wunderbar

형 꿈 같은, 믿어지지 않는, 환상적인, 멋진

Ich finde den Sänger echt **traumhaft**.
나는 그 가수가 정말 환상적이라고 생각해요.

1616 löschen [ˈlœʃn̩]
德 ausmachen, ausdrehen

동 끄다, 풀다, 진정시키다, 가라앉히다, 없애다

Die Feuerwehr **löschte** das Feuer.
소방대가 불을 끈다.

1617 aus·schalten
[ˈaʊsˌʃaltn̩]
德 ausmachen, ausstellen

동 스위치를 끄다, 차단하다, 제외하다, 배제하다

Bei technischen Störungen sollte man den Strom **ausschalten**.
기술적인 오작동이 발생하면 전원을 꺼야 합니다.

1618 Seite [ˈzaɪtə]
G f - n

몡 측면, 면, 옆, 곁, 옆구리, 쪽, 페이지

Du weißt schon, dass ich immer auf deiner **Seite** stehe.
내가 항상 당신 편이라는 것을 알고 있잖아요.

1619 markieren
[maʁˈkiːʁən]
德 betonen, bezeichnen

동 표시하다, 눈에 띄게 하다

Der Schüler hat sich die wichtigen Stellen mit rotem Marker
markiert.
그 학생은 빨간색 마커로 중요한 포인트에 표시했습니다.

1620 Laune ['laʊ̯nə]
ⓖ*f* - *n*

명 기분, 변덕

Lass mich in Ruhe! Ich habe jetzt schlechte **Laune**.
내버려둬! 나는 지금 기분이 좋지 않아.

1621 Wissenschaft
['vɪsn̩ʃaft]
ⓖ*f* - *en*

명 학, 학문, 학술, 과학, 지식

Er ist nur dem Weg der **Wissenschaft** gefolgt.
그는 오직 학문의 길을 따랐습니다.

1622 absolut [apzo'luːt]
ⓐ ausschließlich,
unbedingt

형 절대적인, 무조건의, 완전한, 최고의
부 절대적으로, 무조건, 도대체, 전혀

In Nordkorea gibt es **absolut** zu wenig Medikamente.
북한에는 약이 절대적으로 적습니다.

1623 maximal [maksi'maːl]
ⓐ höchstens, bestenfalls

형 최대의, 최고의, 최상의

Wie viele Personen können bei einer Veranstaltung **maximal**
zugelassen werden?
행사에 입장할 수 있는 최대 인원은 몇 명입니까?

1624 garnieren
[gaʁ'niːʁən]
ⓐ ausgestalten,
verschönen

동 장식하다, 장식을 붙이다, 설비하다, 양념을 하다, 고명을 곁들이다

Es gab eine Eistorte, die mit Himbeeren **garniert** war.
산딸기로 장식 된 아이스크림 케이크가 있었다.

1625 Windel ['vɪndl̩]
ⓖ*f* - *n*

명 기저귀, 포대기

Meine Tochter trägt noch **Windeln**.
제 딸은 아직 기저귀를 쓰고 있습니다.

1626 kulinarisch
[kuli'naːʁɪʃ]
ⓐ genüsslich,
genießerisch

형 요리의, 미식가적인, 식도락의

Eine Pizza mit so vielen Käsesorten ist **kulinarisch** unmöglich!
치즈 종류가 너무 많은 피자 요리는 불가능합니다!

1627 Zeugnis ['ʦɔɪ̯knɪs]
ⓖ*n ses se*

명 증명서, 증서, 성적 증명서, 감정서, 의견서, 증언, 보증

Ich habe heute die Prüfung bestanden und morgen kann ich das
Zeugnis bekommen.
나는 오늘 시험에 합격해서 내일 수료증을 받을 수 있습니다.

1628 Frühstück ['fʁyːʃtʏk]
ⓖ*n (e)s e*

명 아침 식사, 조반

Zum **Frühstück** isst Kimmy täglich eine Schüssel Müsli und
Spiegeleier.
Kimmy 는 매일 아침 식사로 뮈슬리 한 그릇과 달걀 프라이를 먹습니다.

1629 männlich ['mɛnlɪç]
ⓐ maskulin, viril

형 남자의, 남성의, 수컷의, 남성적인, 남자다운, 용감한

Deine Stimme klingt ziemlich **männlich**.
당신의 목소리는 꽤 남자답게 들립니다.

1630 minimal [mini'maːl]
㊀ belanglos, gering

［형］ 극미한, 극소의, 최소의, 최저의

Die Partner bieten Service für Einsteiger bei **minimalen** Investitionen.
그 파트너는 초보자를 위해 최소한의 투자 서비스를 제공합니다.

1631 reservieren [ʁezɛʁ'viːʁən]
㊀ buchen, aufbewahren

［동］ 예약하다, 보존하다, 저장하다, 유보하다

Ich möchte gern am 08. März ein Doppelbettzimmer **reservieren**.
나는 3 월 8 일에 더블룸을 예약하고 싶습니다.

1632 Branche ['bʁɑ̃ːʃə]
Ⓖ f - n

［명］ 지점, 지사, 분야, 부문, 업종

Nicht in allen **Branchen** gehen die Geschäfte derzeit gut.
현재 사업이 모든 부문에서 잘 진행되고 있는 것은 아닙니다.

1633 her·kommen ['heːɐ̯ˌkɔmən]
㊀ stammen, entspringen

［동］ 유래하다, 전래하다, 이쪽으로 오다

Mein Opa ist wirklich aus Kanada **hergekommen**.
제 할아버지께서는 정말 캐나다에서 오셨습니다.

1634 Wirbelsturm ['vɪʁbl̩ˌʃtʊʁm]
Ⓖ m (e)s ü-e

［명］ 회오리 돌풍, 큰 폭풍

Ein mächtiger **Wirbelsturm** hielt direkt auf die Stadt zu.
거대한 회오리가 도시로 곧바로 향하고 있었습니다.

1635 Studierende [ʃtu'diːʁəndə]
Ⓖ m/f n n

［명］ 학생, 대학생

Die Immatrikulation ist die offizielle Einschreibung eines **Studierenden** an einer Universität.
대학 입학 등록은 대학 학생의 공식적인 입학 허가입니다.

1636 per [pɛʁ]
㊀ pro, je

［전］ ~마다, ~당, ~으로, ~에 의하여, ~을 가지고

Sobald er es erledigt hat, schickt er ihr die Daten **per** E-Mail zu.
그가 그것을 마치면 그녀에게 세부 정보를 이메일로 보낼 것이다.

1637 abwechslungsreich ['apvɛkslʊŋsˌʁaɪç]
㊀ bewegt, vielseitig

［형］ 변화가 많은

Der Arzt riet ihr keine Diät, sondern eine **abwechslungsreiche** Ernährung.
의사는 그녀에게 다이어트가 아니라 다양한 음식을 먹으라고 조언했습니다.

1638 beruflich [bə'ʁuːflɪç]

［형］ 직업상의, 업무상의

Sie ist **beruflich** so beschäftigt, dass sie kaum noch Zeit für ihre Familie hat.
그녀는 직장에서 너무 바빠서 가족을 위한 시간이 거의 없습니다.

1639 fangen ['faŋən]
㊀ erwischen, greifen

［동］ 잡다, 붙잡다, 받다, 포획하다, 체포하다

Die Kinder **fangen** im Bach Fische.
아이들은 개울에서 물고기를 잡습니다.

1640	Regel ['ʁeːgl̩] Ⓖ f - n	몡 규율, 규칙, 규범, 원칙, 통례, 상례, 월경 Nein, ich war nicht falsch. In diesem Fall ist die **Regel** nicht anwendbar. 아니, 나는 틀리지 않았다. 이 경우 그 규칙이 적용되지 않습니다.
1641	Kunststoff ['kʊnstʃtɔf] Ⓖ m (e)s e	몡 플라스틱, 합성 수지, 합성 물질, 합성품 **Kunststoff** ist ein ideales Material für die Autoerzeugung. 플라스틱은 자동차 제조에 이상적인 소재입니다.
1642	Sendung ['zɛndʊŋ] Ⓖ f - en	몡 발송, 발송물, 소포, 방송, 방영 프로그램 Wir gehen pünktlich sieben Uhr mit den Nachrichten auf **Sendung**. 우리는 7시 정시에 뉴스를 방송합니다.
1643	Schloss [ʃlɔs] Ⓖ n es ö-er	몡 성, 궁전, 대궐, 자물쇠, 걸쇠 Passt der Schlüssel zu diesem **Schloss**? 그 열쇠가 이 자물쇠에 맞습니까?
1644	handeln ['handl̩n] Ⓗ behandeln, verkaufen	통 행하다, 행동하다, 거래하다, 흥정하다, 교섭하다, 의논하다, 논하다, 다루다 Wir **handeln** unseren Werten und Pflichten entsprechend. 우리는 우리의 가치와 의무에 따라 행동합니다.
1645	messen ['mɛsn̩] Ⓗ ausmessen, ausmachen	통 재다, 달다, 측정하다, 평가하다 Er **misst** die Länge des Tisches. 그는 테이블의 길이를 측정합니다.
1646	Auftrag ['aʊftʁaːk] Ⓖ m (e)s ä-e	몡 지시, 명령, 위탁, 주문, 임무, 사명, 과제 Ich hole jetzt im **Auftrag** meiner Eltern das Paket ab. 저는 지금 부모님 심부름으로 소포를 수령합니다.
1647	Reihenfolge ['ʁaɪ̯ənˌfɔlgə] Ⓖ f - n	몡 차례, 순번 Die Patienten wurden der **Reihenfolge** nach geprüft. 환자들은 순서대로 검사되었습니다.
1648	weg·gehen ['vɛkˌgeːən] Ⓗ abgehen, verschwinden	통 가버리다, 떠나다, 멀어지다, 없어지다, 제거되다, 무시하다 Du hast mich versprochen, dass du heute unter keinen Umständen **weggehst**. 당신은 오늘 어떤 상황에서도 떠나지 않겠다고 약속했습니다.
1649	Enkel ['ɛŋkl̩] Ⓖ m s -	몡 손자, 자손 Manchmal ging er mit seinem **Enkel** spazieren. 때때로 그는 손자와 함께 산책하러 갔다.
1650	Ecke ['ɛkə] Ⓖ f - n	몡 귀퉁이, 구석, 모퉁이, 가장자리, 모서리, 외각, 각 Er bog um die **Ecke** und weg war er. Ich habe ihn nie wieder gesehen. 그는 모퉁이를 돌았고 사라졌습니다. 나는 그를 다시는 보지 못했습니다.

1651

Arbeitsplatz
['aʁbaɪ̯ts̪ˌplaʦ]

Ⓖ *m es ä-e*

몡 직장, 근무처, 일자리, 직책, 작업장, 일터

Endlich habe ich einen **Arbeitsplatz** gefunden, der mir genug Lohn einbringt.
나는 드디어 충분한 임금을 받을 수 있는 직업을 찾았습니다.

1652

zuerst [ʦuˈʔeːɐ̯st]

Ⓢ anfangs, erstens

뤼 맨 먼저, 최초에, 처음으로, 무엇보다도, 우선

Die **zuerst** hitzige Diskussion führte letztlich zu einem guten Kompromiss.
처음의 열띤 토론은 궁극적으로 좋은 타협으로 이어졌습니다.

1653

schlank [ʃlaŋk]

Ⓢ dünn, sportlich

혱 날씬한, 가늘고 긴, 호리호리한, 가냘픈, 화사한, 늘씬한

Seit ihrer Diät ist meine Schwester wieder so **schlank** wie früher.
다이어트 이후 언니는 예전처럼 날씬합니다.

1654

zu·stellen ['ʦuːˌʃtɛlən]

Ⓢ zusenden, anliefern

됨 배달하다, 송달하다, 물건을 놓아 막다

Das Schreiben wird Ihnen umgehend **zugestellt**.
편지는 즉시 귀하에게 발송됩니다.

1655

wachsen ['vaksn̩]

Ⓢ ansteigen, zunehmen

됨 자라다, 성장하다, 생기다, 발생하다, 증가하다, 번영하다, 진척하다

Die meisten Pflanzen **wachsen** normalerweise gut, wenn sie viel Sonnenschein bekommen.
대부분의 식물들은 햇빛이 충분히 들어올 때 잘 자랍니다.

1656

nach·denken ['naːxˌdɛŋkn̩]

Ⓢ überlegen, überdenken

됨 깊이 생각하다, 숙고하다, 곰곰히 생각하다, 사고하다

Ich habe lange darüber **nachgedacht**, ob ich mein Studium unterbrechen muss.
나는 학업을 중단해야 할 지 오랫동안 생각했다.

1657

Gefühl [ɡəˈfyːl]

Ⓖ *n (e)s e*

몡 감정, 느낌, 감각, 지각, 촉감, 감촉, 예감, 센스

Meine **Gefühle** nach dem Verlust meiner Frau kann ich im Moment gar nicht beschreiben.
지금으로서는 아내를 잃은 감정을 설명할 수 없습니다.

1658

problemlos [pʁoˈbleːmloːs]

Ⓢ problemfrei, unkompliziert

혱 문제가 없는, 어려움이 없는

Nachdem du die Arbeit **problemlos** erledigt hast, sag mir Bescheid.
아무 문제없이 일을 마치면 알려주세요.

1659

Symptom [zʏmpˈtoːm]

Ⓖ *n s e*

몡 징조, 징후, 증상, 증후, 증세

Du hast den ersten **Symptomen** einer Erkältung keine Beachtung geschenkt. Nun hat es dich richtig erwischt!
너는 감기의 첫 증상에 주의 하지 않았어. 이제 너는 제대로 걸렸어!

1660

schuldig ['ʃʊldɪç]

Ⓢ verantwortlich, entsprechend

혱 빚이 있는, 부채가 있는, 죄가 있는, 유죄의, 책임이 있는

Vergiss nicht, dass du mir noch 20 Euro **schuldig** bist.
당신이 아직도 나에게 20 유로를 빚지고 있다는 것을 잊지 마세요.

1661 wissen ['vɪsn̩]
㉦ kennen, beherrschen

동 알다, 알고 있다, 이해하다

Ich **wusste** nicht, dass ich in Deutschland leben kann.
독일에서 살 수 있을 줄 몰랐습니다.

1662 begründen [bə'gʁʏndn̩]
㉦ etablieren, einrichten

동 증명하다, 확증하다, 근거를 삼다, 이유를 들다, 기초를 놓다, 창립하다

Sein Verhalten in all den Jahren **begründete** sein Ansehen bei den Nachbarn.
수년에 걸친 그의 행동은 이웃들에게 명성을 쌓았습니다.

1663 Fall [fal]
ⓖ m (e)s ä-e

명 떨어짐, 낙하, 추락, 타락, 하강, 경우, 사정, 사건

Im **Falle** eines Autounfalls sollte man die Polizei benachrichtigen.
교통 사고가 발생하면 경찰에 신고해야 합니다.

1664 Kittel ['kɪtl̩]
ⓖ m s -

명 작업복, 덧옷, 가운

Für Chemiker gehört ein **Kittel** zur Arbeitsbekleidung.
화학자에게 가운은 작업복의 일부입니다.

1665 Vertretung [ˌfɛɐ̯'tʁeːtʊŋ]
ⓖ f - en

명 대리, 대표, 대리인, 대표단, 대리점, 변호

Die gewerkschaftliche **Vertretung** der Assistenten bedarf besonderer Aufmerksamkeit.
어시스턴트 노조 대표는 특별한 주의가 필요합니다.

1666 höchstens ['høːçstn̩s]
㉦ bestenfalls, maximal

부 기껏해야, 고작해야

Normalerweise hat ein Koreaner **höchstens** 18 Arbeitstage Urlaub im Jahr.
일반적으로 한국인의 휴가는 고작해야 1 년에 18 일입니다.

1667 ungefähr ['ʊngəfɛːɐ̯]
㉦ vage, unbestimmt

부 대략, 약, 대강, 대충
형 대략의, 개괄적인

Mir würden schon **ungefähre** Angaben zum voraussichtlichen Preis genügen.
나에겐 예상 가격에 대한 대략적인 정보로 충분합니다.

1668 erschöpft [ɛɐ̯'ʃœp͡ft]
㉦ müde, entkräftet

형 녹초가 되게 하다, 다 써버리다, 소모하다, 물을 다 퍼내다

Nach dem Fußballspiel gingen die Spieler **erschöpft** in die Kabinen.
축구 경기가 끝난 후 선수들은 지쳐 탈의실로 들어갔다.

1669 sinnlos ['zɪnloːs]
㉦ nutzlos, vergebens

형 무감각한, 무의식의, 무의미한, 어리석은, 근거 없는, 이유 없는

Es ist **sinnlos** viel Zeit nur zu diskutieren und am Ende doch nicht zu handeln.
많은 시간 동안 토론만 하고 결국 아무것도 조정하지 않으면 의미가 없다.

1670 Fortbildung ['fɔʁtbɪldʊŋ]
ⓖ f - en

명 연수, 재교육, 보습

Die **Fortbildung** von älteren Menschen muss speziell geplant werden.
노인들의 연수는 특별히 계획되어야 합니다.

1671 Entscheidung
[ɛntˈʃaɪdʊŋ]
Ⓖ f - en

명 결정, 결단, 판단, 결의

Das war eine schwierige **Entscheidung** für mich, das Studium zu unterbrechen.
공부를 중단하는 것은 어려운 결정이었습니다.

1672 genau [gəˈnaʊ]
Ⓡ exakt, pünktlich

형 정확한, 정밀한, 상세한, 빡빡한, 검소한
부 바로, 꼭, 정확히

Der Fisch wiegt **genau** 200 Gramm.
그 물고기의 무게는 정확히 200g 입니다.

1673 Frage [ˈfʁaːgə]
Ⓖ f - n

명 물음, 질문, 문의, 조회, 문제, 현안, 수요

Wenn Sie wollen, dürfen Sie jetzt **Fragen** stellen.
당신이 원하면 지금 질문을 할 수 있습니다.

1674 Schachtel [ˈʃaxtl̩]
Ⓖ f - n

명 상자, 갑, 함

Ich hätte gern eine **Schachtel** Zigaretten, bitte.
담배 한 갑 주세요.

1675 Pflicht [p͡flɪçt]
Ⓖ f - en

명 의무, 본분, 책임, 책무

Als Polizist ist es seine **Pflicht**, gegen das Verbrechen zu kämpfen.
경찰관으로서 범죄와 싸우는 것은 그의 의무입니다.

1676 dringend [ˈdʁɪŋənt]
Ⓡ sofort, eilig

형 절박한, 긴급한, 분명한, 유력한

Ich habe vergessen den Herd auszumachen, ich muss **dringend** zurück nach Hause.
난 스토브 끄는 것을 잊었어, 빨리 집에 가야 해.

1677 verwechseln
[fɛɐ̯ˈvɛksl̩n]
Ⓡ vertauschen, durcheinanderbringen

동 혼동하다, 뒤바뀌다, 잘못 생각하다

Die schöne Stimme würde ich nie **verwechseln**.
나는 그 아름다운 목소리를 결코 착각하지 않을 것입니다.

1678 Rollstuhl [ˈʁɔlʃtuːl]
Ⓖ m (e)s ü-e

명 휠체어

Menschen, die im **Rollstuhl** sitzen, haben Schwierigkeiten zu hohe Bordsteinkanten hinaufzufahren.
휠체어를 탄 사람들은 너무 높은 연석을 오르는데 어려움을 겪습니다.

1679 ledig [ˈleːdɪç]
Ⓡ unverheiratet, ehelos

형 미혼의, 독신의

Noch bin ich **ledig**, aber Jessi und ich planen bald zu heiraten.
나는 아직 미혼이지만, Jessi 와 나는 곧 결혼 할 계획이다.

1680 Gerät [gəˈʁɛːt]
Ⓖ n (e)s e

명 도구, 기구, 장비, 기기

Mit diesem **Gerät** schafft es sich leichter.
이 장치를 사용하면 더 쉽게 만들 수 있습니다.

1681 vor·tragen
['foːɐ̯ˌtʁaːgn̩]
ⓢ erzählen, mitteilen

ⓥ 진술하다, 보고하다, 연주하다, 낭독하다, 강연하다

Jede Verteidigung muss ihren Fall dem zuständigen Gericht **vortragen**.
각 변호인은 자신의 사건을 관할 법원에 제출해야 합니다.

1682 kneten ['kneːtn̩]
ⓢ massieren, bearbeiten

ⓥ 반죽하다, 주무르다, 안마하다, 개다

Der Pizzabäcker **knetet** seinen Teig.
피자 제빵사가 반죽을 만듭니다.

1683 Suppe ['zʊpə]
ⓖ f - n

ⓝ 수프, 국

Haben Sie vielleicht Wasser? Die **Suppe** schmeckt sehr salzig.
물이 있습니까? 수프는 아주 짠 맛이 납니다.

1684 falls [fals]
ⓢ sofern, wenn

ⓒ ~의 경우에는, 만일 ~이라면

Falls sie den letzten Bus verpasst, kommt sie heute überhaupt nicht mehr.
마지막 버스를 놓칠 경우에 그녀는 오늘 더 이상 오지 않을 것입니다.

1685 Kopie [koˈpiː]
ⓖ f - n

ⓝ 복사, 모사, 복제, 복사판, 모방

Das Bild ist leider nur eine **Kopie**. Das Original wäre ja unbezahlbar.
안타깝게도 그 그림은 단지 사본일 뿐이야. 원본은 돈으로 환산 할 수 없을 것이야.

1686 sichtbar ['zɪçtbaːɐ̯]
ⓢ deutlich, sichtlich

ⓐ 볼 수 있는, 보이는, 가시적인, 명백한

Bakterien sind so klein, dass sie für das menschliche Auge nicht **sichtbar** sind.
박테리아는 너무 작아 사람의 눈으로 볼 수 없습니다.

1687 brennen ['bʁɛnən]
ⓢ flackern, sengen

ⓥ 타다, 불타다, 연소하다, 태우다, 연소시키다, 점화하다

Die starke Sonne **brennt** mir auf den Kopf.
강한 햇빛이 내 머리를 태우고 있다.

1688 ab·lehnen ['apˌleːnən]
ⓢ verweigern, abweisen

ⓥ 거절하다, 거부하다, 기각하다, 반대하다

Da ich krank bin, so muss ich deine Einladung **ablehnen**.
나는 아파서 당신의 초대를 거절해야 합니다.

1689 Auswanderer
['aʊ̯sˌvandəʁɐ]
ⓖ m s -

ⓝ 이민자, 해외 이주자, 망명자

Auswanderer freuen sich, ihr altes Zuhause hinter sich zu lassen und erwarten eine bessere Zukunft.
이민자들은 고향을 떠나 더 나은 미래를 기대하게 되어 기쁩니다.

1690 weh·tun ['veːtuːn]
ⓢ belasten, schmerzen

ⓥ 아프게 하다, 해치다, 상처를 입히다

Mir **tut** mein Herz **weh**. Wie konntest du so sagen?
내 마음이 아프네. 어떻게 그렇게 말할 수 있니?

1691 Mode ['moːdə]
Ⓖ *f* - *n*

몡 유행, 시류, 풍조, 패션, 취향

Mode unterliegt einem deutlich schnelleren Wandel als Sitte und Brauch.
패션은 관습과 풍습보다 확실히 빠르게 변화한다.

1692 schließen ['ʃliːsn̩]
Ⓢ zumachen, befestigen

통 잠그다, 닫다, 폐쇄하다, 끝내다, 마치다, 성립시키다, 체결하다, 닫히다, 잠기다, 끝나다

Entschuldigen Sie, wir müssen jetzt **schließen**, bitte kommen Sie morgen wieder.
죄송합니다. 지금 닫아야 합니다. 내일 다시 오세요.

1693 draußen ['dʁaʊ̯sən]
Ⓢ außerhalb, außen

뷔 밖에서, 외부에서, 바깥으로, 외국에서

Ist es kalt **draußen**?
밖은 춥습니까?

1694 koordinieren
[koʔɔʁdi'niːʁən]
Ⓢ arrangieren, organisieren

통 조정하다, 병렬시키다

Wir müssen in der Zukunft unsere Pläne besser **koordinieren**, um unnötige Doppelarbeit zu vermeiden.
우리는 불필요한 중복 작업을 방지하기 위해 향후 계획을 더 잘 조정해야 합니다.

1695 gesetzlich [gə'zɛt͡slɪç]
Ⓢ legal, rechtlich

혱 적법한, 법률상의, 합법적인, 정당한, 규칙적인

Marihuana ist als Droge in Deutschland **gesetzlich** verboten.
마리화나는 마약으로 독일에서 법적으로 금지되어 있습니다.

1696 blühen ['blyːən]
Ⓢ aufspringen, florieren

통 꽃이 피다, 만개하다, 번창하다, 번영하다

Das Geschäft **blüht** und er konnte hohe Einnahmen verbuchen.
사업이 번창하고 있으며 그는 많은 돈을 벌었습니다.

1697 Oper ['oːpɐ]
Ⓖ *f* - *n*

몡 가극, 오페라

Die Gattung der **Oper** entstand um 1600 in Florenz.
오페라 장르는 1600 년경 피렌체에서 시작되었습니다.

1698 transportieren
[ˌtʁanspɔʁ'tiːʁən]
Ⓢ spedieren, verfrachten

통 운송하다, 수송하다, 나르다, 이월하다

Die Rettungswagen **transportierten** die Verwundeten in das nächstgelegene Krankenhaus.
구급차는 부상자를 가장 가까운 병원으로 이송했습니다.

1699 Knie [kniː]
Ⓖ *n* *s* -

몡 무릎

Beim Regen kriegt meine Großmutter **Knieschmerzen**.
비가 오면 할머니는 무릎이 아픕니다.

1700 mithilfe [mɪt'hɪlfə]
Ⓢ anhand, durch

젼 조력, 협력, 가세

Mithilfe meiner Sekretärin konnte ich alle Akten rechtzeitig sichten.
비서의 도움으로 모든 파일을 제 시간에 훑어 볼 수 있었습니다.

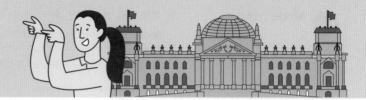

1701 weder ~ noch
['veːdɐ ~ nɔx]

[접] ~도 ~도 아니다

Alexander konnte sich im Urlaub nicht ausruhen, weil er **weder** Zeit **noch** Geld hatte.
알렉산더는 시간도 돈도 없었기 때문에 휴가 때 쉴 수 없었습니다.

1702 ganz [ɡants]
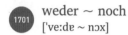 absolut, alle

[형] 온전한, 전체의, 완전한, 모든
[부] 아주, 전혀, 완전히, 매우

Sie hat in nur 50 Tagen die **ganze** Welt umrundet.
그녀는 50 일 만에 전 세계를 돌았습니다.

1703 sich wundern
['vʊndɐn]

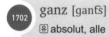 überraschen, erstaunen

[동] 놀라다, 이상하게 여기다

Ich **wundere mich** immer wieder über den technischen Fortschritt.
저는 항상 기술적인 진보에 놀랍니다.

1704 zaubern ['tsaʊbɐn]
hexen, verzaubern

[동] 마법을 쓰다, 요술을 부리다, 매혹시키다

Das kleine Mädchen wünschte sich, **zaubern** zu können und so das Zimmer nicht selbst aufräumen zu müssen.
어린 소녀는 마법을 할 수 있어서 방을 직접 청소하지 않아도 되기를 소망했습니다.

1705 funktionieren
[fʊŋktsi̯oˈniːʁən]

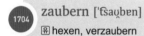 laufen, klappen

[동] 작동하다, 기능하다

Könnten Sie mir beibringen, wie eigentlich ein Computer **funktioniert**?
컴퓨터가 실제로 어떻게 작동하는지 가르쳐 주시겠습니까?

1706 Kurve ['kʊʁvə]
G f - n

[명] 곡선, 호선, 굴곡, 커브

Pass auf die gefährliche **Kurve** auf!
아슬아슬한 커브를 조심하세요!

1707 gleichfalls ['ɡlaɪ̯çˌfals]
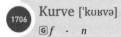 genauso, auch

[부] 마찬가지로, 같게, 또, 게다가

Sie hat **gleichfalls** wie er hat viele Hausaufgaben.
그와 마찬가지로 그녀도 숙제가 많다.

1708 mittelständisch
['mɪtl̩ˌʃtɛndɪʃ]

[형] 중산층의, 중류 계급의

Mit ihrem **mittelständischen** Unternehmen hat sie Arbeitsplätze in ihrer Region geschaffen.
그녀는 중간 규모의 회사로 그녀의 고장에서 일자리를 창출했습니다.

1709 Dreck [dʁɛk]
Ⓖ m (e)s x

몡 오물, 진창, 찌꺼기, 어려움, 곤경, 하찮은 것

Ich sehe **Dreck** unter dem Kaffeetisch.
커피 테이블 아래에 더러운 것이 보입니다.

1710 absolvieren [apzɔl'viːʁən]

Ⓡ ableisten, bestehen

图 졸업하다, 수료하다, 이행하다

Nachdem er mehrere Male die Abschlussprüfung verschoben hatte, **absolvierte** er endlich letzte Woche doch noch sein Jurastudium.
그는 졸업 시험을 여러 번 연기한 뒤에 드디어 지난주 로스쿨을 졸업했다.

1711 Rente ['ʁɛntə]
Ⓖ f - n

몡 연금, 이자, 이익, 집세

Durch die Überalterung in den Industrieländern stagniert die **Rente**.
선진국의 고령화로 인해 연금이 정체되고 있습니다.

1712 veranlassen [fɛɐ̯'ʔanlasn̩]

Ⓡ hervorbringen, auslösen

图 야기하다, 유발하다, 자극하다

Was **veranlasste** dich dazu, dein Studium abzubrechen?
학업을 그만두게 된 이유는 무엇입니까?

1713 Meldung ['mɛldʊŋ]
Ⓖ f - en

몡 신고, 보도, 뉴스, 통지 ,보고

Diese **Meldung** kommt morgen früh im Rundfunk.
그 뉴스는 내일 아침 라디오에서 나옵니다.

1714 mieten ['miːtən]
Ⓡ leihen, pachten

图 임차하다, 빌리다, 세내다

Für eine Woche möchte sie ein Auto **mieten**.
그녀는 일주일 동안 차를 빌리고 싶어합니다.

1715 rund [ʁʊnt]
Ⓡ ringförmig, massig

톙 둥근, 원형의, 구형의, 풍만한, 가득찬
뭔 대략, 약

Schneiden Sie bitte das Papier **rund** aus!
종이를 둥글게 잘라주세요!

1716 pauschal [pau̯'ʃaːl]
Ⓡ insgesamt, total

톙 합산한, 전체적인, 일괄적인

Von diesen Zahlungen werden **pauschal** 5 % abgezogen.
이 지불액에서 합산하여 5 % 가 할인됩니다.

1717 verantwortlich [fɛɐ̯'ʔantvɔʁtlɪç]

Ⓡ schuld, befugt

톙 책임이 있는, 책임지는

Wir hoffen, dass sie gut mit dieser **verantwortlichen** Position umgeht.
우리는 그녀가 이 책임감 있는 태도로 잘 하기를 바랍니다.

1718 Zweck [ʦvɛk]
Ⓖ m (e)s e

몡 목적, 목표, 위향, 계획, 의미

Es hat keinen **Zweck** mehr, in das alte Unternehmen zu investieren.
더 이상 그 오래된 회사에 투자 할 필요가 없습니다.

1719 Demonstration
[demɔnstʁaˈʦi̯oːn]
Ⓖ *f* - *en*

몡 시위 운동, 데모, 증명, 실증, 표명, 표출, 진술, 고발
Eine **Demonstration** findet auf dem Rathausplatz statt.
시청 광장에서 데모가 진행됩니다.

1720 beurteilen
[bəˈʔʊʁtaɪ̯lən]
Ⓤ abschätzen, bewerten

동 판단하다, 평가하다, 비판하다, 비평하다
Du solltest einen Menschen nicht aufgrund seines Aussehens
beurteilen.
외모로 사람을 판단해서는 안됩니다.

1721 Auszug [ˈaʊ̯sʦuːk]
Ⓖ *m* (e)s *ü-e*

몡 서랍, 퇴거, 퇴실, 이주, 발췌, 초록, 추출물
Ich habe einen kleinen **Auszug** aus diesem Buch über die gesetzliche
Situation gemacht.
나는 법적 상황에 대해 이 책에서 발췌했다.

1722 Anerkennung
[ˈanʔɛʁˌkɛnʊŋ]
Ⓖ *f* - *en*

몡 공인, 인정, 승인, 인정
In **Anerkennung** für Ihre Arbeit verleihen wir Ihnen diese Urkunde.
귀하의 업적을 인정하여 이 인증서를 수여합니다.

1723 Ermäßigung
[ɛʁˈmɛːsɪgʊŋ]
Ⓖ *f* - *en*

몡 경감, 완화, 할인, 절약
Mit diesem Signal wird eine **Ermäßigung** der Geschwindigkeit
beauftragt.
이 신호는 속도 감소를 나타낸다.

1724 weit [vaɪ̯t]
Ⓤ fern, lang

형 먼, 떨어진, 넓은, 광대한, 훨씬
Da der Saturn sehr **weit** weg ist, brauchen Funkübertragungen von
dort fast anderthalb Stunden, bis sie die Erde erreichen.
토성은 매우 멀리 떨어져 있기 때문에 그곳에서 무선 통신 전송이 지구에 도달하는데 거의
한 시간 반이 걸립니다.

1725 System [zʏsˈteːm]
Ⓖ *n* *s* *e*

몡 조직, 기구, 계획, 질서, 체계, 제도, 방법, 방식
Es gibt in Europa verschiedene politische **Systeme.**
유럽에는 다른 정치 시스템이 있습니다.

1726 fest·nehmen
[ˈfɛstˌneːmən]
Ⓤ erwischen, fangen

동 체포하다, 구금하다
Die Polizei muss die Täter innerhalb von zwei Stunden **festnehmen.**
경찰은 범인을 2 시간 안에 체포해야 합니다.

1727 Überschrift
[ˈyːbɐˌʃʁɪft]
Ⓖ *f* - *en*

몡 제목, 표제
Zeitungsartikel werden durch eine **Überschrift** eingeleitet.
신문 기사는 헤드 라인으로 시작됩니다.

1728 Anbau [ˈanbaʊ̯]
Ⓖ *m* (e)s *x*

몡 증축, 경작, 재배, 농사
Die Landwirtschaft konzentriert sich zurzeit auf den **Anbau** von
Mais, Reis und Kartoffeln.
농업은 현재 옥수수, 쌀, 감자 재배에 초점을 맞추고 있습니다.

1729 Spaß [ʃpaːs]
Ⓖ *m es ä-e*

명 농담, 장난, 재미, 흥, 즐거움
Er will jetzt mit der Arbeit aufhören, weil die Arbeit ihm keinen **Spaß** mehr macht.
그는 이제 더 이상 일에 흥미가 없기 때문에 일을 그만두고 싶어합니다.

1730 sich verletzen
[fɛɐ̯'lɛt͡sn̩]
유 verwunden, wehtun

동 다치다, 부상당하다
Hast du **dich** bei dem gestrigen Fußballspiel **verletzt**?
어제 축구 하다가 다치셨나요?

1731 Krankenhaus
['kʁaŋkn̩ˌhaʊ̯s]
Ⓖ *n es ä-er*

명 병원
Der Patient wurde aus dem **Krankenhaus** entlassen.
그 환자는 병원에서 퇴원했습니다.

1732 Überraschung
[yːbɐ'ʁaʃʊŋ]
Ⓖ *f - en*

명 놀람, 뜻밖의 사건
Wir haben eine kleine **Überraschung** für dich vorbereitet.
우리는 당신을 위해 약간의 깜짝 선물을 준비했습니다.

1733 Vergütung
[fɛɐ̯'gyːtʊŋ]
Ⓖ *f - en*

명 보상, 배상, 사례, 보수, 사례금
Warum sollte ich ohne eine **Vergütung** arbeiten?
내가 보상 없이 일을 해야 하는 이유는 무엇입니까?

1734 schade ['ʃaːdə]
유 leider, betrüblich

형 애석한, 유감스러운, 섭섭한
Das ist aber **schade**, dass Sie schon gehen müssen.
그러나 당신이 가야 된다니 안타깝습니다.

1735 duschen ['duːʃn̩]
유 abbrausen, abduschen

동 샤워를 하다, 샤워를 시키다
Du stinkst! Wann hast du das letzte Mal **geduscht**?
냄새나! 당신은 마지막으로 샤워를 한 게 언제입니까?

1736 Medikament
[medika'mɛnt]
Ⓖ *n (e)s e*

명 약, 약제, 약품
Da er an einer starken Erkältung leidet, sollte er das **Medikament** einnehmen.
그는 심한 감기에 걸렸으므로 약을 복용해야 합니다.

1737 Vertrag [fɛɐ̯'tʁaːk]
Ⓖ *m (e)s ä-e*

명 계약, 조약, 계약서
Unsere Firma hat den **Vertrag** mit einem deutschen Unternehmen erfolgreich abgeschlossen.
우리 회사는 독일 회사와 성공적으로 계약을 체결했습니다.

1738 klug [kluːk]
유 intelligent, begabt

형 영리한, 총명한, 신중한, 현명한, 지혜로운
Es ist **klug** von dir dieses Problem zu vermeiden.
이 문제를 피하는 것이 현명합니다.

1739 auf·fordern
['aʊf̩ˌfɔʁdɐn]
⊞ aufrufen, bitten

동 권하다, 청하다, 요구하다, 요청하다, 재촉하다
Paul **forderte** seinen Hund **auf**, dort zu warten.
폴은 개에게 거기서 기다리라고 했습니다.

1740 vergleichen
[fɛɐ̯ˈɡlaɪ̯çn̩]
⊞ abwägen, messen

동 비교하다, 비유하다, 조정하다, 고르게 하다, 평평하게 하다
In diesem Aufsatz **vergleiche** ich deutsche und niederländische Volkssagen.
이 논설에서는 독일과 네덜란드의 민화를 비교합니다.

1741 Küste ['kʏstə]
Ⓖ f - n

명 해안, 해변, 연안, 해안 지방
Im Sommer fahren viele Leute gern an die östliche **Küste**.
여름에는 많은 사람들이 동부 해안으로 가고 싶어합니다.

1742 erhöhen [ɛɐ̯ˈhøːən]
⊞ anwachsen, vergrößern

동 높이다, 올리다, 증가시키다, 인상하다
Die Erderwärmung **erhöht** auch den Meeresspiegel.
지구 온난화도 해수면을 높이고 있습니다.

1743 fest·stehen
['fɛstʃteːən]
⊞ festliegen, bestimmt sein

동 확정되어 있다, 확실하다, 확고하다
Ich weiß, dass wir uns in Mainz treffen, aber die Zeit **steht** noch nicht **fest**.
우리는 마인츠에서 만날 거라는 건 알고 있지만 아직 시간이 정해지지 않았습니다.

1744 jucken ['jʊkn̩]
⊞ kitzeln, prickeln

동 가렵다, 근질거리다, 가렵게 하다
Mückenstiche können sehr unangenehm **jucken**.
모기에 물리면 불쾌하게 간지러울 수도 있습니다.

1745 Menge ['mɛŋə]
Ⓖ f - n

명 다수, 다량, 많음, 대중, 민중
Dieses Medikament ist nur in kleinen **Mengen** einzunehmen.
이 약은 소량만 복용해야 합니다.

1746 sich beteiligen
[bəˈtaɪ̯lɪɡn̩]
⊞ mitarbeiten, teilnehmen

동 참가하다, 관여하다, 협력하다, 함께하다
Ich **beteilige mich** gerne an diesem Projekt.
이 프로젝트에 참여하게 되어 기쁩니다.

1747 Flöte ['fløːtə]
Ⓖ f - n

명 피리, 플루트
Das Kind spielt gut **Flöte**.
아이는 플루트를 잘 연주합니다.

1748 studieren [ʃtuˈdiːʁən]
⊞ erforschen, recherchieren

동 대학에 다니다, 대학에서 배우다, 전공하다, 연구하다, 관찰하다
Ich habe Betriebswirtschaftslehre an der Hochschule Mainz mit Schwerpunkt auf Finanzwirtschaft **studiert**.
저는 Mainz 대학에서 재정학에 중점을 두고 경영학을 공부했습니다.

1749 Dose ['doːzə]
G f - n

명 캔, 통, 깡통
Als die **Dose** herunter fiel, sprang der Deckel auf und der Inhalt fiel heraus.
캔이 떨어지면서 뚜껑이 열리고 내용물이 쏟아졌습니다.

1750 Schirm [ʃɪʁm]
G m (e)s e

명 우산, 양산, 파라솔, 차광판, 스크린
Es regnet jetzt, aber ich habe meinen **Schirm** bei ihm vergessen.
지금 비가 내리고 있는데 그의 집에 내 우산을 놓고 왔어요.

1751 verändern [fɛɐ̯ˈʔɛndɐn]
korrigieren, wechseln

동 바꾸다, 변화시키다, 변경하다
Das Geld hat sein Leben **verändert**.
돈은 그의 삶을 바꾸어 놓았습니다.

1752 Zeile ['ʦaɪ̯lə]
G f - n

명 행, 줄, 대열
Kannst du die **Zeile** drei auf der Seite 12 im Buch vorlesen?
책 12 페이지의 세 번째 줄을 읽을 수 있습니까?

1753 Lehrer ['leːʁɐ]
G m s -

명 선생, 교사, 스승, 사부, 강사
Er ist **Lehrer** für Deutsch.
그는 독일어 교사입니다.

1754 Einkommen ['aɪ̯nˌkɔmən]
G n s -

명 소득, 수입, 봉급
Die Steuern bemessen sich nach dem **Einkommen**.
세금은 소득을 기준으로 책정합니다.

1755 Bürste ['byʁstə]
G f - n

명 솔, 브러시, 먼지떨이
Kannst du bitte meine Schuhe mit einer **Bürste** säubern?
내 신발을 솔로 닦아 줄 수 있니?

1756 Schere ['ʃeːʁə]
G f - n

명 가위, 집게발
Ich schneide die Haare meiner kleinen Schwester mit der **Schere**.
나는 여동생의 머리를 가위로 자른다.

1757 umgekehrt ['ʊmɡəˌkeːɐ̯t]
gegenteilig, konträr

형 거꾸로의, 역의, 반대의, 뒷면의
Genies denken oft ziemlich durchschnittlich. **Umgekehrt** kann jeder geniale Ideen haben.
천재들은 종종 꽤 평범하게 생각합니다. 반대로 누구나 훌륭한 아이디어를 가질 수 있습니다.

1758 Feld [fɛlt]
G n (e)s er

명 들, 들판, 밭, 경작지, 영역, 활동 범위, 분야
Auf dem **Feld** ist das Getreide voll ausgereift.
밭에서 곡물이 완전히 익었습니다.

1759 ziehen [ˈʦiːən]
유 herausnehmen, reißen

동 끌다, 당기다, 뽑다, 빼내다, 양성하다, 기르다
Viele Vögel **ziehen** im Herbst in wärmere Länder.
많은 새들이 가을에 따뜻한 나라로 이주합니다.

1760 Adressat [adʁɛˈsaːt]
G m   en   en

명 수취인, 수탁인, 수강생
Der **Adressat** dieses Briefs ist Herr Lim.
이 편지의 수취인은 Mr. 임 입니다.

1761 ab·ziehen [ˈapˌʦiːən]
유 abnehmen, absetzen

동 잡아 뽑다, 잡아 빼다, 벗다, 벗기다, 빼다, 줄이다
Wenn man drei von vier **abzieht**, bleibt eins übrig.
4 에서 3 을 빼면 1 이 남습니다.

1762 zusammen·fassen
[ʦuˈzamənˌfasn̩]
유 kombinieren, sammeln

동 총괄하다, 요약하다, 합치다
Ich möchte den Inhalt der Präsentation **zusammenfassen** und eine
Schlussfolgerung ziehen.
발표 내용을 요약하고 결론을 내리고 싶습니다.

1763 Sonnenuntergang
[ˈzɔnənˌʔʊntɐɡaŋ]
G m   (e)s   ä-e

명 일몰, 해지기
Der Strand bei **Sonnenuntergang** ist sehr schön.
해가 질 때 해변은 매우 아름답습니다.

1764 Diagnose [diaˈɡnoːzə]
G f   -   n

명 진단, 감식, 감별
Führe bitte eine **Diagnose** des Netzwerkes durch!
네트워크 진단을 실행하세요!

1765 Bewerbung
[bəˈvɛʁbʊŋ]
G f   -   en

명 지망, 지원, 신청, 구직, 지원서
Haben Sie alle erforderliche Unterlagen für Ihre **Bewerbung** dabei?
지원에 필요한 모든 서류를 가지고 오셨습니까?

1766 lochen [ˈlɔxn̩]
유 durchlochen,
    durchlöchern

동 구멍을 뚫다
Ich habe ganz vergessen, deine Fahrkarte zu **lochen**.
나는 당신의 티켓을 개찰하는 것을 완전히 잊었습니다.

1767 Fax [faks]
G n   -   e

명 팩스
Sie sendet der Firma ein **Fax**.
그녀는 회사에 팩스를 보냅니다.

1768 ungewöhnlich
[ˈʊnɡəˌvøːnlɪç]
유 auffallend, enorm

형 이례적인, 보통이 아닌, 비범한, 엄청난
Ich denke, dass dein Verhalten heute **ungewöhnlich** ist.
나는 오늘 당신의 행동이 특이하다고 생각합니다.

1769 ewig [ˈeːvɪç]
유 endlos, permanent

형 영원한, 영구한, 끊임없는, 종신의
Sie hatte **ewig** auf ihn gewartet, ehe er endlich kam.
그녀는 그가 오기 전까지 오래 기다렸습니다.

1770 Aufzug [ˈaʊfˌt͡suːk]
ⓖ m (e)s ü-e
図 승강기, 엘리베이터, 행진, 행렬
Jetzt kommt der **Aufzug** zum Erdgeschoss herunter.
이제 엘리베이터가 1 층으로 내려갑니다.

1771 ab·melden
[ˈapˌmɛldn̩]
ⓤ absagen, kündigen
동 전출 신고를 하다, 탈퇴 신고를 하다, 로그아웃하다
.Benutzer werden nach einem Zeitraum der Inaktivität automatisch **abgemeldet**.
사용자는 일정 시간 동안 활동이 없으면 자동으로 로그아웃 됩니다.

1772 an·fordern
[ˈanˌfɔʁdɐn]
ⓤ bestellen, bitten
동 요구하다, 청구하다
Der Kongress **forderte** weitere Informationen **an**.
의회는 더 많은 정보를 요청했습니다.

1773 Vergleich [fɛɐ̯ˈɡlaɪ̯ç]
ⓖ m (e)s e
명 조정, 화해, 타협, 협정, 비교, 대조, 비유
Im **Vergleich** zu früher sind die Preise jetzt sehr gestiegen.
지금은 이전에 비해 가격이 많이 올랐습니다.

1774 Universität
[ˌunivɛʁziˈtɛːt]
ⓖ f - en
명 대학, 대학교
Julia studiert an der **Universität** in Köln.
Julia 는 쾰른 대학교를 다닙니다.

1775 Konzert [kɔnˈt͡sɛʁt]
ⓖ n (e)s e
명 음악회, 연주회, 협주곡, 콘서트
Ihr **Konzert** lockte viele Menschen an.
그들의 콘서트는 많은 사람들을 매료시켰습니다.

1776 Umfang [ˈʊmfaŋ]
ⓖ m (e)s ä-e
명 주위, 둘레, 주변, 넓이, 폭, 범위, 구역, 용량, 음량
Der Plan ist in großem **Umfang** korrigiert worden.
계획은 대규모로 수정되었습니다.

1777 Geduld [ɡəˈdʊlt]
ⓖ f - x
명 인내, 참을성, 끈기, 관용, 용서
Diese Arbeit verlangt **Geduld**.
이 작업에는 인내가 필요합니다.

1778 Salami [zaˈlaːmi]
ⓖ f - s
명 살라미 소시지
Salami gehört zu den beliebtesten Wurstwaren Deutschlands.
살라미는 독일에서 가장 인기 있는 소시지 제품 중 하나입니다.

1779 Sinn [zɪn]
ⓖ m (e)s e
명 감각, 센스, 이해, 사고, 의향, 의사, 의식, 마음, 뜻, 의미
Mein Vater hat wirklich keinen **Sinn** für Humor.
우리 아빠는 정말 유머 감각이 없으세요.

1780 nah [naː]
ⓤ nahebei, intim
형 가까운, 근처의
In **naher** Zukunft könnten diese Bemühungen zu einem internationalen Übereinkommen führen.
이러한 노력은 가까운 장래에 국제적인 협정으로 이어질 수 있습니다.

1781 Puppe ['pʊpə]
G f - n

명 인형, 꼭두각시, 마네킹

Als ich klein war, habe ich oft mit **Puppen** gespielt.
어렸을 때 인형을 많이 가지고 놀았습니다.

1782 Geldbörse
['gɛltˌbœʁzə]
G f - n

명 돈지갑, 돈주머니

Ich habe nur noch 5 Euro in meiner **Geldbörse**.
지갑에 5 유로만 남았습니다.

1783 an·gewöhnen
['anˌgəˈvøːnən]

유 sich aneignen,
anerziehen

동 습관을 들이다, 익숙하게 하다

Die Eltern möchten den Kindern beibringen, sich gute Manieren
anzugewöhnen.
그 부모는 자녀에게 바른 예의를 갖추도록 가르치기를 원합니다.

1784 versprechen
[fɛɐ̯ˈʃpʁɛçn̩]

유 beteuern, erwarten

동 약속하다, 서약하다, 기대하게 하다

Mein Vater hat mir ein Auto **versprochen**, wenn ich mein Studium
sicher abschließen kann.
아버지는 내가 확실하게 학업을 마칠 수 있다면 자동차를 약속하셨습니다.

1785 Verdauung
[fɛɐ̯ˈdaʊʊŋ]
G f - x

명 소화, 소화기능

Mein Opa leidet an schlechter **Verdauung**.
할아버지께서는 소화 불량으로 고생하신다.

1786 innerhalb ['ɪnɐhalp]

유 binnen, während

부 안에, 내부에
전 ~의 내부에, ~이내에

Begleichen Sie bitte die Rechnung **innerhalb** von zwei Wochen!
2 주 이내에 청구서를 지불하십시오!

1787 willkommen
[vɪlˈkɔmən]

유 erfreulich,
begrüßenswert

형 환영받는, 환대받는, 반가운

Sie sind uns jederzeit **willkommen**.
당신은 우리에게 항상 환영 받습니다.

1788 Arbeitslosigkeit
['aʁbaɪ̯t͡sloːzɪçkaɪ̯t]
G f - x

명 실업, 실직

Arbeitslosigkeit ist eine große soziale Ungerechtigkeit.
실업은 큰 사회적 불공평입니다.

1789 verwandt [fɛɐ̯ˈvant]

유 verschwägert, versippt

형 근친의, 혈연의, 친척의, 동족의

Wie sind Sie mit ihr **verwandt**?
그녀와 어떤 친족 관계가 있습니까?

1790 Kollege [kɔˈleːgə]
G m n n

명 동료, 동업자

Frag doch mal deine **Kollegen**, ob sie zum Grillabend kommen
wollen.
동료들에게 바비큐 저녁 파티에 가고 싶은지 물어 보는 게 어때요?

1791 halb [halp]
㋴ teilweise, unvollkommen

㋵ 2분의 1의, 절반의, 중앙의
Er verbringt den **halben** Tag vor dem Computer.
그는 컴퓨터 앞에서 반나절을 보냅니다.

1792 nachdem [naːxˈdeːm]

㋧ ~후에, ~뒤에, ~에 따라서, ~에 비례하여
Nachdem sie gegessen hatte, schlief sie.
그녀는 식사 후 잤습니다.

1793 Lust [lʊst]
㋲ f - ü-e

㋳ 욕망, 소망, 애호, 의지, 쾌감, 유쾌, 즐거움, 오락
Ich hatte zwar zunächst keine **Lust**, in die Schule zu gehen, aber jetzt macht es mir großen Spaß.
처음에는 학교에 가고 싶지 않았지만 지금은 정말 즐거워요.

1794 Respekt [ʁeˈspɛkt]
㋲ m (e)s x

㋳ 존경, 존중, 경의, 경외, 정중
Ich habe **Respekt** vor meinen Eltern.
저는 부모님을 존경합니다.

1795 ein·checken [ˈaɪ̯nˌt͡ʃɛkn̩]
㋴ abfertigen

㋱ 체크인을 하다, 탑승 절차를 밟다
Sie können zuerst im Hotel **einchecken**.
먼저 호텔에 체크인 하실 수 있습니다.

1796 Gegner [ˈɡeːɡnɐ]
㋲ m s -

㋳ 적수, 경쟁자, 상대방, 적, 적군, 반대자
Sie ist überhaupt kein leichter **Gegner**.
그녀는 결코 쉬운 상대가 아닙니다.

1797 Waschmittel [ˈvaʃˌmɪtl̩]
㋲ n s -

㋳ 세제, 세척제
Welches **Waschmittel** benutzen Sie beim Wäschewaschen?
빨래 할 때 어떤 세제를 사용합니까?

1798 realistisch [ʁeaˈlɪstɪʃ]
㋴ naturgetreu, sachlich

㋵ 현실주의의, 사실주의의, 사실적인, 실재론의
Das Problem muss pragmatisch und **realistisch** gelöst werden.
그 문제는 실용적이고 현실적으로 해결되어야 합니다.

1799 normalerweise [nɔʁˈmaːlɐvaɪ̯zə]
㋴ normal, üblicherweise

㋶ 보통, 통상적으로, 일반적으로, 대개
Normalerweise trinke ich jeden Morgen eine Tasse Kaffee, aber ich will heute einen Tee trinken.
평소에는 아침마다 커피를 마시지만 오늘은 차를 마시고 싶어요.

1800 Stipendium [ʃtiˈpɛndi̯ʊm]
㋲ n s -ien

㋳ 장학금, 연구비, 학술 보조금
Mario hat ein **Stipendium** bekommen, weil seine Noten ausgezeichnet sind.
Mario 는 성적이 우수해서 장학금을 받았습니다.

1801 ersetzen [ɛɐ̯ˈzɛtsn̩]
㊌ auswechseln, erstatten
동 바꾸다, 대체하다, 보충하다, 대신하다, 보상하다, 배상하다
Maschinen **ersetzen** den Menschen im Berufsalltag.
기계는 일상 업무에서 사람을 대체합니다.

1802 Zustand [ˈtsuːʃtant]
Ⓖ m (e)s ä-e
명 상태, 형편, 상황, 처지
In diesem **Zustand** können wir dich nicht allein lassen.
이 상태로 우리는 당신을 내버려 둘 수 없습니다.

1803 Semester [zeˈmɛstɐ]
Ⓖ n s -
명 학기
Ein Bachelorstudium an einer Universität dauert normalerweise
etwa 8 **Semester**.
대학의 학사 학위는 보통 8 학기 정도 걸립니다.

1804 würzen [ˈvʏɐ̯tsn̩]
㊌ abschmecken,
abstimmen
동 양념을 치다, 향료를 뿌리다, 조미료를 넣다
Ich **würze** meine Spaghettisauce gerne mit Basilikum.
스파게티 소스에 바질을 가미하는 것을 좋아합니다.

1805 gründlich [ˈɡʁʏntlɪç]
㊌ radikal, vollständig
형 근본적인, 철저한, 기초의, 대단한
Wir sollten den Vorfall **gründlich** untersuchen.
사건을 철저히 조사해야 합니다.

1806 vernünftig
[fɛɐ̯ˈnʏnftɪç]
㊌ realistisch,
einleuchtend
형 이성적인, 합리적인, 분별 있는, 합당한, 논리적인
Sei doch **vernünftig**! Ich glaube, dass du jetzt zu viel isst.
정신 차리세요! 당신은 지금 너무 많이 먹는 것 같아요.

1807 liefern [ˈliːfɐn]
㊌ spedieren, zustellen
동 공급하다, 납품하다, 배달하다, 인도하다, 교부하다, 공급하다, 생산하다
Diese beiden Experimente **lieferten** ähnliche Ergebnisse.
이 두 실험은 비슷한 결과를 가져왔습니다.

1808 Verantwortung
[fɛɐ̯ˈʔantvɔɐ̯tʊŋ]
Ⓖ f - en
명 책임, 변명
Er trägt die **Verantwortung** für das Glück der ganzen Familie auf
seinen Schultern.
그는 온 가족의 행복에 대한 책임을 어깨에 짊어지고 있습니다.

1809 See [ze:]
G m s n

명 호수

Am Wochenende werden wir einen schönen Ausflug zu einem **See** in unserer nächsten Umgebung machen.
주말에는 바로 근처의 호수로 멋진 여행을 떠날 것입니다.

1810 Team [ti:m]
G n s s

명 팀, 조, 선수단

Das **Team** aus Deutschland gewann das Spiel.
독일 팀이 게임에서 승리했습니다.

1811 Flüchtling ['flʏçtlɪŋ]
G m s e

명 피난민, 도주자, 망명자, 국외 추방자

Sie sind als politischer **Flüchtling** nach Japan gekommen.
당신은 정치적 난민으로 일본에 왔습니다.

1812 reparieren [ʁepaˈʁiːʁən]

유 ausbessern, wiederherstellen

동 수선하다, 수리하다, 회복하다, 복구하다

Können Sie jetzt mein kaputtes Auto **reparieren**?
당신은 지금 나의 고장난 차를 고칠 수 있습니까?

1813 brechen ['bʁɛçn̩]

유 ablenken, zerfallen

동 깨다, 부수다, 쪼개다, 부러뜨리다, 꺾다, 깨지다, 부러지다

Das Regal **brach** unter dem Gewicht seiner Last.
무게를 못 이기고 선반이 부러졌습니다.

1814 vorgestern ['fo:ɐ̯gɛstɐn]

부 그저께

Vorgestern hätte ich fast einen schlimmen Autounfall verursacht.
그저께 나는 심한 교통 사고를 일으킬 뻔 했습니다.

1815 insgesamt ['ɪnsgə,zamt]

유 pauschal, total

부 총계로, 다 함께, 합쳐서, 모두

Dieses Hemd hat **insgesamt** neun Knöpfe.
이 셔츠에는 총 9 개의 단추가 있습니다.

1816 betäuben [bəˈtɔɪ̯bn̩]

유 einschläfern, beruhigen

동 귀를 먹게 하다, 마비시키다, 마취시키다

Der Zahnarzt **betäubt** das Zahnfleisch, bevor er operiert.
치과 의사는 수술 전에 잇몸을 마비시킵니다.

1817 ungesund ['ʊngə,zʊnt]

유 unwohl, krank

형 건강에 해로운, 병든, 앓는, 비위생적인

Da Butter **ungesund** sind, dürfen meine Kinder sie nicht so viel essen.
버터는 건강에 해롭기 때문에 아이들은 버터를 너무 많이 먹지 못하게 합니다.

1818 Fabrik [faˈbʁiːk]
G f - en

명 공장

Durch die Abwässer der **Fabrik** ist der Fluss verschmutzt worden.
강은 공장의 하수로 오염 되었습니다.

1819 nass [nas]
㊌ feucht, triefend

㊀ 젖은, 습기찬, 축축한, 액체의
Nach dem Regen ist das Gras **nass**.
비가 온 후 잔디가 젖어 있습니다.

1820 ein·kaufen
['aɪn̩ˌkaʊ̯fn̩]
㊌ anschaffen, besorgen

㊁ 쇼핑하다, 구입하다, 사다
Meine Frau will jedes Wochenende mit mir **einkaufen** gehen.
아내는 주말마다 나와 함께 쇼핑하러 가고 싶어합니다.

1821 meistern ['maɪ̯stɐn]
㊌ bewältigen,
beherrschen

㊁ 능통하다, 숙달하다, 지배하다, 극복하다
Wenn Sie eine Sprache **meistern** wollen, müssen Sie lernen, in dieser Sprache zu denken.
한 언어를 마스터 하려면 그 언어로 생각하는 법을 배워야 합니다.

1822 damit [daˈmɪt]
㊌ sodass, um ~ zu

㊂ ~하기 위하여
㊃ 그것과 함께, 그것에 의해서, 그와 동시에
Lass uns rechtzeitig gehen, **damit** wir den Bus nicht verpassen.
버스를 놓치지 않도록 제 시간에 가자.

1823 entwickeln
[ɛntˈvɪkl̩n]
㊌ entfalten, schaffen

㊁ 펼치다, 풀다, 열다, 개발하다, 발전시키다, 육성하다
Die beiden Unternehmen haben miteinander vereinbart, gemeinsam die neuen Techniken zu **entwickeln**.
두 회사는 새로운 기술을 공동으로 개발하기로 합의 했습니다.

1824 Material [ˌmateˈʁiaːl]
Ⓖ n   s   ien

㊄ 원료, 재료, 자료, 설비, 도구, 장비
Der Schriftsteller trägt **Material** zusammen, um ein Lehrbuch zu schreiben.
그 작가는 교과서를 작성하기 위해 자료를 수집합니다.

1825 Souvenir [zuvəˌniːɐ̯]
Ⓖ n   s   s

㊄ 기념품
Hier ist ein kleines **Souvenir**, dass ich aus Paris mitgebracht habe.
여기 내가 파리에서 가져온 작은 기념품이 있습니다.

1826 Obstschale
['oːpstˌʃaːlə]
Ⓖ f - n

㊄ 과일 껍질, 과일 접시
Obstschalen gehören in den Biomüll, man kann sie aber auch im Kompost entsorgen.
과일 껍질은 음식물 쓰레기에 속하지만 퇴비로 처리 할 수도 있습니다.

1827 Recherche [ʁeˈʃɛʁʃə]
Ⓖ f - n

㊄ 탐구, 조사
Ich habe keine Ahnung, was für **Recherchen** er anstellte.
나는 그가 무엇을 조사하고 있는지 전혀 모른다.

1828 Haushalt ['haʊ̯shalt]
Ⓖ m   (e)s   e

㊄ 가계, 살림살이, 가사, 가구
Meine kranke Mutter brauchte jemanden, der sich um ihren **Haushalt** kümmern kann.
나의 아픈 어머니는 가사를 도와줄 누군가가 필요했습니다.

1829 sterben [ˈʃtɛʁbn̩]
৳ umkommen, abscheiden

동 죽다, 영면하다

Vor zwei Jahren **starb** mein Freund an den Folgen eines schweren Autounfalls.
제 친구는 2 년 전에 심각한 교통 사고로 사망했습니다.

1830 herunter·laden [hɛˈʁʊntɐˌlaːdn̩]
৳ übertragen, downloaden

동 인터넷에서 다운로드 받다

Sie können von unserer Website Tondateien von Muttersprachlern **herunterladen**.
우리 웹 사이트에서 원어민의 오디오 파일을 다운로드 할 수 있습니다.

1831 Beziehung [bəˈʦiːʊŋ]
G f - en

명 관계, 연관, 교제, 교섭

Zwischen Europa und Amerika bestehen enge wirtschaftliche **Beziehungen**.
유럽과 미국 사이에는 밀접한 경제 관계가 있습니다.

1832 spazieren [ʃpaˈʦiːʁən]
৳ herumlaufen, bummeln

동 산책하다, 거닐다

Am Abend gehe ich gern mit meinem Hund in den stillen Gassen nachdenklich **spazieren**.
저녁에는 조용한 거리에서 개와 함께 생각에 잠겨 산책을 할 것이다.

1833 ab·heben [ˈapˌheːbn̩]
৳ abnehmen, beheben

동 들어내다, 떼어내다, 인출하다

Das Flugzeug **hebt ab**, wenn es die nötige Geschwindigkeit erreicht hat.
비행기가 필요한 속도에 도달하면 이륙합니다.

1834 sowieso [zoviˈzoː]
৳ ohnehin, ohnedies

부 어차피, 어쨌든, 아무튼, 하여튼

Deine Bemerkung war überflüssig, da wir das **sowieso** schon geplant hatten.
어쨌든 우리가 계획했던 것처럼 당신의 의견은 불필요했습니다.

1835 Rohstoff [ˈʁoːʃtɔf]
G m (e)s e

명 원료, 원료품, 천연 자원

Kohle, Stein und Eisen sind **Rohstoffe** für die Industrie.
석탄, 석재 및 철은 산업의 원료입니다.

1836 Herkunftsland [ˈheːɐ̯kʊnftsˌlant]
G n (e)s ä-er

명 생산국, 원산지

Äthiopien ist das **Herkunftsland** des Kaffees.
에티오피아는 커피 원산지입니다.

1837 ein·reichen [ˈaɪ̯nˌʁaɪ̯çn̩]
৳ übergeben, vorlegen

동 제출하다, 신청하다, 제안하다, 제기하다

Ihr müsst eure Hausaufgaben bis Mittwoch **einreichen**.
너희는 수요일까지 숙제를 제출해야 한다.

1838 Plakat [plaˈkaːt]
G *n (e)s e*

명 포스터, 게시, 광고, 벽보

Man ließ im ganzen Land **Plakate** aushängen, um die Suche zu unterstützen.
탐색을 돕기 위해 전국에 포스터가 게시되었습니다.

1839 waagerecht
[ˈvaːɡəʁɛçt]
유 horizontal

형 수평의

Unter den Text wird eine **waagerechte** Linie gezogen.
텍스트 아래에 수평으로 선이 그려집니다.

1840 mittlerweile
[mɪtlɐˈvaɪ̯lə]
유 inzwischen, solange

부 그러는 사이에, 그 사이에, 점차로

Mittlerweile ist es uns gelungen, das Rätsel zu lösen.
그 동안 우리는 수수께끼를 풀 수 있었습니다.

1841 grau [ɡʁaʊ̯]
유 monoton, trübe

형 회색의, 잿빛의, 생기 없는, 암담한, 암울한

Jeder bekommt irgendwann **graue** Haare.
모든 사람들은 언젠가 회색 머리카락을 가집니다.

1842 Verzehr [fɛɐ̯ˈt͡seːɐ̯]
G *m (e)s x*

명 먹고 마시기, 음식물

Im Kiosk gibt es viele Lebensmittel für den sofortigen **Verzehr**.
매점에는 즉시 먹을 수 있는 많은 음식이 있습니다.

1843 fleißig [ˈflaɪ̯sɪç]
유 beharrlich, eifrig

형 근면한, 부지런한, 열심인, 정성 들인

Wenn du **fleißig** arbeitest, wirst du auch bald befördert.
열심히 일하면 곧 승진 할 것이다.

1844 verteilen [fɛɐ̯ˈtaɪ̯lən]
유 zuweisen, abgeben

동 분할하다, 나누다, 분배하다, 할당하다, 배치하다

Sie **verteilten** den Dünger gleichmäßig über die gesamte Rasenfläche.
그들은 전체 잔디밭에 고르게 비료를 분배했습니다.

1845 sich verhalten
[fɛɐ̯ˈhaltn̩]

동 ~한 태도를 취하다, ~한 상태에 있다

Wie hätte **sich** ein wahrer Held in dieser Situation **verhalten**?
이 상황에서 진정한 영웅은 어떻게 행동했을까?

1846 Portion [pɔʁˈt͡si̯oːn]
G *f - en*

명 부분, 일부, 몫, 할당, 배당, 양

Meine Mutter hat eine **Portion** Schweinshaxe mit Sauerkraut bestellt.
어머니는 사우어크라우트 (소금에 절인 양배추) 와 함께 슈바인스학세 (족발) 1인분을 주문 하셨습니다.

1847 Nachhilfe [ˈnaːxˌhɪlfə]
G *f - n*

명 후원, 지원, 도움, 보충 추업, 과외

Meine Mutter hat meinen Bruder **Nachhilfe** in Mathematik nehmen lassen.
어머니는 내 동생에게 수학 과외를 받게 했다.

1848 nach·sehen
['naːxˌzeːən]
syn nachschauen, überprüfen

동 살펴보다, 확인하다, 조사하다, 검토하다, 체크하다, 찾아보다, 참조하다

Ich **sehe** im Kalender **nach**, auf welchen Wochentag dein Geburtstag fällt.
나는 달력을 확인하여 너의 생일이 어느 요일인지 확인한다.

1849 Bild [bɪlt]
G n (e)s er

명 그림, 사진, 삽화, 도표, 묘사, 비유, 상징, 이미지, 관념

In diesem **Bild** fällt die Betonung von Hell und Dunkel auf.
이 그림에서 명암의 강조가 두드러집니다.

1850 Verbot [fɛɐ̯'boːt]
G n (e)s e

명 금지, 금지령

Während den Bauarbeiten gilt ein **Verbot** für Außenstehende, die Baustelle zu betreten.
공사 중에는 외부인이 공사 현장에 출입할 수 없습니다.

1851 betrieblich
[bə'tʁiːplɪç]

형 경영의, 운영의, 일의

Seine **betrieblichen** Daten gehören zu den wichtigsten Vermögenswerten.
운영 데이터는 가장 중요한 자산 중 하나입니다.

1852 summieren
[zʊ'miːʁən]
syn addieren, zusammenfassen

동 총계하다, 합계하다, 집계하다

Am Ende des Tages werden Sie die Stunden **summieren** müssen, die sie und ihr Team für das Projekt aufgewendet haben.
하루가 끝나면 자신과 팀이 프로젝트에 사용한 시간을 합산해야 합니다.

1853 ein·fallen ['aɪ̯nˌfalən]
syn einbrechen, eine Idee haben

동 무너지다, 붕괴하다, 침입하다, 머리에 떠오르다, 생각나다

Wenn ich nur ein wenig nachdenke, **fällt** es mir bestimmt wieder **ein**.
조금만 생각해 보면 분명히 생각날 거야.

1854 bedeuten [bə'dɔɪ̯tən]
syn heißen, meinen

동 뜻하다, 의미하다, 중요하다

Das englische Verb "drive" **bedeutet** auf Deutsch soviel wie "fahren".
영어 동사 "drive" 는 독일어로 "fahren" 을 의미합니다.

1855 Loch [lɔx]
G n (e)s ö-er

명 구멍, 동굴, 허점

Es gibt kein **Loch**, um hier rauszukommen.
여기서 도망갈 구멍은 없습니다.

1856 schön [ʃøːn]
syn wunderbar, toll

형 아름다운, 고운, 멋진, 쾌적한, 좋은, 즐거운

Vielen Dank für das **schönste** Geschenk.
최고의 선물에 감사 드립니다.

1857 glauben ['ɡlaʊ̯bn̩]
syn denken, vertrauen

동 믿다, 신뢰하다, 신용하다, 여기다, 생각하다, 추측하다

Ich **glaube**, dass du heute in die Schule gehen musst.
나는 너가 오늘 학교에 가야 한다고 생각한다.

1858 immer [ˈɪmɐ]
유 jederzeit, stets

男 늘, 항상, 끊임없이, 언제나, 매번
Warum sagst du denn **immer** so?
너는 왜 항상 그렇게 말해?

1859 Seife [ˈzaɪ̯fə]
G *f* - *n*

명 비누
Gestern habe ich meine Socken mit **Seife** gewaschen.
어제 양말을 비누로 빨았습니다.

1860 Text [tɛkst]
G *m* (*e*)*s* *e*

명 텍스트, 본문, 원문, 가사
Lesen Sie bitte den **Text**!
글을 읽어주세요!

1861 mahnen [ˈmaːnən]
유 erinnern, kritisieren

동 독촉하다, 경고하다, 주의하다
Das Signal **mahnt** alle Personen, die nicht mifahren wollen, das Schiff zu verlassen.
이 신호는 항해를 원하지 않는 모든 사람들에게 배를 떠나라고 경고합니다.

1862 eher [ˈeːɐ]
유 früher, lieber

男 이전에, 일찍이, 오히려
Eher werfe ich mein Geld aus dem Fenster, als dass ich es dir gebe.
나는 당신에게 돈을 줄 바엔 창 밖으로 던져 버리고 싶어.

1863 Nichte [ˈnɪçtə]
G *f* - *n*

명 조카딸
Wenn meine **Nichte** nicht wäre, hätten wir uns schon längst gegenseitig umgebracht.
내 조카가 아니었다면 우리는 오래 전에 서로를 죽였을 것입니다.

1864 privat [pʁiˈvaːt]
유 individuell, persönlich

형 개인의, 개인적인, 사적인, 사유의, 비공식의
Du solltest doch unterscheiden, was **privat** und was öffentlich ist.
당신은 공과 사를 구분해야 합니다.

1865 Rücksicht [ˈʁʏkˌzɪçt]
G *f* - *en*

명 사려, 배려, 주의, 유의, 고려, 참작
Das Kind handelt ohne **Rücksicht** auf die Zeit und den Ort.
아이는 시간과 장소에 관계없이 행동합니다.

1866 Interesse [ɪntəˈʁɛsə]
G *n* *s* *n*

명 흥미, 관여, 관심, 의향, 이해 관계, 이익
Ich habe großes **Interesse** an diesem Thema.
나는 이 주제에 매우 관심이 있습니다.

1867 lieferbar [ˈliːfɐbaːɐ̯]
유 erhältlich, verfügbar

형 인도할 수 있는, 공급할 수 있는
Es kann passieren, dass einige Produkte nicht **lieferbar** sind.
일부 제품은 배송할 수 없는 경우가 있습니다.

1868 Strecke [ˈʃtʁɛkə]
G *f* - *n*

명 거리, 길이, 구간, 선로 구간, 직선, 코스
Strecken haben einen Anfangspunkt und einen Endpunkt.
선에는 시작 점과 끝 점이 있습니다.

1869 notieren [noˈtiːʁən]
유 vermerken, verzeichnen

동 메모하다, 기입하다, 적어두다
Du solltest stets zumindest einen Papierzettel dabei haben, auf dem du diesen oder jenen Einfall **notieren** kannst.
이런저런 아이디어를 적을 수 있는 최소한 한 장의 메모지를 항상 가지고 있어야 합니다.

1870 fest [fɛst]
유 steif, stark

형 딱딱한, 고체의, 단단한, 튼튼한, 질긴, 견고한, 구체적인
Ich habe die **feste** Überzeugung, dass er Recht hat.
나는 그가 옳다고 굳게 믿습니다.

1871 Veranstaltung [fɛɐ̯ˈʔanʃtaltʊŋ]
G *f* - *en*

명 흥행, 행사, 거행, 개최, 모임
Wenn es regnet, findet die **Veranstaltung** drinnen statt.
비가 오면 실내에서 진행됩니다.

1872 ab·heften [ˈapˌhɛftn̩]
유 ablegen, einordnen

동 서류철에 철하다, 꾸러미를 풀다
Die Sekretärin **heftete** die Rechnungen des letzten Monats **ab**.
비서는 지난달 청구서를 철했습니다.

1873 damals [ˈdaːmaːls]
유 derzeit, vormals

부 당시에, 그 무렵에
Jetzt bin ich ziemlich alt, aber **damals** war ich jung und hatte viele Träume.
지금은 꽤 늙었지만 그때는 어렸고 꿈도 많았습니다.

1874 Million [mɪˈlʲi̯oːn]
G *f* - *en*

명 백만, 100만
Heute werden jährlich **Millionen** Tonnen Cola produziert.
오늘날 매년 수백만 톤의 콜라가 생산됩니다.

1875 vegetarisch [vegeˈtaːʁɪʃ]
유 fleischlos, pflanzlich

형 채식의
Mein **vegetarisches** Frühstück besteht aus einem Butterbrot und Obst.
나의 채식 아침 식사는 버터빵과 과일로 구성되어 있습니다.

1876 hassen [ˈhasn̩]
유 anfeinden, verabscheuen

동 증오하다, 원망하다, 싫어하다
Eine Mehrheit der Studenten **hasst** Mathekmatik.
대부분의 학생들은 수학을 싫어합니다.

1877 Distanz [dɪsˈtanʦ]
G *f* - *en*

명 거리, 간격, 격차, 사이
Die **Distanz** zwischen dem Start und dem Ziel beträgt 800 Meter.
시작과 끝의 거리는 800m 입니다.

1878 Typ [ty:p]
Ⓖ *m* *s* *en*

명 타입, 유형, 형, 타입
Welcher **Typ** passt am besten zu dir?
어떤 타입이 당신에게 가장 어울립니까?

1879 helfen ['hɛlfn̩]
⊕ dienen, beistehen

동 돕다, 거들다, 원조하다, 도움이 되다, 유익하다
Wenn du meine Hilfe benötigst, kann ich dir gerne **helfen**.
제 도움이 필요하시면 기꺼이 도와 드리겠습니다.

1880 Frieden ['fʁi:dn̩]
Ⓖ *m* *s* -

명 평화, 화평, 평안, 평온, 안녕
Alle Menschen wären glücklich, wenn **Frieden** wäre.
평화가 있다면 모든 사람이 행복 할 것입니다.

1881 überall [y:bɐ'ʔal]
⊕ allerseits, rundherum

부 도처에, 어디에나, 언제나, 일반적으로, 전혀
Sie macht **überall** bekannt, dass sie reich ist.
그녀는 자신이 부자라는 것을 모두에게 알리고 있습니다.

1882 noch [nɔx]
⊕ vielleicht, bisher

부 아직, 여전히, 역시, 그래도, 겨우, 게다가, 더욱
Ein Termin wird nicht genügen. Wir sollten **noch** einen vereinbaren.
하나의 일정으로는 충분하지 않습니다. 우리는 다른 것도 준비해야 합니다.

1883 morgens ['mɔʁgn̩s]
⊕ vormittags, früh

부 아침에, 아침마다
Morgens gehe ich immer mit meinem Hund spazieren.
나는 항상 아침에 강아지와 함께 산책을 합니다.

1884 Auswahl ['aʊ̯sva:l]
Ⓖ *f* - *en*

명 선택, 선발, 품목, 선발팀
Die **Auswahl** des richtigen Bewerbers für das Konzert machte ziemlich viel Mühe.
콘서트에 적합한 후보를 선택하는 것은 상당히 힘들었습니다.

1885 chemisch ['çe:mɪʃ]
⊕ anorganisch, künstlich

형 화학의, 화학적인
Wir haben diese Lebensmittel zur Konservierung **chemisch** behandelt.
우리는 보존을 위해 이 식품을 화학적으로 처리했습니다.

1886 putzen ['pʊʦn̩]
⊕ aufwischen, reinigen

동 청소하다, 닦다, 깨끗하게 하다
Mein Zimmer müssen noch **geputzt** werden.
내 방은 여전히 청소가 필요합니다.

1887 Ansage ['anza:gə]
Ⓖ *f* - *n*

명 고지, 통고, 안내, 안내 방송
Durch den Lautsprecher kam die **Ansage** und alle Studenten versammeln sich in der Halle.
안내방송은 확성기를 통해 나왔고 모든 학생들이 홀에 모였습니다.

1888	wecken [ˈvɛkn̩] 유 anregen, aufwecken	동 깨우다, 일으키다, 불러 일으키다 Meine Mutter **wecke** mich jeden Morgen um sechs. 어머니는 매일 아침 6시에 나를 깨웁니다.

1889	kritisieren [kʁitiˈziːʁən] 유 beurteilen, tadeln	동 비판하다, 비평하다, 혹평하다 Er kann Leute nur hinter deren Rücken **kritisieren**. 그는 오직 등 뒤에서만 사람들을 비난 할 수 있습니다.

1890	statistisch [ʃtaˈtɪstɪʃ]	형 통계상의, 통계학적인 Die Ergebnisse sind detailliert mit einer **statistischen** Auswertung vorzulegen. 결과는 통계적 평가와 함께 상세하게 제시됩니다.

1891	enden [ˈɛndn̩] 유 aufhören, abschließen	동 끝내다, 끝나다, 그치다, 죽다 Die Party **endet** mit einem großen Feuerwerk. 파티는 큰 불꽃 놀이로 끝납니다.

1892	auseinander·setzen [aʊsʔaɪˈnandɐzɛt͡sn̩] 유 erläutern, besprechen	동 설명하다, 분석하다, 정리하다, 떼어놓다, 갈라놓다 Lass dir das in einer Rechtshilfe **auseinandersetzen**! 사법 공조에서 이것을 합의하십시오!

1893	unterschiedlich [ˈʊntɐʃiːtlɪç] 유 andersartig, different	형 여러 가지의, 각양 각색의 Wir haben die **unterschiedlichen** Vorzüge der Kandidaten lange diskutiert. 우리는 오랫동안 후보자의 다양한 장점에 대해 논의했습니다.

1894	Obst [oːpst] G n (e)s x	명 과일 **Obst** und Gemüse enthalten viele Vitamine und Mineralstoffe. 과일과 채소에는 많은 비타민과 미네랄이 포함되어 있습니다.

1895	Stück [ʃtʏk] G n (e)s e	명 파편, 조각, 토막, 부분, 소량, 단락, 절, 편, 작품 Willst du ein **Stück** vom Kuchen? 케이크 한 조각 드릴까요?

1896	vermutlich [fɛɐ̯ˈmuːtlɪç] 유 voraussichtlich, wahrscheinlich	형 추측할 수 있는, 짐작되는 부 짐작컨대, 아마 Jetzt habe ich Zeit, aber ich bin **vermutlich** morgen beschäftigt. 지금은 시간이 있지만 내일은 바쁠 것입니다.

1897	essen [ˈɛsn̩] 유 verzehren, fressen	동 먹다, 식사하다 Was gibt es heute zu **essen**? 오늘은 무엇을 먹을까요?

kommunikativ
[kɔmunika'ti:f]
㊡ beredt, gesellig

형 의사 소통의, 정보 전달에 관한, 이야기를 좋아하는

Heute bist du nicht sehr **kommunikativ**. Ist etwas nicht in Ordnung?
오늘 당신은 말이 별로 없습니다. 뭔가 잘못 되었나요?

behandeln
[bə'handl̩n]
㊡ ausführen, verfahren

동 대우하다, 가공하다, 처리하다, 다루다, 논하다, 치료하다

In unserem Geschäft werden Kunden wie Könige **behandelt**.
저희 가게에서는 고객을 왕처럼 대합니다.

Klinik ['kli:nɪk]
G *f* - *en*

명 병원, 종합병원, 클리닉, 임상

Das Kind ist während des Transportes vom Unfallort zur **Klinik** gestorben.
그 아이는 사고 현장에서 병원으로 이송되는 동안 사망했습니다.

1901 verschieden
[fɛɐ̯'ʃiːdn̩]
⊞ allerlei, unterschiedlich

ⓗ 서로 다른, 상이한, 몇몇의, 다양한, 여러 가지의

Tyson, der sich rühmte, hat in einer einzigen Nacht mit 24 **verschiedenen** Frauen geschlafen.
타이슨은 하루에 24 명의 여성과 잤다고 자랑했다.

1902 Bekannte [bə'kantə]
ⓖ m/f   n   n

ⓜ 아는 사람, 친구, 애인

Empfehlen Sie diesen Wein an Ihre Freunde und **Bekannten**!
이 와인을 친구와 지인에게 추천하십시오!

1903 verlangen [fɛɐ̯'laŋən]
⊞ einmahnen,
  beanspruchen

ⓥ 요구하다, 청구하다, 바라다, 필요로 하다

Beim Streik **verlangen** sie die Verbesserung der Arbeitsbedingungen.
파업 중에 근로 조건을 개선할 것을 요구합니다.

1904 Hefe ['heːfə]
ⓖ f   -   n

ⓜ 효모, 이스트

Die **Hefe** trägt zum Geschmack des Weines bei.
효모는 와인의 맛에 기여합니다.

1905 Darm [daʁm]
ⓖ m   (e)s   ä-e

ⓜ 장, 내장, 창자

Koreaner essen gern **Schweinedarm**.
한국인들은 돼지 곱창을 좋아합니다.

1906 vergeblich
[fɛɐ̯'geːplɪç]
⊞ erfolglos, umsonst

ⓗ 보람없는, 헛된, 무익한, 쓸데없는

Wir haben schon alles versucht, aber es war **vergeblich**.
우리는 모든 것을 시도했지만 헛된 일이었습니다.

1907 weil [vaɪ̯l]
⊞ da, aufgrund

ⓒ ~때문에

Weil ich in Deutschland studieren will, lerne ich jetzt Deutsch.
나는 독일에서 공부하고 싶어서 지금은 독일어를 배우고 있습니다.

1908 Anwalt ['anvalt]
ⓖ m   (e)s   ä-e

ⓜ 변호사, 옹호자, 대변자

Der **Anwalt** klärte sie über ihre Rechte auf.
변호사는 그녀의 권리를 명확히 했습니다.

1909 Punkt [pʊŋkt]
图 m (e)s e

몡 점, 작은 반점, 논점, 항목, 시점, 순간, 점수, 득점

Meine Tochter trägt ein Kleid mit blauen **Punkten** auf weißem Hintergrund.
내 딸은 흰색 바탕에 파란색 도트 패턴의 드레스를 입고 있습니다.

1910 warnen [ˈvaʁnən]
图 abraten, alarmieren

동 주의를 주다, 경고하다, 위험을 알리다

Ich entkam einem Unfall nur deshalb, weil mich ein Taxifahrer **warnte.**
택시 기사가 내게 경고했기 때문에 나는 사고를 피했다.

1911 aggressiv [agʁɛˈsiːf]
图 gewalttätig, kräftig

혱 공격적인, 호전적인, 도전적인

Wenn man gewinnen will, muss man mit allen Mühen **aggressiv** fahren.
이기려면 모든 노력을 다해 공격적으로 가야 합니다.

1912 erfassen [ɛɐ̯ˈfasn̩]
图 ergreifen, verstehen

동 잡다, 붙들다, 포착하다, 파악하다, 이해하다

Von Panik kann ich diese Situation nicht richtig **erfassen.**
공황 상태에서 나는 이 상황을 제대로 파악할 수 없습니다.

1913 sofort [zoˈfɔɐ̯t]
图 prompt, geradewegs

图 즉각, 지체없이, 즉시, 곧, 금방

Es ist zu kalt! Schließe **sofort** die Tür!
너무 추워요! 즉시 문을 닫으세요!

1914 Appetit [apeˈtiːt]
图 m (e)s x

몡 식욕, 입맛, 밥맛, 욕망

Wegen Krankheit verliert sie den **Appetit** und kann sogar ihr Dessert nicht essen.
병 때문에 식욕을 잃고 하물며 디저트도 먹을 수 없습니다.

1915 ab·speichern [ˈapʃpaɪçɐn]
图 überspielen, verzeichnen

동 데이터를 저장하다, 자료를 저장하다

Als letzten Schritt sollten man immer die Daten **abspeichern.**
마지막 단계로 항상 데이터를 저장해야 합니다.

1916 Konflikt [kɔnˈflɪkt]
图 m (e)s e

몡 충돌, 분쟁, 논쟁, 갈등, 모순

Mein Vater hat den **Konflikt** zwischen Mutter und Tochter verschärft.
아버지는 어머니와 딸 사이의 갈등을 심화 시켰습니다.

1917 persönlich [pɛʁˈzøːnlɪç]
图 privat, individuell

혱 사람의, 인간적인, 인격적인, 인칭의, 개인적인, 사적인, 자신의

Lassen Sie uns bitte allein. Unser Gespräch ist **persönlich.**
우리를 내버려 두십시오. 사적인 대화입니다.

1918 lächeln [ˈlɛçl̩n]
图 schmunzeln, belachen

동 미소짓다, 비웃다

Seine Augen **lächelten** hinter seiner Brille.
그의 눈은 안경 뒤에서 미소 지었다.

1919 ein·setzen [ˈaɪnzɛt͡sn̩]
유 einstellen, einbauen

동 넣다, 끼우다, 삽입하다, 돈을 걸다, 임명하다, 설치하다, 투입하다

Für die Rettung der anderen **setzte** er sein Leben **ein**.
그는 다른 사람들을 구하기 위해 목숨을 바쳤습니다.

1920 senkrecht [ˈzɛŋkˌʁɛçt]
유 lotrecht, vertikal

형 수직의, 직립의, 정직한, 올곧은

Rauch aus dem Kamin steigt **senkrecht** in die Höhe.
굴뚝에서 연기가 수직으로 올라갑니다.

1921 eskalieren [ɛskaˈliːʁən]
유 erhöhen, intensivieren

동 단계적으로 확대하다, 심화시키다

Wenn wir das tun, wird der Konflikt **eskalieren**.
우리가 그렇게 한다면 갈등이 심화 될 것 입니다.

1922 frisch [fʁɪʃ]
유 neu, ungenutzt

형 상쾌한, 시원한, 신선한, 청결한, 생생한, 신규의, 새로운

Am Morgen sah der Tintenfisch im Fischmarket sehr **frisch** aus.
아침에 어시장에서 오징어는 매우 신선해 보였다.

1923 schlafen [ˈʃlaːfn̩]
유 übernachten, träumen

동 자다, 잠자다, 수면하다

Wegen der langen Arbeit war sie müde und **schläft** jetzt tief.
그녀는 오랜 일에 지쳤고 지금은 푹 자고 있습니다.

1924 ein·führen [ˈaɪnˌfyːʁən]
유 importieren, einarbeiten

동 삽입하다, 집어넣다, 수입하다, 입문시키다, 소개하다, 도입하다

Der Importeur war darauf spezialisiert, Unterhaltungselektronik aus Japan **einzuführen**.
그 수입 업자는 일본에서 가전 제품을 수입하는 것을 전문으로 하였다.

1925 biologisch [bioˈloːɡɪʃ]
유 organisch, natürlich

형 생물학의, 생물학적인, 생물의

Der Schutz der **biologischen** Vielfalt verdient oberste Priorität.
생물 다양성의 보호는 최우선 순위에 있습니다.

1926 Gepäck [ɡəˈpɛk]
G n (e)s x

명 수화물, 짐, 배낭

Ich war allein und reiste mit einem leichten **Gepäck**.
나는 혼자서 가볍게 여행했습니다.

1927 möglich [ˈmøːklɪç]
유 vielleicht, machbar

형 가능한, 할 수 있는, 있을 수 있는, 실행할 수 있는

Wir sollten dieses Problem so schnell wie **möglich** lösen.
이 문제를 최대한 빨리 해결해야 합니다.

1928 auseinander [ˌaʊsʔaɪˈnandɐ]
유 vereinzelt, zerstreut

부 서로 나누어져, 분리되어, 따로따로

Sie sind dreizehn Jahre lang **auseinander**.
그들은 13 년 동안 떨어져 있습니다.

1929 Stellenanzeige
['ʃtɛlən‚ʔanʦaɪɡə]
Ⓖ f - n

圐 구인 광고

Unsere Firma hat in der Lokalzeitung eine Anzeige mit **Stellenangeboten** aufgegeben.
우리 회사는 지역 신문에 구인 광고를 게재했습니다.

1930 Porto ['pɔʁto]
Ⓖ n s s/-ti

圐 우편료

Wie hoch ist das **Porto** nach Frankreich?
프랑스로 가는 우편료는 얼마입니까?

1931 Niveau [ni'vo:]
Ⓖ n s s

圐 수평면, 고도, 수준, 정도

Im Bereich von Marketing ist mein Wissen nur auf einem niedrigen **Niveau**.
마케팅 분야에서 내 지식은 낮은 수준에 불과합니다.

1932 Rest [ʁɛst]
Ⓖ m (e)s e

圐 나머지, 잔여, 여분, 잉여, 찌꺼기, 잔고

Wenn die Miete und die Versicherung bezahlt sind, reicht der **Rest** kaum zum Leben.
집세와 보험료를 지불하면 나머지로 생계를 유지하기에 충분하지 않습니다.

1933 wunderbar
['vʊndɐbaːɐ̯]
Ⓨ brillant, auffallend

匌 놀라운, 불가사의한, 이상한, 멋진, 훌륭한, 굉장한, 비범한

Das Wetter ist heute einfach **wunderbar**.
오늘의 날씨는 정말 멋집니다.

1934 wirken ['vɪʁkn̩]
Ⓨ ausführen, verfahren

圐 일하다, 활동하다, 작용하다, 효과가 있다, 인상을 주다

Wir **wirken** für den Frieden und den Schutz der Umwelt.
우리는 평화와 환경 보호를 위해 활동합니다.

1935 Anspruch ['anʃpʁʊx]
Ⓖ m (e)s ü-e

圐 권리, 주장, 요구, 기대, 청구권

Diese Arbeit nimmt viel Zeit in **Anspruch**.
이 작업은 많은 시간이 걸립니다.

1936 Erziehung [ɛɐ̯'ʦiːʊŋ]
Ⓖ f - x

圐 교육, 양육, 훈육, 가정 교육

Die Eltern investieren viel Geld in die **Erziehung** ihrer Kinder.
부모는 자녀 양육에 많은 돈을 투자합니다.

1937 gelten ['ɡɛltn̩]
Ⓨ festliegen, betreffen

圐 가치가 있다, 중요하다, 유효하다, 간주되다, 해당되다

In meinem Hause **gelten** meine Regeln.
내 집에서는 내 규칙이 적용됩니다.

1938 Wurst [vʊʁst]
Ⓖ f - ü-e

圐 소시지, 순대

Zu Abend esse ich eine **Wurst** und trinke ein Bier.
나는 저녁에는 소시지를 먹고 맥주를 마신다.

| 1939 | Werbung ['vɛʁbʊŋ]
Ⓖ f - en | 몡 광고, 선전, 홍보, 모집
Von der **Werbung** verlockt, habe ich mir ein neues Smartphone gekauft.
광고에 유혹을 받아 새 스마트 폰을 샀다. |

| 1940 | Geschäftsführer
[gə'ʃɛfts̩ˌfyːʁɐ]
Ⓖ m s - | 몡 대표 이사, 사장, 경영 대리인
Er war der **Geschäftsführer** einer Bankfiliale.
그는 한 은행 지점의 점장이였습니다. |

| 1941 | Garderobe
[gaʁdə'ʁoːbə]
Ⓖ f - n | 몡 의상실, 분장실, 옷장
Die Schauspieler warten in der **Garderobe** auf ihren Auftritt.
배우들은 의상실에서 출연을 기다립니다. |

| 1942 | Meer [meːɐ̯]
Ⓖ n (e)s e | 몡 바다, 대양
Das Südchinesische **Meer** ist ein Teil des Pazifischen Ozeans.
남중국해는 태평양의 일부입니다. |

| 1943 | zeigen ['ʦaɪɡn̩]
Ⓕ erscheinen, beweisen | 통 보여 주다, 나타내다, 표현하다, 입증하다, 알리다
Die Polizei hat von mir verlangt, meinen Führerschein zu **zeigen**.
경찰은 운전 면허증을 보여달라고 요청했습니다. |

| 1944 | Lieferung ['liːfəʁʊŋ]
Ⓖ f - en | 몡 공급, 납품, 인도, 교부, 공급품
Bei der **Lieferung** ist etwas kaputt gegangen.
배송 중에 문제가 발생했습니다. |

| 1945 | Information
[ɪnfɔʁma'ʦi̯oːn]
Ⓖ f - en | 몡 정보, 통보, 보도, 알림, 안내소
Normalerweise ist diese **Information** nicht umsonst.
일반적으로 이 정보는 무료가 아닙니다. |

| 1946 | durch·führen
['dʊʁçˌfyːʁən] | 통 실행하다, 수행하다, 인도하다, 개최하다
Ich kann jetzt dazu noch nichts sagen. Erst müssen wir die Untersuchung dazu **durchführen**.
아직 그것에 대해 언급 할 수 없습니다. 먼저 조사를 해야 합니다. |

| 1947 | vor·schlagen
['foːɐ̯ˌʃlaːɡn̩]
Ⓕ anbieten, raten | 통 제안하다, 제의하다, 추천하다
Ich **schlage vor**, dass wir zuerst die Grundlagen besprechen.
먼저 기본 사항에 대해 논의하는 것이 좋습니다. |

| 1948 | lösen ['løːzn̩]
Ⓕ aufdecken, aufbinden | 통 풀다, 나누다, 분리하다, 그만두다, 취소하다, 해결하다, 해답하다, 용해하다
Wir sollten dieses Problem so schnell wie möglich **lösen**.
이 문제를 최대한 빨리 해결해야 합니다. |

1949 verlängern
[fɛɐ̯'lɛŋɐn]
㊒ ausdehnen, erweitern

동 늘이다, 길게 하다, 연장하다
Ich kann meinen Urlaub noch um eine Woche **verlängern**.
나는 휴가를 일주일 더 연장할 수 있습니다.

1950 Anweisung
['an,vaɪ̯zʊŋ]
Ⓖ f - en

명 명령, 지시, 할당, 지정, 송금, 안내서
Diese **Anweisung** ist von oben heruntergekommen.
이 지시는 위에서 내려 왔습니다.

1951 Gemeinsamkeit
[gə'maɪ̯nza:mkaɪ̯t]
Ⓖ f - en

명 공통점, 공동, 공유, 유대
Unsere **Gemeinsamkeit** ist die Liebe zum Kochen.
우리의 공통점은 요리에 대한 사랑입니다.

1952 Nachwuchs
['na:x,vu:ks]
Ⓖ m es ü-e

명 젊은 층, 청년층, 후진, 후속 세대, 새싹
Er versteht nicht, warum manche Tiere ihren **Nachwuchs** fressen.
그는 왜 어떤 동물들은 자기 새끼를 먹는지 이해하지 못합니다.

1953 Unterlage
['ʊntɐ,la:gə]
Ⓖ f - n

명 기초, 토대, 밑받침, 깔개, 수단, 자료, 증거, 서류
Wir haben eine **Unterlage** nach dem Formular angefertigt.
우리는 양식에 따라 문서를 작성했습니다.

1954 Trennung ['tʁɛnʊŋ]
Ⓖ f - en

명 분리, 격리, 분할, 절단, 단절, 이별, 구별, 분해
Sie erträgt den Schmerz der **Trennung** nicht so gut.
그녀는 이별의 고통을 잘 견딜 수 없었습니다.

1955 bereit [bə'ʁaɪ̯t]
㊒ willig, verfügbar

형 준비가 된, 채비를 갖춘
Ich bin immer **bereit**, dir zu helfen.
나는 항상 당신을 도울 준비가 되어 있습니다.

1956 Handtuch ['hant,tu:x]
Ⓖ n (e)s ü-er

명 타월, 수건
Sie trocknete mit dem **Handtuch** das Geschirr ab.
그녀는 수건으로 접시를 닦아서 말렸다.

1957 stoppen ['ʃtɔpn̩]
㊒ halten, abblocken

동 멈추다, 정지시키다, 막다, 서다, 정지하다
Wenn man auf Stop drückt, **stoppt** der Rekorder.
Stop 을 누르면 레코더가 중지됩니다.

1958 Aufkleber
['aʊ̯f,kle:bɐ]
Ⓖ m s -

명 스티커
Der **Aufkleber**, der auf dem Fenster klebt, hat die Form einer Katze.
창문에 붙어있는 스티커는 고양이 모양입니다.

1959 tief [ti:f]
㊒ extrem, niedrig

형 깊은, 깊숙한, 낮은, 심한
Er flog viel **tiefer**, um dem Radar zu entgehen.
그는 레이더를 피하기 위해 훨씬 더 낮게 날았습니다.

1960 Kennzeichen ['kɛn,tsaɪçn̩]
G n s -

특징, 식별 기준, 마크, 표지, 배지, 등록 번호

Ein besonderes **Kennzeichen** des Täters ist eine Narbe über dem linken Auge.
범인의 특별한 특징은 왼쪽 눈의 흉터입니다.

1961 erhältlich [ɛɐ̯'hɛltlɪç]
유 käuflich, vorrätig

형 손에 넣을 수 있는, 살 수 있는

Tickets für dieses Konzert sind nur in Online **erhältlich**.
이 콘서트 티켓은 온라인에서만 구매할 수 있습니다.

1962 auf·führen ['aʊf,fyːʁən]
유 auftreten, angeben

통 상연하다, 공연하다, 제시하다, 거론하다, 기입하다, 짓다, 세우다

Wir werden heute das Theaterstück **aufführen**.
오늘 우리는 연극을 할 것입니다.

1963 Modernisierung [modɛʁni'ziːʁʊŋ]
G f - en

현대화, 근대화

Vieles verliert sich im Zuge der **Modernisierung**.
현대화 과정에서 많은 것이 없어졌다.

1964 inzwischen [ɪn'tsvɪʃn̩]
유 gleichzeitig, zwischendurch

부 그 동안에, 그 사이에

Während sie das neue Projekt noch besprechen, konnten wir **inzwischen** die nötigen Vorbereitungen treffen.
그들이 새로운 프로젝트를 논의하는 동안 우리는 그 사이에 필요한 준비를 할 수 있었습니다.

1965 Verkehr [fɛɐ̯'keːɐ̯]
G m (e)s e

교통, 통행, 왕래, 운수, 교제, 교섭, 유통, 통상

Der **Verkehr** auf der Straße war gestern chaotisch.
어제 거리의 교통 체증은 혼란스러웠습니다.

1966 lüften ['lʏftn̩]
유 hochheben, auslüften

통 바람에 쐬다, 환기하다, 바람을 넣다, 쳐들다, 드러내다

Nach dem Aufstehen **lüfteten** sie die Betten im offenen Fenster.
그들은 일어나서 열린 창문으로 잠자리를 환기시켰다.

1967 Ausstattung ['aʊs,ʃtatʊŋ]
G f - en

장비, 설비, 작식, 무대 장치, 세트, 혼수, 지참금

Die Wohnung, in der bisher wir gewohnt haben, hatte eine sehr moderne **Ausstattung**.
우리가 지금까지 살았던 집은 매우 현대적인 내부 설비를 갖추고 있습니다.

1968 Konto ['kɔnto]
G n s s/-ti/-ten

계좌, 계정

Sie hat heute ein **Konto** bei der Postbank eröffnet.
그녀는 오늘 우체국 은행에 계좌를 개설했습니다.

1969 Unfall ['ʊnfal]
G m (e)s ä-e

재해, 재난, 사고, 상해

Durch einen **Unfall** hat sie ihr Augenlicht verloren.
그녀는 사고로 시력을 잃었습니다.

1970 behindern
[bəˈhɪndɐn]
㊌ beeinträchtigen, stören

동 방해하다, 훼방하다

Das Unfallfahrzeug blockiert die Straße und **behindert** den Verkehr.
사고 차량은 도로를 막고 교통을 방해합니다.

1971 verhindern
[fɛɐ̯ˈhɪndɐn]
㊌ abwehren, blockieren

동 막다, 방해하다, 저지하다

Wie kann man die Panik **verhindern**?
공황을 어떻게 예방할 수 있습니까?

1972 wo [voː]
㊌ da, zumal

부 어디, 어디에, 어디에서

Können Sie mir sagen, **wo** sich die nächstgelegene Apotheke befindet?
가장 가까운 약국이 어디 있는지 말씀해 주시겠습니까?

1973 husten [ˈhuːstən]
㊌ hüsteln, aushusten

동 기침하다

Wenn du dauernd **hustest**, sollest du einen warmen Tee trinken.
기침을 계속하면 따뜻한 차를 마셔야 합니다.

1974 fressen [ˈfʁɛsn̩]
㊌ essen, futtern

동 게걸스레 먹다, 동물이 먹다, 먹어 치우다, 소모하다

Die Katze **frisst** eine Maus.
고양이는 쥐를 먹는다.

1975 nehmen [ˈneːmən]
㊌ greifen, zusagen

동 잡다, 쥐다, 받다, 얻다, 먹다, 이용하다, 선택하다, 파악하다

Ich hätte nie den Bus ohne das Ticket **nehmen** können.
티켓 없이는 버스를 탈 수 없을 거예요.

1976 verliebt [fɛɐ̯ˈliːpt]
㊌ liebestoll, zugetan

형 반한, 연모하는

Er ist in das Mädchen **verliebt**.
그는 소녀와 사랑에 빠졌습니다.

1977 verderben
[fɛɐ̯ˈdɛʁbn̩]
㊌ verfaulen, verrotten

동 망하다, 못쓰게 되다, 부패하다, 썩다, 타락하다, 몰락하다, 상하다, 상하게 하다

Die Hälfte der Äpfel sind **verdorben**.
사과의 절반이 썩었습니다.

1978 Vorkommen
[ˈfoːɐ̯kɔmən]
Ⓖ n s -

명 존재, 현존, 사건

Das **Vorkommen** dieser Krankheit in Deutschland hat einige Mediziner verblüfft.
독일에서 이 질병의 발생은 일부 의료 전문가를 놀라게 했습니다.

1979 gleichzeitig
[ˈɡlaɪ̯çˌt͡saɪ̯tɪç]
㊌ zugleich, ebenso

형 동시의, 동시대의

Man kann nicht **gleichzeitig** an verschiedenen Orten sein.
사람은 동시에 다른 장소에 있을 수 없습니다.

1980	laden ['laːdn̩] ⊕ befrachten, aufladen	통 싣다, 적재하다, 부과하다, 떠맡다, 충전하다, 장전하다 Du musst mir noch die Säcke auf den Anhänger **laden**. 당신은 트레일러에 자루를 실어야 합니다.
1981	Fieber ['fiːbɐ] Ⓖ n s -	명 열, 열병, 발열, 열광 Falls die Kinder **Fieber** bekommen, ziehen Sie ihnen zuerst ihre dicke Jacke aus! 아이들이 열이 나면 먼저 두꺼운 재킷을 벗기세요!
1982	jemals ['jeːmals] ⊕ irgendwann, je	부 언젠가, 일찍이 Wenn ich **jemals** viel Geld hätte, würde ich ein Buch veröffentlichen. 언젠가 내가 돈이 많다면 책을 출판 할 것 입니다.
1983	mindestens ['mɪndəstn̩s] ⊕ wenigstens, immerhin	부 적어도, 최소한, 좌우간 Du hättest **mindestens** anrufen müssen, wenn du nicht hier kommen konntest. 여기 올 수 없다면 적어도 전화를 했어야 했어.
1984	natürlich [na'tyːɐ̯lɪç] ⊕ umweltfreundlich, ursprünglich	형 자연의, 천연의, 자연 그대로의, 본래의, 선천적인, 당연한, 자연스런 부 자연히, 자연적으로, 물론, 당연히 **Natürlich** kann ich gut Koreanisch sprechen, weil ich Koreaner bin. 물론 저는 한국인이라서 한국어를 잘 할 수 있습니다.
1985	vereinbaren [fɛɐ̯'ʔaɪnbaːʁən] ⊕ abmachen, verabreden	통 일치시키다, 조화시키다, 협정하다, 합의하다 Ich möchte einen Termin **vereinbaren**. 나는 약속을 예약 하고 싶습니다.
1986	betreten [bə'tʁeːtn̩] ⊕ begehen, hereinkommen	통 밟다, 들어서다 Bevor man die Halle **betritt**, muss man seine Schuhe ausziehen. 홀에 들어가기 전에 신발을 벗어야 합니다.
1987	selbstständig ['zɛlpstʃtɛndɪç] ⊕ eigenständig, unabhängig	형 독립적인, 자립적인, 자주적인, 독자적인, 자치의 Wir sollten das Problem **selbstständig** lösen. 우리 스스로 문제를 해결해야 합니다.
1988	Herz [hɛʁt͡s] Ⓖ n ens/es en	명 심장, 마음, 가슴, 감정, 정서, 하트 Als er sich auf dem ersten Blick in sie verliebt hat, pochte sein **Herz** in der Brust. 그가 첫눈에 그녀와 사랑에 빠졌을 때 그의 가슴은 두근거렸다.
1989	drücken ['dʁʏkn̩] ⊕ pressen, quetschen	통 누르다, 밀다, 눌러 짜다, 꽉 쥐다, 부담이 되다, 압박하다 **Drücken** Sie diesen Knopf, um den Computer anzuschalten! 이 버튼을 누르면 컴퓨터가 켜집니다!

1990 Preis [pʁaɪs]
G *m es e*

명 가격, 요금, 값, 수수료, 경비, 비용, 상금, 포상

Gestern hat unser Kind in der Schule einen **Preis** gewonnen.
어제 우리 아이는 학교에서 상을 받았습니다.

1991 überweisen
[ˌyːbɐˈvaɪzn̩]
유 gutschreiben,
transferieren

동 계좌 이체하다, 송금하다, 입금하다, 넘기다

Mein Gehalt wird immer erst am Monatsende **überwiesen**.
내 급여는 항상 월말에 이체됩니다.

1992 Nagel [ˈnaːɡl̩]
G *m s ä-*

명 손톱, 발톱, 못, 나무못

Bei der Maniküre werden die **Nägel** gepflegt.
손톱을 다듬으면 손톱이 관리됩니다.

1993 wohl [voːl]
유 angenehm, fit

부 잘, 안녕히, 쾌적한, 무사히, 편안하게, 건강하게

Es wird **wohl** besser sein, dass du jetzt gehst.
지금 가는 것이 낫습니다.

1994 virtuell [vɪʁtuˈɛl]
유 scheinbar, möglich

형 잠재적인, 가능성이 있는, 내재된, 가상의

Durch diese **virtuelle** 3D-Grafik können Sie bereits das fertige
Gebäude betrachten.
이 가상 3D 그래픽을 통해 완성 된 건물을 미리 볼 수 있습니다.

1995 aufmerksam
[ˈaʊfˌmɛʁkzaːm]
유 achtsam, konzentriert

형 주의 깊은, 세심한, 사려 깊은, 꼼꼼한

Er ist sehr **aufmerksam** während des Unterrichts.
그는 수업 중에 매우 집중합니다.

1996 auf·lösen [ˈaʊfˌløːzn̩]
유 aufgeben, enträtseln

동 풀다, 해결하다, 용해하다, 녹이다

Die Menschenansammlung wurde von der Polizei **aufgelöst**.
군중은 경찰에 의해 해산 되었습니다.

1997 Präsentation
[pʁɛzɛntaˈt͡si̯oːn]
G *f - en*

명 제출, 제시, 프레젠테이션, 추천

Bei der **Präsentation** sollten alle Zuhörer leise bleiben.
모든 청취자는 발표 중에 조용히 있어야 합니다.

1998 Hals [hals]
G *m es ä-e*

명 목, 목구멍, 성대

Der **Hals** tut mir weh. Ich glaube, dass ich eine Erkältung habe.
목이 아파요. 나는 감기에 걸린 것 같아요.

1999 Literatur [lɪtəʁaˈtuːɐ̯]
G *f - en*

명 문학, 문예, 저작 문헌, 참고 도서, 서적

Wir werden wohl kaum die gesamte **Literatur** zu diesem
Spezialthema rechtzeitig zusammenbekommen.
우리는 이 특별 주제에 대한 모든 참고 문헌을 제때에 모을 수 없을 것이다.

2000 Kabine [kaˈbiːnə]
G *f - n*

명 작은 방, 선실, 침실, 객실, 탈의실

In dieser **Kabine** darf man nicht rauchen. 이 방에서는 담배를 피울 수 없습니다.

neues

프리마

독일어 단어장

체크리스트

2000

01 Tag
체크리스트
★ 복사해서 연습하세요.

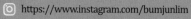
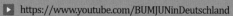
https://www.instagram.com/bumjunlim
https://www.youtube.com/BUMJUNinDeutschland

범준독일어

0001	Stimme 소리, 목소리, 음성, 요구, 투표, 의사		0024	Anleitung
0002	Gewohnheit		0025	lang
0003	Lärm		0026	vor·stellen
0004	häufig		0027	Wanderung
0005	Herd		0028	Wand
0006	vermitteln		0029	operieren
0007	ab·halten		0030	Geschirr
0008	Nadel		0031	gar
0009	Lager		0032	unverbindlich
0010	Serie		0033	unterrichten
0011	Rand		0034	fest·halten
0012	Koffer		0035	öffentlich
0013	Getränk		0036	Haustier
0014	Umweltschutz		0037	grob
0015	an·sehen		0038	drucken
0016	Lied		0039	begeistert
0017	Journalist		0040	Bescheid
0018	fallen		0041	gefallen
0019	spätestens		0042	entfernen
0020	wenden		0043	drehen
0021	bremsen		0044	grüßen
0022	eilig		0045	basteln
0023	Krieg		0046	ein·schalten

0047 heimlich	0074 Bürgerkrieg
0048 Spitze	0075 köstlich
0049 gerecht	0076 wieso
0050 Rechnung	0077 Besteck
0051 ökonomisch	0078 Gewitter
0052 Kontoauszug	0079 heißen
0053 sobald	0080 faul
0054 gewöhnlich	0081 Stress
0055 üben	0082 beschädigt
0056 Fernbedienung	0083 jahrelang
0057 Tagung	0084 Zeitung
0058 empfangen	0085 erreichen
0059 Wettervorhersage	0086 ebenfalls
0060 lügen	0087 ein·drücken
0061 Verwaltung	0088 verbrennen
0062 regnen	0089 Fleck
0063 Begleitung	0090 Unterricht
0064 Herausforderung	0091 auf·heben
0065 Staat	0092 wegen
0066 grundsätzlich	0093 dauernd
0067 sparen	0094 aus·schlafen
0068 verbrauchen	0095 übrigens
0069 ausgewogen	0096 rutschen
0070 daneben	0097 Wolle
0071 versehentlich	0098 Überschwemmung
0072 extrem	0099 nutzen
0073 Pilz	0100 aktiv

02 Tag
체크리스트

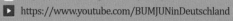
★ 복사해서 연습하세요.

0101 genügen		0124 Gebiet	
0102 auch		0125 zufrieden	
0103 fordern		0126 ordnen	
0104 Hochzeit		0127 selbstverständlich	
0105 bildlich		0128 stoßen	
0106 auf·treten		0129 Beschäftigung	
0107 Gestik		0130 bewegen	
0108 Kerze		0131 rauchen	
0109 praktisch		0132 Getreide	
0110 Festplatte		0133 Auskunft	
0111 langweilig		0134 Küche	
0112 Rabatt		0135 Weise	
0113 um zu		0136 sinnvoll	
0114 woher		0137 kritisch	
0115 Stern		0138 Kamm	
0116 Art		0139 bearbeiten	
0117 reiten		0140 vertraulich	
0118 ab·nehmen		0141 Stelle	
0119 vergleichbar		0142 schätzen	
0120 soviel		0143 ein·legen	
0121 Krise		0144 unterlassen	
0122 neu		0145 annullieren	
0123 zwar		0146 vielleicht	

0147	Haltestelle	0174	vorbei
0148	Stempelkissen	0175	ein·bauen
0149	üblich	0176	Absender
0150	vorhin	0177	Termin
0151	Inhalt	0178	echt
0152	Sahne	0179	nebenbei
0153	auf·geben	0180	ab·stimmen
0154	zuständig	0181	voneinander
0155	Sänger	0182	Vorteil
0156	sogar	0183	Gespräch
0157	an·stellen	0184	Titel
0158	Dach	0185	Prospekt
0159	berücksichtigen	0186	Astronaut
0160	ein·treten	0187	Käufer
0161	Sucht	0188	positiv
0162	trocken	0189	andererseits
0163	verlassen	0190	behalten
0164	Nuss	0191	winken
0165	Ding	0192	Export
0166	ärgerlich	0193	tauchen
0167	behaupten	0194	Kunde
0168	verursachen	0195	aus·drucken
0169	Filiale	0196	emotional
0170	Kalender	0197	Zange
0171	bekommen	0198	Hof
0172	Ehe	0199	entgegen·kommen
0173	berufen	0200	knapp

0201 anstrengend	0224 Absprache
0202 bestehen	0225 analysieren
0203 Wäsche	0226 verstehen
0204 bringen	0227 abwesend
0205 blass	0228 Aufgabe
0206 Flüssigkeit	0229 erwarten
0207 atmen	0230 richtig
0208 Koch	0231 empfehlen
0209 auf·laden	0232 Zutritt
0210 kosten	0233 an·erkennen
0211 weg·werfen	0234 Locher
0212 unruhig	0235 Verbrecher
0213 gewinnen	0236 Prozent
0214 hygienisch	0237 an·bieten
0215 Zeitpunkt	0238 furchtbar
0216 Schüssel	0239 Unglück
0217 Tätigkeit	0240 Qualität
0218 Marke	0241 Gleis
0219 Infektion	0242 sich wohlfühlen
0220 jeweils	0243 kündigen
0221 Quantität	0244 wetten
0222 Praxis	0245 speichern
0223 Lautsprecher	0246 unbedingt

0247 aus·suchen	0274 weich
0248 Erfolg	0275 Aufteilung
0249 streiten	0276 kurz
0250 Risiko	0277 Visum
0251 Absage	0278 Gutschein
0252 Widerspruch	0279 solange
0253 aus·machen	0280 pro
0254 super	0281 Lehre
0255 komisch	0282 Gewissen
0256 Brust	0283 gleich
0257 dramatisch	0284 regelmäßig
0258 Portemonnaie	0285 schwitzen
0259 an·schließen	0286 Ansprache
0260 Begabung	0287 Tat
0261 Erdbeben	0288 rechnen
0262 motivieren	0289 vorher
0263 parken	0290 Diagramm
0264 nämlich	0291 Berg
0265 überreden	0292 wann
0266 Sessel	0293 ein·stellen
0267 während	0294 streiken
0268 feiern	0295 merken
0269 meinetwegen	0296 Anruf
0270 Vermittlung	0297 ein·gehen
0271 Verbraucher	0298 giftig
0272 Nachteil	0299 auf·machen
0273 Hinweis	0300 Szene

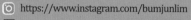
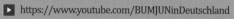
0301 modern	**0324** vorläufig
0302 deswegen	**0325** Ärztin
0303 kochen	**0326** abends
0304 auf·bewahren	**0327** Bildschirm
0305 Pension	**0328** fließend
0306 sich erholen	**0329** zuverlässig
0307 Sack	**0330** beliebt
0308 benötigen	**0331** Klima
0309 Abitur	**0332** englischsprachig
0310 Mannschaft	**0333** vorne
0311 vorsichtig	**0334** Seminar
0312 hoch·laden	**0335** Abfallbehälter
0313 sicher	**0336** Einwanderung
0314 Bedingung	**0337** meckern
0315 Bäckerei	**0338** Formular
0316 sich bedanken	**0339** Taschenlampe
0317 Fisch	**0340** zu·stimmen
0318 Zulassung	**0341** Sturm
0319 Stufe	**0342** Monitor
0320 an·kommen	**0343** notwendig
0321 lecker	**0344** fest·legen
0322 Kontrolle	**0345** verpassen
0323 dicht	**0346** benommen

0347	Beratung	0374	mitten
0348	frittieren	0375	tödlich
0349	Einfluss	0376	tierisch
0350	schmecken	0377	nun
0351	Versicherung	0378	Donner
0352	Fremdsprache	0379	erlauben
0353	zurzeit	0380	Schrift
0354	ein·brechen	0381	Kopf
0355	Harn	0382	sich interessieren
0356	enthalten	0383	Hitze
0357	nachher	0384	ehrlich
0358	theoretisch	0385	anders
0359	Spiegel	0386	Angebot
0360	Herkunft	0387	Notiz
0361	nochmals	0388	führen
0362	untersagen	0389	ermitteln
0363	steil	0390	Vermieter
0364	Schlange	0391	zuletzt
0365	scharf	0392	zählen
0366	Gespräch	0393	peinlich
0367	genehmigen	0394	garantieren
0368	Salz	0395	Droge
0369	spielen	0396	Untersuchung
0370	Niederschlag	0397	verschwinden
0371	Post	0398	Hälfte
0372	verschieben	0399	aus·üben
0373	selten	0400	verdienen

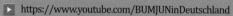

0401	verrückt	0424	Nachweis
0402	vor·haben	0425	Sache
0403	verstecken	0426	akzeptieren
0404	chirurgisch	0427	Spielzeug
0405	Ordnung	0428	sich bewerben
0406	ein·packen	0429	springen
0407	Forschung	0430	Vorschrift
0408	Symbol	0431	folgen
0409	Wettbewerb	0432	Kiste
0410	stecken	0433	alltäglich
0411	vereinigen	0434	falsch
0412	schmal	0435	Umgebung
0413	stumm	0436	traditionell
0414	historisch	0437	Saison
0415	faulen	0438	unglaublich
0416	aus·wählen	0439	Krankenwagen
0417	laut	0440	Unterschied
0418	Reisebüro	0441	Magen
0419	Aufenthalt	0442	vermuten
0420	Grund	0443	Italienisch
0421	Abschluss	0444	Kandidat
0422	Hemd	0445	besuchen
0423	sortieren	0446	ab·schätzen

0447 Schnitzel	0474 mündlich
0448 beantworten	0475 ordentlich
0449 bestimmt	0476 teilen
0450 Pass	0477 Mais
0451 Würfel	0478 wund
0452 Schlüssel	0479 Niederlage
0453 Viertel	0480 gültig
0454 entsorgen	0481 Münze
0455 tragen	0482 Annahme
0456 gemütlich	0483 Vortrag
0457 zu·drehen	0484 ein·richten
0458 ähnlich	0485 rechtzeitig
0459 parallel	0486 erleben
0460 auf·zeichnen	0487 Brief
0461 Recht	0488 Notfall
0462 Bankleitzahl	0489 Kontaktaufnahme
0463 Praktikum	0490 leider
0464 sämtlich	0491 Genehmigung
0465 pflanzen	0492 erfordern
0466 Motor	0493 Bachelor
0467 Heimweh	0494 bewusst
0468 warten	0495 Geheimnis
0469 Wolke	0496 Referat
0470 Gesundheit	0497 verabreden
0471 reagieren	0498 fest·setzen
0472 musikalisch	0499 Saal
0473 stimmen	0500 beißen

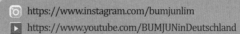

0501 Erlebnis	0524 zusammen
0502 Erstellung	0525 Panne
0503 sich konzentrieren	0526 sich beeilen
0504 Geschäft	0527 Darstellung
0505 versuchen	0528 nach·schlagen
0506 Gewalt	0529 sich spezialisieren
0507 heben	0530 Bauch
0508 Tal	0531 hässlich
0509 erledigen	0532 färben
0510 zurück·lassen	0533 Wort
0511 drinnen	0534 Klimawandel
0512 konservativ	0535 Gewicht
0513 ernst	0536 stören
0514 Kasse	0537 Zwiebel
0515 einzeln	0538 aktualisieren
0516 Kaffee	0539 Abwasser
0517 Urin	0540 Kapitel
0518 hierher	0541 Gedicht
0519 auf·kommen	0542 zunächst
0520 Firma	0543 deutlich
0521 regeln	0544 Satz
0522 planen	0545 schütteln
0523 obwohl	0546 unterscheiden

0547	ein·tragen	0574	kriegen
0548	integrieren	0575	Faktor
0549	Pfannkuchen	0576	Abgas
0550	sondern	0577	Erlaubnis
0551	Scheibe	0578	wieder·geben
0552	höflich	0579	fotografieren
0553	Stadt	0580	Wohnung
0554	stehlen	0581	meinen
0555	wie	0582	speziell
0556	gegen	0583	verpflegen
0557	Leine	0584	zu·nehmen
0558	Werk	0585	zeichnen
0559	Anzug	0586	Qualifikation
0560	Brille	0587	umgehen
0561	protestieren	0588	amtlich
0562	Gegensatz	0589	Erde
0563	überraschen	0590	Verspätung
0564	stinken	0591	gießen
0565	begrüßen	0592	zügig
0566	Wiederholung	0593	einsam
0567	Geschichte	0594	verbessern
0568	gratulieren	0595	statt·finden
0569	singen	0596	Insel
0570	Bevölkerung	0597	Vorort
0571	automatisch	0598	Öffnung
0572	Maßnahme	0599	völlig
0573	selbst	0600	schwimmen

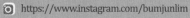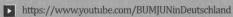
0601 an·heben		0624 scheiden
0602 Lieferzeit		0625 jung
0603 verfolgen		0626 egal
0604 dagegen		0627 verurteilen
0605 Tabelle		0628 beleidigen
0606 Lieferant		0629 wählen
0607 lagern		0630 Ernährung
0608 her·stellen		0631 hageln
0609 Unwetter		0632 zerschlagen
0610 indem		0633 bis
0611 beinahe		0634 Reihe
0612 überziehen		0635 bohren
0613 leise		0636 Verlust
0614 beweisen		0637 Übersetzung
0615 schweigen		0638 genauso
0616 Datei		0639 Tor
0617 süchtig		0640 nüchtern
0618 Erwachsene		0641 objektiv
0619 Sitzung		0642 übernachten
0620 Essig		0643 Probezeit
0621 begeistern		0644 gucken
0622 zu·sagen		0645 Führerschein
0623 mittags		0646 erwähnen

0647	warum	0674	erteilen
0648	ein·sperren	0675	individuell
0649	Ausbildung	0676	ab·spülen
0650	seit	0677	lebhaft
0651	erinnern	0678	Umgang
0652	arbeiten	0679	Kindheit
0653	nächst	0680	Turm
0654	relativ	0681	effizient
0655	Kette	0682	leiden
0656	jetzt	0683	sportlich
0657	Tagesablauf	0684	gegenüber
0658	Reklame	0685	Betreuung
0659	Gras	0686	Schwangerschaft
0660	fördern	0687	schon
0661	entdecken	0688	stündlich
0662	heiraten	0689	an·strengen
0663	beobachten	0690	ein·fügen
0664	Professor	0691	Ozean
0665	Akte	0692	schneiden
0666	Zuhause	0693	Kanne
0667	Steuerberater	0694	ein·laden
0668	streng	0695	erfahren
0669	bequem	0696	romantisch
0670	Luft	0697	Haltung
0671	ab·machen	0698	aus·probieren
0672	Schmuck	0699	Übung
0673	direkt	0700	Ankunft

0701 Schritt	0724 Innenstadt
0702 insofern	0725 Durchschnitt
0703 zerstören	0726 Schadstoff
0704 um·steigen	0727 kaputt
0705 flexibel	0728 Nachricht
0706 rasieren	0729 geradeaus
0707 aus·essen	0730 haltbar
0708 Grenze	0731 an·ziehen
0709 renovieren	0732 küssen
0710 Ofen	0733 duzen
0711 durcheinander	0734 tatsächlich
0712 als ob	0735 kühl
0713 abhängig	0736 nebenan
0714 Heft	0737 vermieten
0715 klicken	0738 Konkurrenz
0716 spülen	0739 befestigen
0717 Soße	0740 Zugang
0718 Anlage	0741 Fähre
0719 Jugend	0742 Kissen
0720 Linie	0743 programmieren
0721 produzieren	0744 vertreten
0722 Schmerz	0745 auf·regen
0723 Korn	0746 Zigarette

0747 Spaziergang	0774 Kleidung
0748 nie	0775 Zweifel
0749 ärztlich	0776 schließlich
0750 Zusatzstoff	0777 Kanal
0751 konsumieren	0778 Heimat
0752 eindeutig	0779 fremd
0753 regional	0780 Angehörige
0754 Reaktion	0781 Matratze
0755 sowohl ~ als auch	0782 verwerten
0756 qualifizieren	0783 Verzeihung
0757 Minderheit	0784 vertrauen
0758 probieren	0785 schmutzig
0759 verlegen	0786 schenken
0760 Vergangenheit	0787 allerdings
0761 Wartung	0788 ab·holen
0762 Rind	0789 fröhlich
0763 Rolle	0790 Stock
0764 an·melden	0791 Warenkorb
0765 Gewerkschaft	0792 klettern
0766 retten	0793 an·schauen
0767 Frisur	0794 wild
0768 süß	0795 Tablette
0769 toll	0796 zahlen
0770 Mittel	0797 vermeiden
0771 Versammlung	0798 ab·schicken
0772 zwischen	0799 andauernd
0773 Datenschutz	0800 entstehen

0801	zart		0824	massiv
0802	Gymnastik		0825	Experte
0803	komplett		0826	bestätigen
0804	wiegen		0827	beachten
0805	locker		0828	erzählen
0806	Narkose		0829	Tasse
0807	Gegend		0830	Notaufnahme
0808	zufällig		0831	Nahrungsmittel
0809	verkaufen		0832	früh
0810	plötzlich		0833	vor·schreiben
0811	schriftlich		0834	bloß
0812	weg·schmeißen		0835	wer
0813	widerrufen		0836	Rücken
0814	herzlich		0837	spitz
0815	neulich		0838	Staub
0816	stornieren		0839	technisch
0817	sich schminken		0840	begrenzt
0818	Haut		0841	stürzen
0819	raten		0842	Anfrage
0820	Blut		0843	Zukunft
0821	nähren		0844	umarmen
0822	Förster		0845	Sehenswürdigkeit
0823	variieren		0846	Person

0847	Schauspieler	0874	korrekt
0848	Eigentum	0875	treiben
0849	auf·teilen	0876	roh
0850	Eiweiß	0877	Handlung
0851	Überstunde	0878	Ausnahme
0852	ökologisch	0879	Mauer
0853	Ablage	0880	schaden
0854	Pronomen	0881	zurecht·kommen
0855	tanken	0882	außen
0856	Regierung	0883	zu·bereiten
0857	Patient	0884	Abfall
0858	tolerant	0885	Pfeffer
0859	an·haben	0886	leihen
0860	Abwechslung	0887	innen
0861	überqueren	0888	Rasen
0862	schalten	0889	jedoch
0863	grillen	0890	Betrieb
0864	halten	0891	Streichholz
0865	demnächst	0892	illegal
0866	verdächtig	0893	überzeugen
0867	buchen	0894	sich verlieben
0868	sich beschweren	0895	an·richten
0869	manchmal	0896	Konsulat
0870	Instandhaltung	0897	Unterhaltung
0871	weltweit	0898	nichts
0872	unheimlich	0899	Rad
0873	Tuch	0900	formulieren

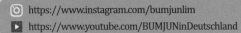
0901 zentral	0924 einheitlich
0902 Blutdruck	0925 um·fallen
0903 weshalb	0926 Kompromiss
0904 widersprechen	0927 einfach
0905 ermöglichen	0928 gebrauchen
0906 sympathisch	0929 Weltreise
0907 Spritze	0930 stolz
0908 ein·schlafen	0931 Socke
0909 Paradies	0932 Studium
0910 Schublade	0933 zweifeln
0911 Erhalt	0934 Unterkunft
0912 zu·gehen	0935 etwas
0913 beenden	0936 Karriere
0914 traurig	0937 Senior
0915 wütend	0938 Gegenvorschlag
0916 treten	0939 original
0917 Mehrheit	0940 Stimmung
0918 Organisation	0941 erkennen
0919 bilanzieren	0942 erstellen
0920 verreisen	0943 Nachfrage
0921 aus·füllen	0944 Übertragung
0922 reklamieren	0945 kippen
0923 tanzen	0946 Investition

0947 was		0974 Konsequenz
0948 Rücksendung		0975 exotisch
0949 verbinden		0976 mögen
0950 Schwierigkeit		0977 ernsthaft
0951 Mangel		0978 Phase
0952 Regulierung		0979 zu·machen
0953 Hunger		0980 Bereich
0954 Frucht		0981 bei·legen
0955 Stoßstange		0982 Urlaub
0956 nachdenklich		0983 kontrollieren
0957 Vorwahl		0984 an·rechnen
0958 Glück		0985 Bedarf
0959 Grippe		0986 überwachen
0960 biografisch		0987 Vorfahrt
0961 bei		0988 gehören
0962 schützen		0989 knusprig
0963 Ausgabe		0990 öffnen
0964 Fähigkeit		0991 Stunde
0965 zu·geben		0992 optimistisch
0966 Kurs		0993 Steuererklärung
0967 hart		0994 Reportage
0968 Formulierung		0995 zumindest
0969 Erkältung		0996 warm
0970 verwalten		0997 Abenteuer
0971 klingeln		0998 Kunst
0972 ein·schreiben		0999 nennen
0973 Zutat		1000 decken

11 Tag

체크리스트
★ 복사해서 연습하세요.

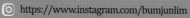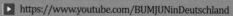
1001	dienen	1024	zwingen
1002	Leistung	1025	Erdgeschoss
1003	Entlassung	1026	Witz
1004	verwenden	1027	erleichtern
1005	ein·zahlen	1028	Knochen
1006	portofrei	1029	wahr
1007	Einbruch	1030	treu
1008	trotz	1031	klären
1009	Mehrwertsteuer	1032	nähen
1010	Rahm	1033	Zeitverschwendung
1011	gerade	1034	jemand
1012	Fortsetzung	1035	Strumpf
1013	Wunde	1036	hämmern
1014	backen	1037	Honig
1015	zweiteilig	1038	Tafel
1016	Abschnitt	1039	Drucker
1017	Taschengeld	1040	Zufall
1018	finanziell	1041	Neuigkeit
1019	Lösung	1042	nötig
1020	Kredit	1043	ab·schreiben
1021	neugierig	1044	kreativ
1022	tun	1045	telefonieren
1023	doof	1046	kämpfen

1047 reduzieren

1048 verraten

1049 eröffnen

1050 hängen

1051 Besuch

1052 beschreiben

1053 Brötchen

1054 Flugbegleiter

1055 Gewürz

1056 passieren

1057 Urkunde

1058 Überweisung

1059 Gramm

1060 passiv

1061 gemeinsam

1062 Migration

1063 förmlich

1064 endgültig

1065 Pflaster

1066 international

1067 eben

1068 Flohmarkt

1069 ziemlich

1070 Alltag

1071 vor

1072 überhaupt

1073 schneien

1074 Prozess

1075 an·schnallen

1076 Streit

1077 Kirche

1078 übernehmen

1079 Quittung

1080 genießen

1081 dauern

1082 wasserdicht

1083 aus·nehmen

1084 anschließend

1085 Frieden

1086 verdrängen

1087 Verfügung

1088 Erholung

1089 Beutel

1090 übrig

1091 Gegenstand

1092 paar

1093 verbringen

1094 Kosmetik

1095 feucht

1096 Salbe

1097 sinken

1098 Publikum

1099 Rathaus

1100 überlegen

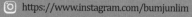
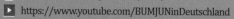

1101 fett

1102 Mord

1103 Artikel

1104 bezahlen

1105 geschehen

1106 waschen

1107 Protest

1108 Virus

1109 ursprünglich

1110 bisher

1111 sich entschließen

1112 voraussichtlich

1113 Lokal

1114 blind

1115 stammen

1116 Gelegenheit

1117 realisieren

1118 Verlegung

1119 Scheidung

1120 lachen

1121 schwach

1122 wenn

1123 Wirt

1124 Religion

1125 Vermutung

1126 kostenlos

1127 intensiv

1128 sehr

1129 Problem

1130 Schwein

1131 spannend

1132 Klasse

1133 Inserat

1134 Strafe

1135 suchen

1136 scannen

1137 froh

1138 Zelt

1139 weiter·geben

1140 Zucker

1141 oft

1142 Störung

1143 Erklärung

1144 eng

1145 zu·hören

1146 Maus

1147 Ursache

1148 nirgends

1149 schimpfen

1150 Berufserfahrung

1151 ab·hängen

1152 glücklich

1153 Beispiel

1154 ergänzen

1155 ein·steigen

1156 Bescheinigung

1157 Buchstabe

1158 sozial

1159 Nerv

1160 gering

1161 klopfen

1162 umgehend

1163 weiter·gehen

1164 teil·nehmen

1165 Auswurf

1166 vergrößern

1167 fest·kleben

1168 auf·wachen

1169 täglich

1170 eisfrei

1171 offen

1172 Zuverlässigkeit

1173 verabschieden

1174 fertig

1175 tauschen

1176 erhitzen

1177 diskutieren

1178 viel

1179 Telefonat

1180 Gesellschaft

1181 Talent

1182 bekannt

1183 Bett

1184 Kraft

1185 außerdem

1186 Geburtstag

1187 Gebühr

1188 Mahnung

1189 Programm

1190 Empfang

1191 lustig

1192 wirtschaftlich

1193 Zeichentrickfilm

1194 Zettel

1195 träumen

1196 unentschieden

1197 total

1198 Hügel

1199 spät

1200 ein·halten

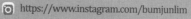 
1201 mehrmals	**1224** tot
1202 Museum	**1225** Bilanz
1203 hin·weisen	**1226** Zahn
1204 beherrschen	**1227** hell
1205 auf·stehen	**1228** Abteilung
1206 Lage	**1229** sich eignen
1207 Abrechnung	**1230** Mal
1208 Ufer	**1231** gern
1209 alternativ	**1232** U-Bahn
1210 Strom	**1233** Wörterbuch
1211 Zuschlag	**1234** trennen
1212 aus·stellen	**1235** verlieren
1213 voraus	**1236** reinigen
1214 zahlreich	**1237** Nachbar
1215 fällig	**1238** Europäische Union
1216 Marinade	**1239** König
1217 werfen	**1240** Heim
1218 leisten	**1241** Bühne
1219 schieben	**1242** hinterlassen
1220 laktosefrei	**1243** sich vergnügen
1221 umsonst	**1244** schrecklich
1222 gelingen	**1245** dort
1223 fair	**1246** Schokolade

1247 ebenso

1248 weiblich

1249 aus·reichen

1250 interkulturell

1251 Ziel

1252 Grafik

1253 Richtung

1254 klebrig

1255 vor·lesen

1256 schmerzhaft

1257 entnehmen

1258 um·ziehen

1259 datieren

1260 Freizeit

1261 hübsch

1262 Snack

1263 Hagel

1264 bunt

1265 Kreis

1266 sammeln

1267 Betrag

1268 Voraussetzung

1269 durchlässig

1270 ausgezeichnet

1271 betreuen

1272 Realität

1273 überein·stimmen

1274 Industrie

1275 Unterschrift

1276 Zentrum

1277 Amt

1278 Schuld

1279 Platz

1280 flach

1281 wirklich

1282 Anzahl

1283 sich vor·bereiten

1284 sodass

1285 Mitglied

1286 Moderation

1287 tippen

1288 unterbrechen

1289 Gesicht

1290 schwingen

1291 kompliziert

1292 auf·schreiben

1293 Käse

1294 Krimi

1295 beantragen

1296 kalkulieren

1297 Stoff

1298 anfangs

1299 Steuer

1300 fast

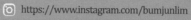
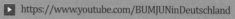

1301	leer	1324	an·machen
1302	Arbeitserlaubnis	1325	Anstoß
1303	greifen	1326	erfüllen
1304	verbieten	1327	um·tauschen
1305	sauber	1328	wahnsinnig
1306	beschränken	1329	naschen
1307	nützlich	1330	vergessen
1308	erfinden	1331	besichtigen
1309	sich irren	1332	Entgelt
1310	mit·teilen	1333	Kultur
1311	vereinbar	1334	Gebrauchtwagen
1312	Mentalität	1335	Backpulver
1313	Demokratie	1336	schaffen
1314	Messer	1337	Opfer
1315	Schulter	1338	auf·drehen
1316	beglaubigen	1339	Blick
1317	bedenklich	1340	Verein
1318	Gurke	1341	Mantel
1319	erschrecken	1342	aufregend
1320	Mehl	1343	Holz
1321	Situation	1344	nervös
1322	einerseits	1345	Durchsage
1323	Zeuge	1346	Entwicklung

1347	zusammen·stellen	1374	zerlegen
1348	Geruch	1375	Prüfung
1349	spüren	1376	Diebstahl
1350	Partner	1377	glatt
1351	sich freuen	1378	Geschenk
1352	typisch	1379	Fleisch
1353	verschwenden	1380	Bestellung
1354	bedienen	1381	hören
1355	schlagen	1382	malen
1356	seltsam	1383	wach
1357	Verbindung	1384	inklusive
1358	schädlich	1385	freiwillig
1359	Menü	1386	Signatur
1360	Wert	1387	Broschüre
1361	Hilfsmittel	1388	bestellen
1362	unterstützen	1389	Keller
1363	Eindruck	1390	senden
1364	Gericht	1391	Anprobe
1365	Hafen	1392	Toilette
1366	ab·drehen	1393	beraten
1367	klar	1394	sich kümmern
1368	Steckdose	1395	fließen
1369	Parfüm	1396	erklären
1370	vor·bereiten	1397	unterstreichen
1371	schädigen	1398	Schalter
1372	auf·räumen	1399	Kneipe
1373	um·drehen	1400	besetzen

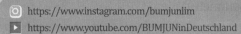

1401	entscheiden		1424	aus·richten
1402	Statistik		1425	stechen
1403	bekömmlich		1426	Teppich
1404	sich weigern		1427	versäumen
1405	Temperatur		1428	sich befinden
1406	Diät		1429	merkwürdig
1407	trainieren		1430	aus·wandern
1408	loben		1431	erhalten
1409	Rangliste		1432	übertreiben
1410	da		1433	gespannt
1411	Atmung		1434	Konservendose
1412	Pfanne		1435	kopieren
1413	bemerken		1436	Sorge
1414	Dienstleistung		1437	versorgen
1415	verzichten		1438	zu·schauen
1416	Kontakt		1439	klappen
1417	Ausfahrt		1440	sogenannt
1418	fristlos		1441	Zoll
1419	Besserung		1442	klassisch
1420	verhaften		1443	leiten
1421	Flasche		1444	Nebel
1422	abwärts		1445	bald
1423	statt		1446	sich erkundigen

1447	klagen	1474	an·liefern
1448	Hähnchen	1475	zusätzlich
1449	organisieren	1476	berichten
1450	begleiten	1477	miteinander
1451	Bewohner	1478	Speck
1452	ab·decken	1479	Nachnahme
1453	Zunge	1480	unternehmen
1454	sorgen	1481	populär
1455	Kabel	1482	ohne
1456	Verstoß	1483	mischen
1457	wertvoll	1484	Fortschritt
1458	still	1485	Ergänzung
1459	betrügen	1486	überprüfen
1460	Umzug	1487	prüfen
1461	günstig	1488	informieren
1462	enttäuschen	1489	quer
1463	Geschlecht	1490	offenbar
1464	passen	1491	Presse
1465	Geschmack	1492	Ablauf
1466	Muskel	1493	offiziell
1467	intelligent	1494	Strand
1468	Treppe	1495	Werktag
1469	pflegen	1496	reisen
1470	Anwendung	1497	bieten
1471	Absicht	1498	langfristig
1472	Gedanke	1499	aus·geben
1473	Zeitschrift	1500	Allergie

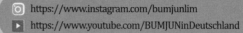

1501	sich bemühen	1524	Empfänger
1502	an·kündigen	1525	Abwicklung
1503	melden	1526	einschließlich
1504	korrigieren	1527	benutzen
1505	Deckel	1528	Öl
1506	schief	1529	Zins
1507	politisch	1530	Umleitung
1508	ob	1531	Ruhe
1509	wahrscheinlich	1532	Gebirge
1510	scheinen	1533	Pech
1511	übergeben	1534	Tüte
1512	quietschen	1535	sich verlaufen
1513	Transport	1536	erforderlich
1514	Roman	1537	Mandel
1515	Zusammenhang	1538	ausschließlich
1516	aus·liefern	1539	Wasserhahn
1517	Urteil	1540	perfekt
1518	begegnen	1541	Gehalt
1519	abonnieren	1542	Summe
1520	mutig	1543	Pfand
1521	Formalität	1544	Ausgang
1522	Gegenteil	1545	rennen
1523	Konferenz	1546	aus·lösen

1547 unterschreiben

1548 Spur

1549 Metzgerei

1550 Gesetz

1551 Energieverschwendung

1552 Halle

1553 Stempel

1554 auf·hören

1555 Wein

1556 Anfang

1557 selbstbewusst

1558 Tropfen

1559 nett

1560 Zertifikat

1561 Begründung

1562 Verhältnis

1563 Administration

1564 riechen

1565 Reparatur

1566 sich unterhalten

1567 füttern

1568 Idee

1569 Aufnahme

1570 Passagier

1571 Reform

1572 Mülltrennung

1573 Müll

1574 ständig

1575 wenigstens

1576 Aufbau

1577 faulenzen

1578 Mädchen

1579 Bearbeitung

1580 fühlen

1581 Aussicht

1582 hupen

1583 Landschaft

1584 mild

1585 Kalb

1586 wechseln

1587 Einnahme

1588 Einleitung

1589 Gift

1590 Lippe

1591 übersetzen

1592 sauer

1593 schießen

1594 veröffentlichen

1595 Anzeige

1596 Vorwurf

1597 Kalkulation

1598 gewährleisten

1599 besiegen

1600 vorwärts

1601	Pille	1624	garnieren
1602	Komödie	1625	Windel
1603	Kostüm	1626	kulinarisch
1604	Sauberkeit	1627	Zeugnis
1605	verständlich	1628	Frühstück
1606	Verstärkung	1629	männlich
1607	Kantine	1630	minimal
1608	Lamm	1631	reservieren
1609	Kreuz	1632	Branche
1610	einseitig	1633	her·kommen
1611	Telefon	1634	Wirbelsturm
1612	Apparat	1635	Studierende
1613	moralisch	1636	per
1614	E-Mail	1637	abwechslungsreich
1615	traumhaft	1638	beruflich
1616	löschen	1639	fangen
1617	aus·schalten	1640	Regel
1618	Seite	1641	Kunststoff
1619	markieren	1642	Sendung
1620	Laune	1643	Schloss
1621	Wissenschaft	1644	handeln
1622	absolut	1645	messen
1623	maximal	1646	Auftrag

1647	Reihenfolge	1674	Schachtel
1648	weg·gehen	1675	Pflicht
1649	Enkel	1676	dringend
1650	Ecke	1677	verwechseln
1651	Arbeitsplatz	1678	Rollstuhl
1652	zuerst	1679	ledig
1653	schlank	1680	Gerät
1654	zu·stellen	1681	vor·tragen
1655	wachsen	1682	kneten
1656	nach·denken	1683	Suppe
1657	Gefühl	1684	falls
1658	problemlos	1685	Kopie
1659	Symptom	1686	sichtbar
1660	schuldig	1687	brennen
1661	wissen	1688	ab·lehnen
1662	begründen	1689	Auswanderer
1663	Fall	1690	weh·tun
1664	Kittel	1691	Mode
1665	Vertretung	1692	schließen
1666	höchstens	1693	draußen
1667	ungefähr	1694	koordinieren
1668	erschöpft	1695	gesetzlich
1669	sinnlos	1696	blühen
1670	Fortbildung	1697	Oper
1671	Entscheidung	1698	transportieren
1672	genau	1699	Knie
1673	Frage	1700	mithilfe

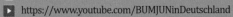

https://www.instagram.com/bumjunlim
https://www.youtube.com/BUMJUNinDeutschland

1701	weder ~ noch	1724	weit
1702	ganz	1725	System
1703	sich wundern	1726	fest·nehmen
1704	zaubern	1727	Überschrift
1705	funktionieren	1728	Anbau
1706	Kurve	1729	Spaß
1707	gleichfalls	1730	sich verletzen
1708	mittelständisch	1731	Krankenhaus
1709	Dreck	1732	Überraschung
1710	absolvieren	1733	Vergütung
1711	Rente	1734	schade
1712	veranlassen	1735	duschen
1713	Meldung	1736	Medikament
1714	mieten	1737	Vertrag
1715	rund	1738	klug
1716	pauschal	1739	auf·fordern
1717	verantwortlich	1740	vergleichen
1718	Zweck	1741	Küste
1719	Demonstration	1742	erhöhen
1720	beurteilen	1743	fest·stehen
1721	Auszug	1744	jucken
1722	Anerkennung	1745	Menge
1723	Ermäßigung	1746	sich beteiligen

1747	Flöte	1774	Universität
1748	studieren	1775	Konzert
1749	Dose	1776	Umfang
1750	Schirm	1777	Geduld
1751	verändern	1778	Salami
1752	Zeile	1779	Sinn
1753	Lehrer	1780	nah
1754	Einkommen	1781	Puppe
1755	Bürste	1782	Geldbörse
1756	Schere	1783	an·gewöhnen
1757	umgekehrt	1784	versprechen
1758	Feld	1785	Verdauung
1759	ziehen	1786	innerhalb
1760	Adressat	1787	willkommen
1761	ab·ziehen	1788	Arbeitslosigkeit
1762	zusammen·fassen	1789	verwandt
1763	Sonnenuntergang	1790	Kollege
1764	Diagnose	1791	halb
1765	Bewerbung	1792	nachdem
1766	lochen	1793	Lust
1767	Fax	1794	Respekt
1768	ungewöhnlich	1795	ein·checken
1769	ewig	1796	Gegner
1770	Aufzug	1797	Waschmittel
1771	ab·melden	1798	realistisch
1772	an·fordern	1799	normalerweise
1773	Vergleich	1800	Stipendium

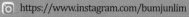
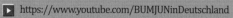

1801 ersetzen		1824 Material	
1802 Zustand		1825 Souvenir	
1803 Semester		1826 Obstschale	
1804 würzen		1827 Recherche	
1805 gründlich		1828 Haushalt	
1806 vernünftig		1829 sterben	
1807 liefern		1830 herunter·laden	
1808 Verantwortung		1831 Beziehung	
1809 See		1832 spazieren	
1810 Team		1833 ab·heben	
1811 Flüchtling		1834 sowieso	
1812 reparieren		1835 Rohstoff	
1813 brechen		1836 Herkunftsland	
1814 vorgestern		1837 ein·reichen	
1815 insgesamt		1838 Plakat	
1816 betäuben		1839 waagerecht	
1817 ungesund		1840 mittlerweile	
1818 Fabrik		1841 grau	
1819 nass		1842 Verzehr	
1820 ein·kaufen		1843 fleißig	
1821 meistern		1844 verteilen	
1822 damit		1845 sich verhalten	
1823 entwickeln		1846 Portion	

1847	Nachhilfe	1874	Million
1848	nach·sehen	1875	vegetarisch
1849	Bild	1876	hassen
1850	Verbot	1877	Distanz
1851	betrieblich	1878	Typ
1852	summieren	1879	helfen
1853	ein·fallen	1880	Frieden
1854	bedeuten	1881	überall
1855	Loch	1882	noch
1856	schön	1883	morgens
1857	glauben	1884	Auswahl
1858	immer	1885	chemisch
1859	Seife	1886	putzen
1860	Text	1887	Ansage
1861	mahnen	1888	wecken
1862	eher	1889	kritisieren
1863	Nichte	1890	statistisch
1864	privat	1891	enden
1865	Rücksicht	1892	auseinander·setzen
1866	Interesse	1893	unterschiedlich
1867	lieferbar	1894	Obst
1868	Strecke	1895	Stück
1869	notieren	1896	vermutlich
1870	fest	1897	essen
1871	Veranstaltung	1898	kommunikativ
1872	ab·heften	1899	behandeln
1873	damals	1900	Klinik

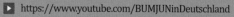
1901	verschieden	1924	ein·führen
1902	Bekannte	1925	biologisch
1903	verlangen	1926	Gepäck
1904	Hefe	1927	möglich
1905	Darm	1928	auseinander
1906	vergeblich	1929	Stellenanzeige
1907	weil	1930	Porto
1908	Anwalt	1931	Niveau
1909	Punkt	1932	Rest
1910	warnen	1933	wunderbar
1911	aggressiv	1934	wirken
1912	erfassen	1935	Anspruch
1913	sofort	1936	Erziehung
1914	Appetit	1937	gelten
1915	ab·speichern	1938	Wurst
1916	Konflikt	1939	Werbung
1917	persönlich	1940	Geschäftsführer
1918	lächeln	1941	Garderobe
1919	ein·setzen	1942	Meer
1920	senkrecht	1943	zeigen
1921	eskalieren	1944	Lieferung
1922	frisch	1945	Information
1923	schlafen	1946	durch·führen

1947	vor·schlagen	1974	fressen
1948	lösen	1975	nehmen
1949	verlängern	1976	verliebt
1950	Anweisung	1977	verderben
1951	Gemeinsamkeit	1978	Vorkommen
1952	Nachwuchs	1979	gleichzeitig
1953	Unterlage	1980	laden
1954	Trennung	1981	Fieber
1955	bereit	1982	jemals
1956	Handtuch	1983	mindestens
1957	stoppen	1984	natürlich
1958	Aufkleber	1985	vereinbaren
1959	tief	1986	betreten
1960	Kennzeichen	1987	selbstständig
1961	erhältlich	1988	Herz
1962	auf·führen	1989	drücken
1963	Modernisierung	1990	Preis
1964	inzwischen	1991	überweisen
1965	Verkehr	1992	Nagel
1966	lüften	1993	wohl
1967	Ausstattung	1994	virtuell
1968	Konto	1995	aufmerksam
1969	Unfall	1996	auf·lösen
1970	behindern	1997	Präsentation
1971	verhindern	1998	Hals
1972	wo	1999	Literatur
1973	husten	2000	Kabine

국반판 | 6,500원